Empreendedorismo Para leigos

DE ONDE VÊM AS IDEIAS?

Um erro muito comum no processo empreendedor é achar que uma empresa começa com uma ideia genial ou a solução pronta de um produto ou serviço. Engana-se quem pensa assim. Dizem que é a mesma coisa que construir uma casa começando pelo telhado. Uma boa ideia de negócio vem quando o empreendedor está focado em resolver problemas.

Encontrar um problema a ser resolvido é fundamental para iniciar a jornada empreendedora. Mas tudo começa com uma habilidade muito simples e pouco valorizada no mercado, que é a capacidade de observação. O empreendedor precisa abrir os olhos e ouvidos e ficar atento a quais necessidades e problemas as pessoas enfrentam, detectar nas suas experiências do dia a dia possíveis incômodos ou como fazer melhor determinada atividade.

Esta é a fase mais preciosa no momento da criação de uma empresa. Estar preparado para abrir a mente e observar. E existem várias fontes onde o empreendedor pode se abastecer de insights, como:

- **Da observação da sociedade:** O essencial para quem está começando é ter um olhar curioso pelas coisas ao redor: o ambiente onde se vive, as pessoas que o influenciam, as dinâmicas da sua cidade ou Estado, a leitura de jornais e revistas, pesquisas na internet, idas ao cinema. Tudo isso pode ser fonte de uma boa ideia de negócio.
- **Da detecção de problemas:** O que faz uma ideia surgir é a vontade de solucionar um problema. E neste quesito, o Brasil é um terreno fértil de oportunidades. Preservação ambiental, distribuição de renda, educação, saúde e geração de empregos são algumas áreas com questões urgentes a serem solucionadas.
- **Da percepção de necessidades não atendidas:** Muitas vezes, nos incomodamos com determinadas situações e não percebemos que aí está uma boa ideia de negócio. Muitas empresas se originam a partir de necessidades não atendidas, das mais básicas (como alimentação e segurança) até as mais simbólicas (como necessidade de afeto e autoestima).
- **Das tendências e da evolução da sociedade:** A sociedade é dinâmica, os mercados se modificam, pessoas trocam de preferências e novos cenários se configuram. O empreendedor deve estar atento para captar tendências de comportamento e observar as modificações nas exigências dos seus consumidores.
- **Dos novos nichos de mercado:** Diferentes grupos sociais demandam produtos e serviços inovadores e assim são criados nichos de mercado específicos. Os food tru[illegible] cervejarias artesanais são exemplos disso.

Empreendedorismo Para leigos

- **Das novidades tecnológicas:** É possível gerar novos negócios a partir dos avanços tecnológicos. Quem imaginou que os aplicativos para táxi seriam tão populares nas grandes cidades? E isso só aconteceu graças à tecnologia e a criação de aplicativos móveis.
- **De pesquisa de mercado:** Levantamento de dados publicados sobre negócios em jornais, revistas, sites, blogs, relatórios econômicos e empresariais. Acesso a dados de pesquisa realizada por terceiros (IBGE, IPEA, Nielsen etc.) e levantamento sistemáticos de dados com procedimentos científicos e técnicas estatísticas.
- **Da viagem a outras regiões:** É muito comum que as pessoas voltem de viagens com novas ideias. Além de oxigenar a mente, visitar outros lugares, conhecer novas culturas e experimentar serviços e produtos diferenciados faz com que empreendedores percebam oportunidades de negócios.
- **Da interação com outras pessoas:** É sempre bom conversar com pessoas diferentes do nosso círculo de amizades. Isso gera novos insights e ajuda a desenvolver ideias de empreendimentos. Quanto maior sua rede, maior será sua exposição a problemas, soluções e demandas existentes no mercado.

Empreendedorismo Para leigos

Empreendedorismo para leigos

Alice Salvo Sosnowski

ALTA BOOKS
EDITORA
Rio de Janeiro, 2018

Empreendedorismo Para Leigos®

Copyright © 2018 da Starlin Alta Editora e Consultoria Eireli. ISBN: 978-85-508-0246-6

Impresso no Brasil — 2018 — Edição revisada conforme o Acordo Ortográfico da Língua Portuguesa de 2009.

Publique seu livro com a Alta Books. Para mais informações envie um e-mail para autoria@altabooks.com.br

Obra disponível para venda corporativa e/ou personalizada. Para mais informações, fale com projetos@altabooks.com.br

Erratas e arquivos de apoio: No site da editora relatamos, com a devida correção, qualquer erro encontrado em nossos livros, bem como disponibilizamos arquivos de apoio se aplicáveis à obra em questão.

Acesse o site www.altabooks.com.br e procure pelo título do livro desejado para ter acesso às erratas, aos arquivos de apoio e/ou a outros conteúdos aplicáveis à obra.

Suporte Técnico: A obra é comercializada na forma em que está, sem direito a suporte técnico ou orientação pessoal/exclusiva ao leitor.

A editora não se responsabiliza pela manutenção, atualização e idioma dos sites referidos pelos autores nesta obra.

Dados Internacionais de Catalogação na Publicação (CIP)
Vagner Rodolfo CRB-8/9410

S715e Sosnowski, Alice Salvo

Empreendedorismo para leigos / Alice Salvo Sosnowski. - Rio de Janeiro : Alta Books, 2018.
336 p. : il. ; 17cm x 24cm.

Inclui anexo.
ISBN: 978-85-508-0246-6

1. Administração. 2. Empreendedorismo. I. Título.

CDD 658.421
CDU 65.016

Rua Viúva Cláudio, 291 — Bairro Industrial do Jacaré
CEP: 20970-031 — Rio de Janeiro - RJ
Tels.: (21) 3278-8069 / 3278-8419
www.altabooks.com.br — altabooks@altabooks.com.br
www.facebook.com/altabooks

Sobre o Autor

Alice Salvo Sosnowski é jornalista, escritora, consultora e especialista em conteúdo de negócios.

Formada pela Universidade Federal de Minas Gerais (UFMG), começou sua carreira no jornal O Estado de S. Paulo onde ajudou a criar a editoria Net Estado que viria a ser o embrião do Portal Estadão. Na onda das empresas pontocom, trabalhou na chegada da America Online ao Brasil, na época o maior provedor de internet do mundo. Em seguida, foi repórter da revista PC World, cobrindo tecnologia para pequenas e médias empresas.

E foi escrevendo sobre as conquistas e desafios dos empresários brasileiros que se apaixonou pelo tema empreendedorismo. Em 2005, largou as redações para montar sua própria agência digital, a Objecta Internet, onde desenvolveu projetos para grandes empresas, mas também para ONGs e startups. Em 2009, criou o blog O Pulo do Gato com o intuito de falar mais sobre temas ainda recentes nas pautas dos brasileiros, como inovação, negócios e comportamento empreendedor.

Ao longo de sua trajetória, desempenhou papéis de liderança na plataforma meuSucesso.com, na Rede Mulher Empreendedora, da qual foi uma das cofundadoras, e na organização da Virada Empreendedora, o maior evento deste porte no Brasil.

Também já realizou trabalhos sobre empreendedorismo para o Portal Brasil, Diário do Comércio de São Paulo, Sebrae, Symnetics, Você S.A., FGV, Fiesp, Senac e Insper. Em 2010 formou-se no programa 10.000 Women, promovido pela FGV-SP e Goldman Sachs. E, no ano seguinte, foi uma das especialistas em empreendedorismo entrevistada para a pesquisa Global Entrepreneurship Monitor — GEM.

Ao longo de todos estes anos, já entrevistou centenas de empresários, especialistas e pensadores de norte a sul do Brasil. Entre eles, nomes de peso como o fundador da Embraer Ozires Silva, o filósofo Mário Sérgio Cortella, o cientista Sílvio Meira, fundador do Porto Digital, e o empresário Carlos Wizard, um dos homens mais ricos do Brasil.

Com toda essa bagagem de conhecimento teórico e experiência prática, criou a metodologia de educação empreendedora O Pulo do Gato Empreendedor em que ensina pessoas de todas as idades a desenvolverem soft skills e habilidades empreendedoras para a vida e os negócios.

Atualmente desenvolve cursos e workshops para empreendedores e startups, ministra aulas na PUC de São Paulo, apresenta palestras por todo o Brasil, faz consultoria de negócios, mentoria e curadoria de conteúdo para empresas e instituições educacionais, além de ser sócia da agência digital Cinética. Para saber mais, acesse:

`http://www.opulodogatoempreendedor.com.br`

Agradecimentos

A gratidão é o fio condutor de tudo o que realizamos. Ninguém faz nada sozinho. Precisamos de suporte, de apoio, de pessoas que nos guiem e nos inspirem. Eu sou uma afortunada. Tive a sorte de encontrar anjos na minha jornada profissional e também na vida. Espero conseguir exprimir esta gratidão nas poucas linhas a seguir.

Em primeiro lugar, quero agradecer ao meu marido, Acelmar, e à minha filha, Luana, pelo amor e apoio incondicional com que me cercam. Também ao meu gato Guri que, a seu modo felino, me acompanhou na escrita deste livro durante as madrugadas insones.

Minha reverência vai à minha mãe Yara e meu pai Boleslaf por me oferecerem um afeto sem limites e ensinarem que o caráter é cultivado nas pequenas ações do dia a dia. Agradeço também às minhas irmãs por sempre acreditarem em mim.

Agradeço à minha família mineira: tios, primos, sobrinhos, agregados, da qual tenho uma enorme admiração e orgulho. Sou grata também à minha família gaúcha, que ganhei de presente quando me casei, e que me adotou de braços e coração abertos. Nunca vou esquecer o apoio que me deram ao me proporcionarem as condições ideais para finalizar o livro. Sem vocês, esta obra jamais ficaria pronta.

Aos amigos da vida, de profissão e de causa, que me provam cotidianamente que trabalho é missão de vida. E a todos os empreendedores e especialistas com quem tive o prazer de conviver e aprender na teoria e na prática as armadilhas e maravilhas do universo empreendedor.

E, finalmente, à editora Alta Books, que me confiou esta tarefa tão especial em um momento que o empreendedorismo se mostra como um caminho capaz de transformar esse país em um lugar próspero e justo. Agradeço especialmente ao Rugeri pelo convite e ao Anderson Vieira pelo acolhimento ao projeto.

Sumário Resumido

Introdução ... 1

Parte 1: Cultura Empreendedora ... 7

CAPÍTULO 1: O que É Empreendedorismo? ... 9
CAPÍTULO 2: A Era do Empreendedorismo ... 21
CAPÍTULO 3: Empreendedorismo no Brasil ... 29

Parte 2: Comportamento Empreendedor ... 43

CAPÍTULO 4: Perfil do Empreendedor ... 45
CAPÍTULO 5: O Eu Empreendedor ... 55
CAPÍTULO 6: Competências Técnicas e Gerenciais ... 63
CAPÍTULO 7: Educação Empreendedora ... 69

Parte 3: Empreendedorismo em Ação ... 75

CAPÍTULO 8: O Início do Processo Empreendedor ... 77
CAPÍTULO 9: Modelo de Negócios e Validação no Mercado ... 89
CAPÍTULO 10: Plano de Negócios ... 99
CAPÍTULO 11: Investimento e Pitch ... 111
CAPÍTULO 12: Sociedade e Empresa Familiar ... 119

Parte 4: Estruturação de uma Empresa ... 125

CAPÍTULO 13: Formalização da Empresa ... 127
CAPÍTULO 14: Finanças ... 147
CAPÍTULO 15: Aspectos Jurídicos ... 159
CAPÍTULO 16: Gestão de Pessoas ... 167
CAPÍTULO 17: Marketing e Vendas ... 179
CAPÍTULO 18: Estruturando Negócios Online ... 197

Parte 5: Diferenciais de uma Empresa ... 213

CAPÍTULO 19: Cultura Corporativa ... 215
CAPÍTULO 20: Gestão da Inovação ... 223
CAPÍTULO 21: Empresas Sustentáveis ... 231
CAPÍTULO 22: Planejamento Estratégico ... 237
CAPÍTULO 23: Modelos de Crescimento ... 245

Parte 6: A Parte dos Dez 257

CAPÍTULO 24: Dez Perguntas Básicas sobre Empreendedorismo 259

CAPÍTULO 25: Dez Mitos que Precisam Ser Evitados 265

CAPÍTULO 26: Dez Filmes para Inspirar Empreendedores 271

CAPÍTULO 27: Dez Livros que Não Podem Faltar na Estante 277

CAPÍTULO 28: Dez Sites que Você Tem que Ver 283

CAPÍTULO 29: Dez Ferramentas de Gestão 287

Apêndice: Dicionário do Empreendedor 301

Índice 315

Sumário

INTRODUÇÃO 1
Sobre Este Livro 2
Penso que... 3
Ícones Usados Neste Livro 4
Como Este Livro Está Organizado 4
Parte 1: Cultura Empreendedora 4
Parte 2: Comportamento Empreendedor 5
Parte 3: Empreendedorismo em Ação 5
Parte 4: Estruturação de uma Empresa 5
Parte 5: Diferenciais de uma Empresa 5
Parte 6: A Parte dos Dez 6
Apêndice 6

PARTE1: CULTURA EMPREENDEDORA 7

CAPÍTULO 1: **O que É Empreendedorismo?** 9
Os Primórdios do Empreendedorismo 10
Sociedade Industrial 10
O Perfil Empreendedor na Concepção Moderna 12
Os Empreendedores Pioneiros 14
Os Empreendedores Brasileiros 16
Gigantes do Brasil 16

CAPÍTULO 2: **A Era do Empreendedorismo** 21
A Única Certeza É a Mudança 22
Empreendedorismo Digital 23
A Economia Criativa 24
O Empreendedorismo Social 26

CAPÍTULO 3: **Empreendedorismo no Brasil** 29
Pesquisa Mundial 30
GEM Brasil em 2016 32
Gênero 33
Faixa etária 35
Renda 35
Escolaridade 36
Perfil do Jovem Empreendedor Brasileiro 36
Ambiente Empreendedor no Brasil 37
Mapa das Pequenas Empresas 38
Entraves para Empreender 39
Problemas Mais Comuns ao Se Iniciar um Negócio 41

PARTE 2: COMPORTAMENTO EMPREENDEDOR 43
CAPÍTULO 4: **Perfil do Empreendedor** 45
Características Empreendedoras 46
Atitude Empreendedora 47
É Possível Desenvolver um Perfil Empreendedor? 47
O Conceito de Intraempreendedorismo 50
O Intraempreendedorismo Exige Protagonismo 51
A Organização Empreendedora 52
O Papel dos Líderes nas Organizações Intraempreendedoras 53
CAPÍTULO 5: **O Eu Empreendedor** 55
Motivações para Empreender 56
O Pulo do Gato Empreendedor 57
A prática da metodologia 59
O ciclo do Pulo do Gato Empreendedor 60
CAPÍTULO 6: **Competências Técnicas e Gerenciais** 63
Habilidades Técnicas 64
Empreendedor versus Administrador 65
Liderança 66
Estilo de liderança 66
CAPÍTULO 7: **Educação Empreendedora** 69
O Trabalho Empreendedor 70
As Bases da Educação Empreendedora 71
Programas de Empreendedorismo no Brasil 73
PARTE 3: EMPREENDEDORISMO EM AÇÃO 75
CAPÍTULO 8: **O Início do Processo Empreendedor** 77
De Onde Vêm as Ideias? 78
Inteligência de Mercado 79
Ideias Têm Proteção? 81
Patentes 82
Detectando uma Oportunidade 85
Da Oportunidade ao Negócio 86
Filtro de Viabilidade 87
CAPÍTULO 9: **Modelo de Negócios e Validação no Mercado** 89
A Criação de Valor 90
Como Construir um Canvas 92
Lean Startup 94
MVP 95
Customer Developer 96
Pivotar 96

CAPÍTULO 10: **Plano de Negócios** ... 99
O que É um Plano de Negócios? ... 100
O Plano de Negócios Funciona como um Mapa ... 100
Como Elaborar um Plano ... 101
Sumário Executivo ... 102
Análise de Mercado ... 103
Mercado consumidor ... 104
Mercado fornecedor ... 105
Mercado concorrente ... 105
Plano de Marketing ... 106
Produtos e serviços ... 106
Preço ... 106
Estratégia promocional ... 106
Estrutura de comercialização ... 106
Localização do negócio ... 106
Plano Operacional ... 107
Plano Financeiro ... 108
Estratégia e Construção de Cenários ... 109
CAPÍTULO 11: **Investimento e Pitch** ... 111
De Onde Vem o Dinheiro ... 112
Como Conseguir Investimento? ... 114
Pitch ... 115
Como fazer um elevator pitch ... 116
Você Também Pode Ser Investidor-Anjo ... 117
CAPÍTULO 12: **Sociedade e Empresa Familiar** ... 119
Sozinho ou com Sócios? ... 120
Empresa Familiar ... 121
O desafio da sucessão ... 122
PARTE 4: ESTRUTURAÇÃO DE UMA EMPRESA ... 125
CAPÍTULO 13: **Formalização da Empresa** ... 127
Legalize Seu Negócio ... 128
Passo a Passo para Registrar uma Empresa ... 128
Natureza jurídica ... 129
O tamanho da empresa ... 131
Fazendo o registro empresarial e obtendo o CNPJ ... 132
Tributação ... 141
Simples Nacional ... 141
Lucro Presumido ... 143
Lucro Real ... 145

CAPÍTULO 14: **Finanças** 147
Gestão Financeira 148
Como Fazer um Fluxo de Caixa 149
Receitas 150
Como fazer a precificação 150
Lucro e Rentabilidade 154
A Contabilidade da Empresa 155
Planejamento financeiro 155
DRE — Demonstração do Resultado do Exercício 157
CAPÍTULO 15: **Aspectos Jurídicos** 159
Padrões Legais nos Negócios 160
Os Principais Aspectos Legais 161
Legislação tributária 161
Acionistas 162
Direitos do consumidor 162
Fornecedores 162
Direitos trabalhistas 163
Ética nas relações com o governo 163
Como Registrar Sua Marca 165
CAPÍTULO 16: **Gestão de Pessoas** 167
A Formação de um Time 168
A Importância da Contratação 169
Gestão 170
Avaliação 171
Demissão 172
Direitos trabalhistas 173
Endomarketing 176
CAPÍTULO 17: **Marketing e Vendas** 179
O Coração de uma Empresa 180
Fundamentos do Marketing 180
Marketing — evolução do conceito 181
Processos de Marketing 181
Pesquisa de mercado 182
Objetivo de marketing 183
Segmentação de mercado 183
Definição de mercado-alvo 184
Posicionamento 184
Mix de marketing 189
Implementação e divulgação 190
Controle de marketing 191
Vendas 192
Fundamentos da venda 193
CRM e a Fidelização de Clientes 195

CAPÍTULO 18: **Estruturando Negócios Online** 197
Empreendedorismo Online no Brasil 198
Novos Consumidores, Novos Comportamentos 199
Marketing Digital 200
Funil de Vendas 201
Topo do funil 203
Meio do funil 203
Fundo do funil 205
Monitoramento — o ROI no Digital 206
Métricas e KPIs 207
Marketing de Afiliados 208
Afiliados Brasil 209

PARTE 5: DIFERENCIAIS DE UMA EMPRESA 213

CAPÍTULO 19: **Cultura Corporativa** 215
Cultura Corporativa 216
Missão, Visão, Valores 217
Missão 218
Visão 219
Valores 219
Governança Corporativa 221

CAPÍTULO 20: **Gestão da Inovação** 223
Inovar É Preciso 224
Tipos de Inovação 225
Como Implementar uma Estratégia de Inovação 226
Etapas do Processo de Inovação 227
Tendências 228

CAPÍTULO 21: **Empresas Sustentáveis** 231
A Consciência do Propósito 232
Fazer o Bem se Tornou um Bom Negócio 233
Capitalismo Consciente 235

CAPÍTULO 22: **Planejamento Estratégico** 237
A Importância do Planejamento 238
Como Fazer um Planejamento Estratégico 239

CAPÍTULO 23: **Modelos de Crescimento** 245
Aonde Você Quer Chegar? 246
Estratégias de Crescimento 248
O crescimento orgânico 248
Crescimento pelo sistema de franquias 249
O crescimento por aquisições 252
Internacionalização e exportação 254
Marketing Multinível 256

PARTE 6: A PARTE DOS DEZ 257

CAPÍTULO 24: **Dez Perguntas Básicas sobre Empreendedorismo** 259
O que É Realmente Ser Empreendedor? 260
Existe Idade para Empreender? 260
Como Encontrar Oportunidades de Negócios? 260
Quanto Dinheiro É Preciso para Começar um Negócio? 261
Como Saber Se Vou Dar Certo? 261
Quais os Principais Riscos que um Empreendedor Corre? 262
Qual a Melhor Hora de Captar Investimento? 262
Como Motivar a Minha Equipe? 263
E Se Alguém Roubar Minha Ideia de Negócio? 263
E Se Eu Fracassar? 263

CAPÍTULO 25: **Dez Mitos que Precisam Ser Evitados** 265
Eu Não Nasci Empreendedor 266
Eu Não Tenho Dinheiro para Empreender 266
Empreendedores Correm Riscos Altos 266
A Vida do Empreendedor É um Glamour 267
Tamanho É Sinônimo de Sucesso 267
Errar Leva ao Fracasso 267
O Empreendedor Consegue Fazer Tudo Sozinho 268
Vender É uma Habilidade Inata nos Empreendedores 268
Empreendedor Só Pensa no Lucro 269
Trabalhar em Casa É um Sonho 269

CAPÍTULO 26: **Dez Filmes para Inspirar Empreendedores** 271
À Procura da Felicidade (2006) 272
O Homem que Mudou o Jogo (2011) 272
Walt Antes do Mickey (2014) 272
O Jogo da Imitação (2015) 272
Jobs (2013) 273
A Rede Social (2010) 273
Joy: O Nome do Sucesso (2016) 273
Amor Sem Escalas (2009) 274
Decisões Extremas (2010) 274
Bee Movie (2007) 274
Outros Filmes 274

CAPÍTULO 27: **Dez Livros que Não Podem Faltar na Estante** 277
"Do Sonho À Realização em 4 Passos — Estratégias Para Criação de Empresas 278
de Sucesso" 278
Startup: Manual do Empreendedor. Guia passo a passo para construir uma grande empresa 278

Saber Vender É da Natureza Humana: Surpreenda-se com seu poder de convencer os outros ... 278
#VQD — Vai que Dá! ... 279
Empreendedorismo: Elabore seu plano de negócio e faça a diferença ... 279
Sonho Grande ... 279
O Livro Negro do Empreendedor ... 280
Empreendedorismo na Prática — Mitos e Verdades do Empreendedor de Sucesso ... 280
O Segredo de Luísa — Uma ideia, uma paixão e um plano de negócios: como nasce o empreendedor e se cria uma empresa ... 280
Empresas Feitas para Durar e Empresas Feitas para Vencer ... 281

CAPÍTULO 28: **Dez Sites que Você Tem que Ver** ... 283
Sebrae ... 284
Movimento Empreenda ... 284
Rede Mulher Empreendedora ... 284
Endeavor Brasil ... 284
Anjos do Brasil ... 285
Saia do Lugar ... 285
Marketing de Conteúdo ... 285
Aliança Empreendedora ... 285
O Pulo do Gato Empreendedor ... 286
Startupi ... 286

CAPÍTULO 29: **Dez Ferramentas de Gestão** ... 287
Produtividade ... 288
- 5S ... 288
- Matriz Urgente-Importante ... 288
- GTD (Getting Things Done) ... 290
- 5W2H ... 291
- Técnica Pomodoro ... 292

Ferramentas de Gestão e Estratégia ... 293
- Ciclo PDCA ... 293
- Balanced Scorecard ... 294

Metodologias de Inovação ... 295
- SCAMPER ... 295
- Mapas Mentais ... 296
- Design Thinking ... 298

APÊNDICE: DICIONÁRIO DO EMPREENDEDOR ... 301

INDEX ... 315

Dez Sites que Você Tem que Ver

Dez Ferramentas de Gestão

Introdução

Nunca se falou tanto sobre empreendedorismo quanto agora. Na mídia, nas empresas, nas escolas e até nas conversas entre amigos e almoços de família, o empreendedorismo passou a fazer parte da realidade brasileira.

Atualmente, já não é incomum ouvirmos aquela história do amigo que largou um emprego estável em uma grande empresa para abrir um food truck. Ou do tio que, depois de aposentado, montou sua consultoria de finanças. Até mesmo a sobrinha recém-formada que passou no processo de trainee em uma multinacional, mas preferiu abrir uma startup de tecnologia.

Estes exemplos evidenciam uma mudança radical no velho paradigma do trabalho que reduzia a vida profissional aos limites de um crachá. Hoje, está cada vez mais difundida a ideia de que podemos ser donos da nossa própria carreira, transformando o empreendedorismo em uma opção real de vida.

Mas o que, de fato, significa empreender? Muito além de assumir um posto de empresário, empreender é uma questão de atitude e postura pessoal. Neste sentido, não apenas os donos de empresas se enquadram nesta categoria, mas também todos aqueles que têm autonomia e protagonismo diante da vida. E neste caso, podemos falar dos profissionais liberais, dos funcionários de empresas, dos servidores públicos e das donas de casa. De jovens, adultos e idosos que tomam as rédeas de sua carreira e, acima de tudo, fazem a diferença na vida das pessoas.

Empreendedores são aqueles que questionam o status quo, ousam e mudam a realidade a seu redor. Constroem uma visão de futuro e engajam pessoas para perseguir sonhos que parecem impossíveis. Cultivam relações pessoais promissoras e mobilizam recursos financeiros, humanos e materiais para realizar seus objetivos. São proativos, determinados e perseverantes e estão dispostos a correr riscos encarando o erro e o fracasso como parte do processo e fonte de aprendizado.

Mas se você acha que empreendedores são heróis dotados de superpoderes e nascem com esse dom, alerto desde já: empreendedores são pessoas comuns, assim como eu e você, que estão sempre aprendendo e se aprimorando.

É por isso que escrevo este livro. Porque acredito firmemente que o empreendedorismo é uma crença e um estilo de vida capaz de ser aprendido. Acredito que todos nós podemos desenvolver características e comportamentos empreendedores. Basta ter uma vontade gigante de ser protagonista da nossa própria vida, sem delegar o sucesso para um terceiro, seja ele os pais, o chefe, o governo ou quem quer que seja.

E falo isso com a experiência de quem está há mais de 10 anos imersa no universo empreendedor, atuando em todas as posições. De jornalista e empresária, de mentora a educadora. E também convivendo, entrevistando e conversando com especialistas, empresários de sucesso e empreendedores de startups. Pessoas que me ensinaram a pensar e a sentir como uma empreendedora.

Meu objetivo é falar sobre empreendedorismo para todos os públicos com uma linguagem acessível e agradável. Espero sinceramente que esta obra ajude todos a entrar nesse universo fascinante do empreendedorismo. Adianto que esta jornada é cheia de obstáculos e desafios, mas também repleta de surpresas gratificantes e capaz de oferecer um crescimento pessoal como poucas ferramentas existentes.

Sobre Este Livro

Você sabia que daqui a dez anos, 50% das profissões serão obsoletas? E que grande parcela das novas atividades ainda nem foram inventadas? Se antes ter diploma de faculdade, MBA e saber inglês era o suficiente para garantir uma vida profissional de sucesso, hoje, o funcionário de uma empresa está sujeito às oscilações do mercado, a rupturas e inovações que o colocam em um cenário de incertezas.

A única certeza que temos é que cada vez mais o mundo se tornará um lugar com mais trabalho e menos emprego. Mais oportunidade e menos garantia. É neste contexto que o empreendedorismo surge como opção real de carreira e vida.

Além disso, acredito firmemente que um novo Brasil será construído por empreendedores éticos, íntegros e que têm a coragem de sonhar e a ousadia de agir. Só eles são capazes de realizar as mudanças tão necessárias que este país precisa.

É para isso que surge este livro: com o objetivo de desmistificar o empreendedorismo e torná-lo acessível para todos os públicos, independente da idade, da profissão ou do interesse de mercado. O meu objetivo principal é contribuir para tornar o Brasil um país mais empreendedor.

Empreendedorismo para Leigos não é apenas uma visão geral ou uma pesquisa teórica sobre empreendedorismo. É uma pesquisa extensa somada à minha experiência prática de métodos que tive a chance de conhecer e testar em mais de dez anos de mercado.

Este é um livro de referência organizado em partes e capítulos de modo que o leitor possa pular diretamente para a parte que precisar.

- É um texto abrangente que aborda tanto a teoria quanto a prática.
- Um guia de referência para quem quer se tornar um empresário ou intraempreendedor.
- Um conjunto de metodologias e ferramentas para ajudá-lo a planejar e exercitar.
- Um rol de informações e indicações sobre como buscar ajuda adicional.

Penso que...

Ao escrever este livro, fiz as seguintes suposições sobre você, leitor:

- Tem vontade de empreender, mas ainda não conhece muito bem o assunto.
- Quer entender melhor o conceito e as definições práticas e teóricas sobre o tema.
- Acabou de se formar e considera o empreendedorismo uma opção de carreira.
- Já se aposentou e decidiu empreender para complementar a renda.
- Tem um grande talento inexplorado que pode virar um negócio de sucesso.
- Já tem um negócio, mas precisa aprimorá-lo e não aguenta mais ver tantos livros sobre histórias de sucesso e poucos sobre como chegar lá, didático e suficiente para cativá-lo.
- Acredita que o empreendedorismo é o caminho para uma vida mais plena e autônoma.

Ícones Usados Neste Livro

Os ícones neste livro o ajudam a encontrar informações específicas e a chamar atenção para determinadas situações.

DICA

Livros, filmes, links, metodologias. Busque este ícone para achar essas e outras dicas que podem ser valiosas na sua jornada empreendedora ou que podem ajudar a pensar fora da caixa.

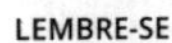

Este ícone aparece sempre que houver aquele conselho que você não pode esquecer, ou não pode deixar de fazer ao longo do processo empreendedor.

PAPO DE ESPECIALISTA

Sempre que aprofundarmos um pouco mais algum assunto, ou aparecer alguma referência mais específica da área, este ícone estará lá. Para aqueles mais curiosos, os parágrafos ou textos indicados por este ícone são um prato cheio.

Como Este Livro Está Organizado

Este livro está organizado em seis partes que seguem a lógica do processo empreendedor. Cada capítulo é escrito como uma seção independente, o que significa que você pode avançar por todo o livro e examinar um determinado tópico sem ter que necessariamente ler todo o material. Em todas as partes em que explicamos ou aprofundamos outra matéria, cruzamos referências com o capítulo ou parte de origem, de modo que você possa conectá-los.

Parte 1: Cultura Empreendedora

Nesta parte, voltamos aos primórdios do empreendedorismo até os dias atuais: como surgiu o conceito, a concepção moderna do termo e os principais teóricos do empreendedorismo. Depois, falamos sobre os pioneiros que modificaram a realidade de toda a sociedade e inspiram novas gerações de empreendedores em todo o mundo. Mostraremos o novo contexto do empreendedorismo com a introdução das tecnologias da informação e comunicação e as mudanças de paradigma com a Economia Criativa e o Empreendedorismo Social. Por fim, faremos um retrato do empreendedorismo no Brasil e suas características assim como a conjuntura e as condições para empreender no país.

Parte 2: Comportamento Empreendedor

Você vai decifrar todas as características de um empreendedor, as motivações para empreender e como desenvolver e praticar a atitude empreendedora no dia a dia. As habilidades necessárias para ser um empreendedor de sucesso você aprende na apresentação da metodologia O Pulo do Gato Empreendedor, e quais as competências técnicas e gerenciais necessárias para administrar uma empresa. Nessa parte, falo sobre a importância da educação empreendedora para o desenvolvimento de uma nação e, por fim, sobre as novas formas de empreendedorismo dentro das corporações.

Parte 3: Empreendedorismo em Ação

Agora que você já sabe tudo sobre a história do empreendedorismo e sobre o comportamento empreendedor, deve estar se sentindo preparado para iniciar a viagem, certo?? Então, vamos lá! Nesta parte, você vai aprender a gerar boas ideias, detectar oportunidades e validar seu negócio no mercado a partir de metodologias ágeis, como Lean Startup. Também vai entender quais os fundamentos de um plano de negócio, os cuidados na hora de escolher um sócio, o passo a passo de como preparar seu pitch e conseguir investidores e apoiadores para seu projeto.

Parte 4: Estruturação de uma Empresa

A estruturação de uma empresa é a parte mais pragmática no processo empreendedor. Regularizar um negócio, controlar finanças, fazer o planejamento tributário, gerir pessoas e se atentar aos aspectos jurídicos são apenas uma parte na condução de uma empresa de sucesso. E ela só irá para frente se você tiver um ótimo conhecimento e ações assertivas de marketing e vendas, levando-se em conta os novos cenários do empreendedorismo digital e do novo consumidor e aprendendo a lidar com as ferramentas de marketing online.

Parte 5: Diferenciais de uma Empresa

Nesta parte, você aprenderá novos conceitos para gerir uma empresa no século XXI. Da cultura corporativa à importância da gestão da inovação para o crescimento e perenidade da empresa. Aprenderá a fazer um planejamento estratégico condizente com a realidade do seu negócio e descobrir os principais modelos de crescimento para sua empresa. Será que vale a pena apostar em franquias ou fazer fusões com outras empresas? Falando em desenvolvimento, falaremos das empresas sustentáveis e como o conceito do capitalismo consciente está mudando a forma de ver e fazer negócios em todo o mundo.

Parte 6: A Parte dos Dez

A incrível Parte dos Dez vai responder as dez principais perguntas que rondam a cabeça de empreendedores e aspirantes a empresários. Depois, vamos falar sobre os dez mitos do empreendedorismo que atrapalham o desenvolvimento de novos negócios inovadores. Vamos também falar de filmes, livros, sites e canais muito inspiradores para você aprender cada vez mais sobre empreendedorismo. No capítulo sobre ferramentas de gestão, você terá à disposição uma série de metodologias e formas de desenvolver melhor o seu negócio.

Apêndice

Esta parte do livro inclui informações importantes que você pode usar para consulta. Aqui, apresentamos um dicionário empreendedor com os principais termos e explicações usados neste universo. É para você sair tinindo rumo ao sucesso.

1 Cultura Empreendedora

NESTA PARTE . . .

Você conhecerá um pouco mais do cenário empreendedor no Brasil atualmente, e ao longo da história. O que é uma startup? Quem foram os pioneiros no empreendedorismo, no Brasil e no mundo? E hoje em dia, quais são os principais desafios enfrentados por quem quer começar um negócio?

NESTE CAPÍTULO

» **Entendendo o surgimento do empreendedorismo**

» **O empreendedor na sociedade industrial**

» **O perfil empreendedor na concepção moderna**

» **Definições de empreendedor feitas por diversos teóricos**

Capítulo 1

O que É Empreendedorismo?

"O empreendedorismo é uma revolução silenciosa, que será para o século XXI mais do que a Revolução Industrial foi para o século XX."

JEFFRY TIMMONS

— Professor de empreendedorismo

Os Primórdios do Empreendedorismo

O empreendedorismo é tão antigo quanto a humanidade. Na verdade, ele existe desde a primeira ação inovadora do homem, como a criação de ferramentas para caçar e sobreviver na idade da pedra. Depois, vieram as grandes civilizações antigas, como os egípcios e os maias, que foram capazes de construir pirâmides e evoluir com a criação de técnicas agrícolas e de construção.

Na Idade Média, a maior parte da humanidade trabalhava por conta própria e também podiam ser denominados empreendedores. Eram agricultores, artesãos, escultores, profissionais liberais e também os clérigos que ficavam encarregados de gerenciar a construção de grandes obras arquitetônicas da Igreja.

Um dos primeiros usos do termo surgiu com o veneziano Marco Pólo (1254 a 1324), que foi um viajante mercador e um dos primeiros ocidentais a percorrer a "Rota da Seda" para a Ásia Oriental. Conhecido como o "aventureiro empreendedor", seus relatos de viagem foram durante muito tempo uma das poucas fontes de informação sobre o Oriente.

Mas foi a partir do século XV que o empreendedorismo passou a ter contornos econômicos, quando surgiu o mercantilismo. Para dar vazão aos alimentos e mercadorias excedentes, portugueses, holandeses, ingleses e espanhóis passaram a desbravar o mundo nas grandes navegações e a expandir suas rotas comerciais em missões empreendedoras.

PAPO DE ESPECIALISTA

A palavra empreendedor vem da língua francesa *entrepreneur* e tem origem no verbo *entreprendre*, que significa "fazer algo". O termo deu origem a palavra inglesa *entrepreneurship*, um neologismo que se refere a todos os hábitos, costumes, regras e comportamentos do empreendedorismo.

Sociedade Industrial

Em 1725, o banqueiro irlandês Richard Cantillon, importante escritor e economista, observou os comerciantes, fazendeiros e artesãos da época e descreveu o empreendedor como alguém que começa algo novo e corre riscos. Ele foi considerado um dos criadores da definição de empreendedor como conhecemos hoje.

Por volta de 1800, o economista francês Jean Batist Say utilizou o termo empreendedor em seu livro *Tratado de Economia Política*. Para ele, o empreendedor era o responsável por "reunir todos os fatores de produção e descobrir no valor dos produtos a reorganização de todo capital que ele emprega, o valor dos salários, o juro, o aluguel que ele paga, bem como os lucros que lhe pertencem".

THOMAS EDISON, O EMPREENDEDOR DO SÉCULO XIX

Thomas Edison foi um dos maiores inventores de todos os tempos (registrou 1.093 patentes nos Estados Unidos) e soube transformar suas descobertas em negócios lucrativos. Criador da lâmpada, da filmadora e do fonógrafo — primeiro aparelho capaz de gravar e reproduzir sons —, Edison fundou uma série de empresas para fazer dinheiro com suas invenções. Ao contrário de boa parte de seus contemporâneos, Thomas Edison sabia explorar comercialmente suas ideias e transformá-las em mercadorias de grande apelo popular. Ele foi um dos grandes empreendedores de seu tempo. Uma das companhias criadas por ela é a General Electric, que existe até hoje.

Contudo, foi a Inglaterra o país que mais dedicou esforços para definir a função do empreendedor no desenvolvimento econômico da sociedade. Dentre os teóricos que ofereceram uma grande contribuição destacam-se Alfred Marshall e Adam Smith.

Adam Smith caracterizou o empreendedor como um fornecedor de capital e, ao mesmo tempo, um administrador que se interpõe entre o trabalhador e o consumidor. O conceito de Smith refletia uma tendência de considerar o empreendedor alguém que visava somente produzir lucro. Por outro lado, Alfred Marshall o descrevia como um indivíduo que reúne capital e trabalho e supervisiona o negócio, caracterizando-se pela convivência com o risco, a inovação e a gerência do negócio.

Era comum nessa fase confundir os empreendedores com administradores, ou seja, aqueles que organizam a empresa, pagam os funcionários, planejam, dirigem e controlam as ações desenvolvidas na organização (veja mais sobre isso no Capítulo 8).

Com o início da industrialização, ocorrida a partir do século XVIII finalmente o capitalista e o empreendedor foram diferenciados. Um exemplo disso é o caso de Thomas Edison, com suas pesquisas referentes à eletricidade e à química, que só foram possíveis tendo o auxílio dos investidores que financiaram seus experimentos.

O Perfil Empreendedor na Concepção Moderna

O uso do termo empreendedorismo na concepção moderna foi dada pelo austríaco Joseph Schumpeter, um dos mais importantes economistas do século XX. Schumpeter teve grande influência sobre o desenvolvimento da teoria e prática do empreendedorismo.

Em seus estudos, ele descreve o empreendedor como a máquina propulsora do desenvolvimento da economia, o agente principal da mudança, capaz de erigir um negócio lucrativo, mesmo sem ser dono do capital. O que conta são suas características de personalidade, seus valores e a capacidade de utilizar os recursos disponíveis para modificar ambientes e conjunturas.

A versão schumpeteriana do empreendedorismo usa o conceito da "destruição criativa", que é o impulso fundamental que aciona e mantém em marcha o motor capitalista, criando melhores produtos, novos mercados e oferecendo melhores alternativas aos métodos menos eficientes e mais caros. De acordo com Schumpeter, o processo não tem fim. A criatividade permite sempre a criação de um produto melhor e mais barato.

Desta maneira fica evidenciado uma diferença entre o empresário — proprietário e gerente de um negócio — e o empreendedor schumpeteriano — aquele que explora uma oportunidade de negócio com um diferencial inovador. Assim, podemos concluir que nem todo empresário é um empreendedor, como nem todo empreendedor precisa necessariamente ser um empresário (veja mais sobre isso no Capítulo 8).

Mais tarde, no século XX, Kenneth E. Knight e Peter Drucker, expandiram a definição do termo empreendedorismo. Segundo Drucker, considerado "o pai da administração moderna", os empreendedores estão dispostos a encontrar as oportunidades e fazer acontecer, lutando por seus objetivos, para colocar em prática as ideias, gerar valor, alavancar o negócio, além de constituírem-se como essenciais ao mercado, na medida em que são considerados agentes de inovação e criatividade.

Uma das definições de empreendedorismo mais aceitas globalmente foi dada pelo estudioso Robert D. Hisrich, que afirma: "Empreendedorismo é o processo de criar algo diferente e com valor, dedicando tempo e esforço necessários, assumindo os riscos financeiros, psicológicos e sociais correspondentes e recebendo as consequentes recompensas da satisfação econômica e pessoal."

No Brasil, a pesquisadora Regina Silvia Pacheco em 1993 fez um dos primeiros usos da palavra "empreendedorismo" na língua portuguesa, se referindo às novas estratégias econômicas adotadas, até então, em cidades estrangeiras. Porém as definições mais conhecidas nacionalmente ficaram com dois dos maiores especialistas no tema do país: José Carlos Dornelas definiu o empreendedorismo como "o envolvimento de pessoas e processos que, em conjunto, levam a transformação de ideias em oportunidades". E Fernando Dolabela afirmou: "O empreendedor é um insatisfeito que transforma seu inconformismo em descobertas e propostas positivas para si mesmo e para os outros. É alguém que prefere seguir caminhos não percorridos, que define a partir do indefinido, acredita que seus atos podem gerar consequências. Em suma, alguém que acredita que pode alterar o mundo. É protagonista e autor de si mesmo e, principalmente, da comunidade em que vive."

Para finalizar, deixo uma visão simples e genial resumida na frase do estudioso canadense Louis Jacques Filion, um dos maiores pensadores mundiais do empreendedorismo na atualidade: "O empreendedor é uma pessoa que imagina, desenvolve e realiza visões." No quadro a seguir separamos a definição de empreendedor dada por diversos especialistas:

TABELA 1-1

Autor	Empreendedor é...
Schumpeter	Aquele que destrói a ordem econômica existente pela introdução de novos produtos e serviços, pela criação de novas formas de organização ou pela exploração de novos recursos e materiais.
Hisrish	A palavra empreendedor (*entrepreneur*) tem origem francesa e quer dizer aquele que assume riscos e começa algo novo.
Dolabela	O empreendedor é um insatisfeito que transforma seu inconformismo em descobertas e propostas positivas para si mesmo e para os outros. É alguém que prefere seguir caminhos não percorridos, que define a partir do indefinido, acredita que seus atos podem gerar consequências. Em suma, alguém que acredita que pode alterar o mundo. É protagonista e autor de sim mesmo e, principalmente, da comunidade em que vive.
Kirzner	É aquele que cria um equilíbrio, encontrando uma posição clara e positiva em um ambiente de caos e turbulência, ou seja, identifica oportunidades na ordem presente.
Dornelas	Tem iniciativa para criar um novo negócio e paixão pelo que faz; utiliza os recursos disponíveis de forma criativa transformando o ambiente social e econômico onde vive; aceita assumir os riscos calculados e a possibilidade de fracassar.
Drucker	Os empreendedores estão dispostos a encontrar as oportunidades e fazer acontecer, lutando por seus objetivos, para colocar em prática as ideias, gerar valor, alavancar o negócio, além de constituírem-se como essenciais ao mercado, na medida em que são considerados agentes de inovação e criatividade.
Filion	O empreendedor é uma pessoa que imagina, desenvolve e realiza visões.
Chiavenato	O empreendedor é a pessoa que inicia ou opera um negócio para realizar uma ideia ou projeto pessoal assumindo riscos e responsabilidades e inovando continuamente.

Os Empreendedores Pioneiros

Vários pensadores do empreendedorismo ao longo dos tempos definiram o empreendedor como um realizador, capaz de enfrentar obstáculos e superar dificuldades para mudar a realidade. Mesmo quando não têm êxito, eles não desistem e recomeçam.

Durante toda a história da humanidade nos deparamos com indivíduos assim. Dos navegadores desbravadores de novos mundos aos aclamados empresários que figuram as capas das revistas de negócios. Ao conhecer estas histórias de sucesso somos inspirados a também realizar e empreender.

Os Estados Unidos são a grande nação empreendedora. Pátria da livre iniciativa e berço de gênios dos negócios. Não é à toa que dizem que a América não foi descoberta, mas construída por empreendedores que fizeram a história do capitalismo moderno, como John D. Rockfeller, Henry Ford, Sam Walton, Bill Gates, Steve Jobs, nomes reconhecidos em todo o mundo.

DICA

No documentário *Os Gigantes da Indústria*, produzido pelo *History Channel*, conhecemos a trajetória e o legado destes homens que ilustram o sonho americano e que foram capazes de mudar o curso da História.

A série começa logo após a Guerra de Secessão (guerra civil americana terminada em 1865) contando a história do pioneiro "Commodore" Cornelius Vanderbilt, o magnata das estradas de ferro e um dos primeiros a acreditar que os trens iriam impulsionar o transporte de pessoas e mercadorias pelo país.

Em seguida, conhecemos a trajetória de John D. Rockefeller, criador do método de refinar petróleo e considerado um dos homens mais poderosos do mundo na sua época. Andrew Carnegie é outro retratado. Escocês de origem pobre, descobriu na indústria do aço uma forma de levantar prédios em tempo recorde e criar as cidades modernas.

O documentário traz ainda a trajetória de Henry Ford, o criador do primeiro automóvel acessível às massas que permitiu erguer as bases da classe média americana. Por fim, entendemos como a ambição do banqueiro JP Morgan configurou o sistema financeiro tal qual o conhecemos.

A história destes cinco homens mostra o impressionante crescimento da economia e sociedade americanas. Os Estados Unidos e o mundo não seriam os mesmos sem estes empreendedores que transformaram o cenário mundial e construíram a forma como o homem interage na sociedade.

Além destes, outros grandes empreendedores merecem ser destacados na história do mundo moderno. Seguem alguns:

- **David Sarnoff:** Pioneiro na área das telecomunicações principalmente na TV e no rádio. Fundou a National Broadcasting Company (NBC) e foi presidente da Radio Corporation of America (RCA).
- **Walt Disney:** Criador do Mickey Mouse. Fundou a Disneylândia em 1955 e, em 1971, concebeu o Epcot. Transformou os sonhos de crianças e adultos em um negócio poderoso.
- **Akio Morita:** Fundador da Sony, primeira empresa japonesa a abrir capital na bolsa americana.
- **David Ogilvy:** Fundador da Ogilvy & Mather. Era um grande publicitário, com um jeito irreverente, aclamado como "o pai da propaganda".
- **Thomas Watson Jr**.: Fundador da IBM (International Business Machine), uma das poucas da área de Tecnologia da Informação com uma história que remonta ao século XIX.
- **Ray Kroc:** Fundador da rede de lanchonetes McDonald's. Teve a ideia de operar no ramo de lanches rápidos e com ótimo atendimento. Apesar de não ter sido o criador da lanchonete, foi ele o responsável pela expansão da marca com arcos dourados.
- **Sam Walton:** Fundador do Walmart, uma das maiores empresas de varejo do mundo (maior em faturamento, que chega a cerca de US$256 bilhões).
- **Gordon Moore:** Um dos fundadores da Intel, empresa que fabrica chips. A Intel surgiu e em pouco tempo se tornou a maior fabricante de microprocessadores do planeta.
- **Bill Gates:** Um dos fundadores da Microsoft, empresa que vale US$273 bilhões e emprega 90 mil funcionários.
- **Steve Jobs:** Um dos fundadores da Apple. Em 1986 comprou a Pixar e lançou diversos desenhos animados. Empresa com valor de mercado de US$546 bilhões e que emprega 63,3 mil funcionários.
- **Jeff Bezos:** Dono da Amazon.com, que após 18 anos vale cerca de US$80 bilhões e emprega 56.200 pessoas. A boa ideia lhe valeu também uma indicação na lista da revista *Fortune* como um dos 12 principais empreendedores da atualidade.
- **Fred Smith**: Fundador da Federal Express (FedEx), uma ideia que surgiu na Universidade de Yale e foi a primeira na história americana a atingir R$2 bilhões em menos de 10 anos sem uma fusão ou aquisição.
- **Larry Page e Sergey Brin**: Em 1998, apresentaram ao mercado a Google — a empresa que mudou as buscas na internet em todo o mundo.
- **Mark Zuckerberg:** Um dos fundadores do Facebook a maior rede social do mundo.

- **John Mackey:** Fundador e copresidente mundial do Whole Foods, a rede de varejo que vende produtos orgânicos e privilegia pequenos fornecedores locais.
- **Muhammad Yunus:** Economista e banqueiro bengali, fundador do Grameen Bank, que oferece ativamente microcrédito para milhões de famílias. Em 2006 foi laureado com o Nobel da Paz.
- **Elon Musk**: O empreendedor por trás dos carros elétricos Tesla Motors, dos painéis e baterias de energia solar popularizados pela SolarCity e dos foguetes espaciais da SpaceX.

Os Empreendedores Brasileiros

No Brasil também destacamos vários grandes empreendedores que foram grandes propulsores da economia nacional. Uma análise da história empresarial brasileira nos mostra que estes empresários criaram grandes impérios a partir do nada e com extrema ousadia.

Merece destaque um dos mais importantes empreendedores brasileiros: Irineu Evangelista de Sousa, o Barão de Mauá, o primeiro grande empresário brasileiro responsável pelo início da industrialização no país. Nascido em 1813 no Rio Grande do Sul, Irineu veio do nada e começou a trabalhar como caixeiro aos 9 anos de idade no Rio de Janeiro. Viveu seu apogeu no segundo Império, comandado por D. Pedro II. Na época, foi dono de um patrimônio equivalente a 20% do PIB brasileiro.

O Barão de Mauá idealizou empreendimentos grandiosos como a primeira estrada de ferro do Brasil, o primeiro banco privado e a primeira siderúrgica nacional. Sua lista de empreendimentos ainda inclui navios a vapor, a instalação de iluminação pública no Rio de Janeiro e a primeira companhia de navegação do Amazonas. Em 1874, o barão foi promovido a visconde como recompensa por ter introduzido no Brasil o telégrafo submarino. O filme *MAUÁ — O Imperador e o Rei*, de 1999, conta essa história com alguns detalhes interessantes sobre a vida deste que é ainda hoje um dos principais exemplos de empreendedores de sucesso do nosso país.

Gigantes do Brasil

Também no Brasil, o canal *History* se dedicou também a contar a história de grandes empreendedores em formato cinematográfico. A minissérie *Gigantes do Brasil* destaca a história de quatro empreendedores que mudaram o país na transição do século XIX para o século XX e transformaram um Brasil rural e provinciano em uma potência econômica e industrializada.

Homens visionários e ambiciosos como **Conde Francesco Matarazzo**, símbolo da elite industrial paulista, que liderou os empresários das primeiras décadas do século XX e um exército de trabalhadores formado por 15 mil homens em 365 fábricas; **Guilherme Guinle**, que foi proprietário da Companhia Docas de Santos, da Companhia Siderúrgica Nacional e responsável pela abertura do primeiro poço de petróleo no Brasil; **Percival Farquhar**, empresário norte-americano que explorou diversos empreendimentos ferroviários no país, entre elas a Ferrovia Madeira Mamoré, no estado de Rondônia; e **Giuseppe Martinelli**, italiano que imigrou para o Brasil em 1893 e fez fortuna com sua empresa de navegação em Santos, mas ficou conhecido por construir na época o mais alto prédio da América do Sul, o Edifício Martinelli, em São Paulo, seu maior legado.

Ao longo da história brasileira outros empreendedores também deixaram sua marca na história brasileira. São eles:

» **Amador Aguiar**: Fundador do Bradesco, o maior banco privado da América Latina com patrimônio líquido de 6 bilhões e 67 mil funcionários. Em 1943 o projeto de virar banqueiro começou a se concretizar quando com amigos adquiriu a Casa Bancária Almeida, um banco falido de Marília (SP).

» **José Ermírio de Moraes:** Nasceu em 1890 e foi responsável pela transformação da Sociedade Anônima Votorantim, uma tecelagem do seu sogro baseada em Sorocaba, em um conglomerado de empresas com tentáculos no setor têxtil, siderurgia, metalurgia, cimento e produtos químicos. O grupo também é dono do Hospital Beneficência Portuguesa.

» **Antônio Ermírio de Moraes:** Formado em engenharia metalúrgica pela Colorado School of Mines (EUA). Iniciou sua carreira no Grupo Votorantim em 1949, ajudando a empresa a se destacar na produção de cimento, extração de alumínio, agronegócio e finanças, entre outras atividades. Em 1955, Moraes foi o responsável pela instalação da Companhia Brasileira de Alumínio.

» **Valentim dos Santos Diniz:** Fundador da rede de supermercados Pão de Açúcar, Valentim Diniz revolucionou o varejo com novas formas de atendimento ao cliente, alterações nos sistemas de embalagem, refrigeração, técnicas de venda, publicidade e administração, influenciando padrões de consumo e comportamento. O que era apenas uma doceria no ano de 1948, hoje se tornou um grande grupo, dono das marcas Pão de Açúcar, Extra, Compre Bem, Sendas, Assaí e Ponto Frio.

» **Abílio Diniz:** Durante a infância e a juventude, dividiu seu tempo entre os estudos e os esportes. Ingressou na empresa do pai aos 20 anos, como gerente de vendas e em 1959 fundou o primeiro supermercado do grupo.

» **Rolim Amaro:** Foi um piloto de aeronaves que transformou a TAM na maior companhia aérea do Brasil, entre os anos 1970 e 2001.

» **Sebastião Camargo:** A empresa foi responsável por mais de mil obras incluindo as rodovias Imigrantes e Bandeirantes, o gasoduto Brasil-Bolívia além da usina nuclear de Angra I e as hidrelétricas de Ilha Solteira, Itaipu e Tucuruí.

» **Olavo Setúbal:** Ingressou no Banco Central de Crédito, de seu tio, Alfredo Egydio de Souza Aranha, na década de 1950. Esse banco incorporou, em 1964, o Itaú, que antes pertencia a um grupo de empresários mineiros. Setubal foi também fundador, com o amigo Renato Refinetti, da Metal Deca, que hoje faz parte do grupo Duratex, que pertence à holding Itaú S.A.

» **Attilio Francisco Xavier Fontana:** Foi deputado, senador e vice-governador de Santa Catarina. Mas seu legado maior foi a criação do Grupo Sadia (atual Brasil Foods, resultado da fusão entre Sadia e Perdigão).

» **Wolff Klabin e Horácio Lafer:** Criadores da primeira grande indústria de celulose brasileira, a Klabin.

» **Ozires Silva:** O fundador e primeiro presidente da Embraer foi o responsável por criar e desenvolver a indústria aeronáutica brasileira.

» **Alair Martins:** Fundador e presidente do grupo Martins, um dos maiores atacadistas do Brasil, que começou com um armazém de secos e molhados.

» **Aleksandar Mandic**: Pioneiro na área de telecomunicações, Mandic foi um dos primeiros executivos a explorar comercialmente o serviço de provedor de acesso à internet no Brasil.

» **Nizan Guanaes:** Empresário e publicitário brasileiro. Sócio e cofundador do Grupo ABC de Comunicação, holding que reúne 18 empresas nas áreas de publicidade, marketing, conteúdo e entretenimento.

» **Silvio Santos:** Apresentador de televisão e empresário brasileiro, considerado um ícone da comunicação no Brasil. Criador de império empresarial, que inclui empresas como a Liderança Capitalização (administradora da loteria Tele Sena), a Jequiti Cosméticos e o Sistema Brasileiro de Televisão (mais conhecido como *SBT*), Silvio Santos possui um patrimônio avaliado em aproximadamente seis bilhões de reais.

» **Roberto Marinho:** Jornalista e um dos homens mais poderosos e influentes do Brasil no século XX. Herdou ainda jovem o jornal *O Globo*, fundado pelo pai Irineu Marinho e aos 60 anos fundou a Rede Globo de televisão. Atualmente, as Organizações Globo é um dos maiores conglomerados de comunicação do planeta.

» **Flávio Augusto da Silva:** Cresceu no subúrbio do RJ e aos 23 anos de idade fundou a rede de escola de idiomas Wise Up, vendida em 2013 para o Grupo Abril Educação por quase R$1 bilhão e recomprada em 2015 em uma transação inédita no mercado brasileiro.

» **Carlos Wizard:** O fundador da escola de idiomas Wizard, que depois se tornou Grupo Multi e foi vendido em 2013 por R$1,2 bilhão.

YES, NÓS TEMOS EMPREENDEDORES!

O projeto Pioneiros & Empreendedores — A Saga do Desenvolvimento no Brasil, feito pelo professor e ex-reitor da USP Jacques Marcovitch, preenche uma lacuna na história do empreendedorismo brasileiro. A obra aborda a trajetória de 24 empreendedores que influenciaram a história do Brasil, entre eles a família Prado, Francisco Matarazzo, Ramos de Azevedo, Jorge Street, Roberto Simonsen, Júlio Mesquita e Leon Feffer. Foram mais de 10 anos de pesquisa para trazer à tona a contribuição desses brasileiros e imigrantes que, mesmo diante das adversidades, deixaram um legado de sucesso no Brasil. Para saber mais: `http://www.usp.br/pioneiros/`

Outra obra interessante lançada recentemente é o livro Startup Brasil de Pedro Mello e Marina Vidigal. O livro é inspirado na obra americana Start-Up, de Jessica Livingston, e narra a trajetória de empreendedores brasileiros que imaginaram, desenvolveram e levaram ao mercado empresas de sucesso no país, como:

- Miguel Krigsner, do **Boticário;**
- Alexandre Costa, da **Cacau Show;**
- Daniel Mendez, da **Gran Sapore**;
- Romero Rodrigues, do **BuscaPé;**
- Elói D'Avilla, agência de viagens **Flytour;**
- Gilberto Mautner, da **Locaweb;**
- Marcus Andrade, da gráfica **Horizon;**
- Marcus Hadade, da **Arizona**;
- Mauricio de Sousa, da **Turma da Mônica**;
- Vasco de Oliveira Neto, da **AVG Logística.**

» Flávio Augusto da Silva: [illegible] Wise Up [illegible] 2013 [illegible]

» [illegible] Wizard [illegible]

YES, NÓS TEMOS EMPREENDEDORES!

[illegible]

[illegible]

[illegible]

NESTE CAPÍTULO

- » Entendendo os fundamentos da quarta revolução industrial
- » As transformações tecnológicas e culturais em todo o mundo
- » O auge do empreendedorismo digital
- » O surgimento da Economia Criativa
- » Conhecendo o empreendedorismo social

Capítulo 2
A Era do Empreendedorismo

"Nada do que foi será de novo do jeito que já foi um dia...
Tudo muda o tempo todo no mundo!"

LULU SANTOS

— Músico

A Única Certeza É a Mudança

Vivemos em uma época de transformações aceleradas. Estamos no meio de uma verdadeira revolução. No último século evoluímos tecnologicamente mais que nos últimos 2 mil anos. O surgimento da tecnologia da informação, dos dispositivos móveis, da computação em nuvem entre outras inovações transformou a forma da sociedade trabalhar, produzir e se relacionar.

A sociedade reorganizou não apenas sua visão de mundo, seus valores básicos, sua estrutura social e política, suas artes, suas instituições, mas também o cenário político, econômico e social e moral do mundo. Ninguém nascido em 1990 poderá imaginar o mundo que seus avós cresceram, ou em que seus pais nasceram.

As telecomunicações e a internet, que alcança bilhões de usuários em todo o mundo, quebrou barreiras sociais e culturais tornando viáveis ideias que eram impossíveis décadas atrás. Nunca vivemos mudanças tão turbulentas em um período tão curto de tempo. Também saltamos de uma população mundial de 1,6 bilhão de habitantes em 1901 para mais de 7 bilhões neste século.

Todas estas mudanças acarretaram o surgimento de enormes desafios. Passamos a viver em uma sociedade com maior grau de complexidade e incerteza e presenciamos o surgimento de um novo padrão de relacionamento entre as pessoas. A proximidade física foi substituída por interações múltiplas a qualquer hora em qualquer lugar por meio de computadores e celulares. Conectados em redes virtuais, os indivíduos passaram a ter mais poder, exigindo transparência e comprometimento das organizações públicas e privadas.

Assim como com as outras revoluções advindas com o vapor, com a energia elétrica, com os transportes, a quarta revolução industrial veio transformar a natureza da sociedade. O fator de produção deixou de ser o capital, a terra e a mão de obra e passou a ser o conhecimento. Isso impactou diretamente nas empresas e exigiu uma nova forma de atuar e se posicionar. Neste período de hiperconexão, globalização e concorrência global, a inovação se tornou ferramenta primordial para lidar com a sociedade do conhecimento. E a figura do empreendedor passou a ser reconhecida por excelência como o agente transformador, capaz de romper barreiras tradicionais, enxergar possibilidades e gerar riquezas. A nova ênfase ao empreendedorismo, então, surge muito mais como consequência das mudanças contemporâneas do que qualquer modismo.

Empreendedorismo Digital

Não poderíamos explicar a Era do Empreendedorismo sem falar de um dos grandes catalisadores dessa mudança, que é o advento da internet. A história da rede mundial de computadores e seus avanços foram fundamentais para o surgimento dessa nova sociedade do conhecimento.

O QUE É UMA STARTUP?

Startup vem do inglês e significa inicialização. Remete ao processo de iniciar algo e acabou sendo incorporado ao processo de abrir uma empresa. O conceito nasceu nos EUA quando estudantes da Universidade de Stanford, na Califórnia, Estados Unidos, iniciaram suas empresas em garagens e fizeram fortuna.

Por definição, startups são empresas recém-criadas ou ainda em fase de constituição com atividades ligadas à pesquisa e desenvolvimento que procuram o ajuste de seu produto ou serviço ao mercado (product market fit) sob condições de incerteza extrema.

Uma startup não pode ser comparada a uma empresa nascente tradicional e tampouco a uma versão pequena de uma grande empresa. Isso porque enquanto as empresas tradicionais são montadas para atender uma demanda existente ou explorar uma oportunidade de mercado, startups procuram soluções flexíveis e adaptáveis para problemas que nem sempre estão claramente explícitos.

As startups estão sempre em busca de modelos de negócio escalável. De acordo com o site da Endeavor Brasil, para ser escalável o negócio deve apresentar três características básicas: ser ensinável, ser valioso e ser replicável.

Para ser ensinável, o processo produtivo precisa ser facilmente repassado. Já o negócio valioso é gerado por meio da especialização em uma atividade específica bem produzida, que por consequência se distinguirá dos concorrentes. E o item replicável diz respeito ao fato do seu processo ter sucesso no quesito multiplicação e geração de receita recorrente.

Com a evolução tecnológica e o barateamento de custos de criação e operação, as startups são a ponta da lança de um ecossistema que tem crescido em todo o mundo. Enfim, uma startup é um empreendimento que passa rapidamente de um erro ao outro em um processo incessante de adaptação e aprimoramento de uma ideia inicial. Para entender mais sobre startups, veja os Capítulos 11 e 12.

Criada nos anos 1960, no auge da Guerra Fria, a primeira rede de computadores surgiu com o objetivo de descentralizar as informações do governo norte-americano. Em 1992 foi criado a World Wide Web (www) e, em 1994, o protocolo HTTPS, o que possibilitou o envio de dados criptografados. Era o início da internet comercial quando ela de fato se tornou uma rede mundial de computadores que trazia para o mundo dos negócios o acesso instantâneo às informações sobre produtos e serviços.

O boom das empresas pontocom representou o início de uma nova Era do Empreendedorismo. Diferente do passado, quando os pioneiros construíram grandes indústrias com ferro, aço e petróleo (veja mais no Capítulo 2), o empreendedorismo digital trouxe o intangível dos bytes e bites como matéria-prima e modificou as estruturas da economia global.

As empresas de internet passaram a fazer parte da história dos negócios principalmente após a década de 1980, quando começaram a surgir as principais startups do mundo originárias do Vale do Silício, nos Estados Unidos, como HP, Apple, Google, Facebook e Amazon. Guardada as devidas proporções, o Brasil também seguiu esta tendência. Um exemplo clássico é o site de comparação de preços Buscapé fundado em 1999 pelo paulista Romero Rodrigues e outros três amigos de faculdade que abriu caminho para outras empresas digitais como Netshoes, Dafiti e milhares de startups que assumiram grande relevância na economia brasileira.

A Economia Criativa

Estudos sobre os impactos da tecnologia no mundo do trabalho mostram que em todas as áreas profissionais, pessoas estão perdendo seus empregos para máquinas e processos automatizados. Mas a queda do número de postos na indústria tradicional contrasta com o aumento de funcionários e de geração de receita na Economia Criativa, um dos setores que mais crescem em todo o mundo e considerado pelo Programa das Nações Unidas para o Desenvolvimento (Pnud), como uma das principais apostas da nova economia no futuro.

A Economia Criativa ganhou expressão e relevância a partir dos anos 2000. O conceito foi cunhado pelo professor inglês, John Howkins, em seu livro *Economia Criativa*, e pode ser definido como "processos que envolvem a criação, produção e distribuição de produtos e serviços, usando o conhecimento, a criatividade e o capital intelectual como principais recursos produtivos". Ou seja, Economia Criativa é o conjunto de atividades econômicas que dependem de conteúdo simbólico e capital intelectual.

Os negócios criativos se diferenciam dos tradicionais pelo fato de usar como principal matéria-prima as ideias e a criatividade. São 13 áreas que compõem esta economia: arquitetura, publicidade, design, artes e antiguidades, artesanato, moda, cinema e vídeo, televisão, editoração e publicações, artes cênicas, rádio, softwares de lazer e música.

A INDÚSTRIA CRIATIVA NO BRASIL

Dados da Federação das Indústrias do Estado do Rio de Janeiro (Firjan) mostram a evolução da indústria criativa no Brasil. O número de empresas criativas cresceu 70% em uma década e em 2013 representava o equivalente a 2,6% do total de riqueza produzida no país. E ainda há espaço para crescer muito mais. Nos países vizinhos, a Economia Criativa compõe 5% do PIB do Equador, 3,5%, da Argentina e 3,4% da Colômbia.

Para fomentar a Economia Criativa no país, em 2012, o Ministério da Cultura instituiu a Secretaria de Economia Criativa e o Banco Nacional do Desenvolvimento Social (BNDES) trouxe um conjunto de instrumentos de apoio financeiro, com recursos não reembolsáveis e financiamento para financiar projetos de investimentos e planos de negócio de empresas atuantes nas cadeias produtivas da economia da cultura, como audiovisual, editorial, música, jogos eletrônicos e artes visuais e performáticas.

É importante dizer que, por focar em criatividade, imaginação e inovação, a economia criativa não se restringe apenas a produtos, serviços ou tecnologias. Ela engloba também processos, modelos de negócios e gestão. E além de benefícios econômicos, traz desenvolvimento social e crescimento sustentável utilizando o talento de cada um.

A Economia Criativa brasileira é um mercado que cresce acima da média nacional e o país é mundialmente conhecido por ser ambiente favorável e uma identidade calcada na criatividade e diversidade. Estima-se que a economia criativa formal represente 2,6% do Produto Interno Bruto (PIB) brasileiro, aproximadamente 2% da mão de obra e 2,5% da massa salarial formal. Em termos absolutos, isso significa mais de R$120 bilhões por ano em riquezas e cerca de 1 milhão de pessoas trabalhando no setor, o que supera gigantes como Espanha e Itália. Entre os líderes estão o Reino Unido, a França e os Estados Unidos.

Os profissionais criativos também apresentam mais escolaridade e recebem maiores salários. A remuneração média de quem trabalha com economia criativa é três vezes maior que a média na indústria formal nacional. No entanto, existe dificuldade para encontrar profissionais qualificados disponíveis no mercado brasileiro, o que exige maior investimento em capacitação e educação empreendedora.

O Empreendedorismo Social

Outra característica da Era do Empreendedorismo é o propósito com que estes negócios são criados. As profundas transformações nos ambientes social, cultural e ambiental das últimas décadas mostrou a necessidade de buscar novos caminhos que diminuíssem o abismo entre os valores da nova sociedade e os modelos econômicos vigentes.

Se antes era comum dizer que o capitalismo produzia empresários exploradores da mão de obra trabalhadora, hoje os capitalistas são vistos como fundamentais para levarem adiante um novo paradigma social. Aliado a seus stakeholders (parceiros, investidores, colaboradores, fornecedores, clientes ou a própria sociedade), as empresas passaram a ser agentes na construção de uma sociedade mais justa e próspera.

O BANQUEIRO DOS POBRES

O bengali Muhammad Yunus é um dos grandes responsáveis por propagar o conceito de empreendedorismo social em todo mundo. Conhecido internacionalmente como o banqueiro dos pobres, Yunus era um professor de economia em Bangladesh quando criou, em 1976, um pequeno banco chamado Grameen que oferecia acesso ao crédito aos mais pobres.

Seu sistema de "microcréditos" permitia à população de baixa renda ter acesso a pequenas somas de dinheiro sem nenhuma garantia exigida como contrapartida, com o objetivo de estimular o empreendedorismo e os pequenos negócios e romper com o círculo vicioso dos agiotas.

O conceito do banco foi exportado para mais de 40 países e Yunus ganhou o Prêmio Nobel da Paz de 2006. A distinção foi um reconhecimento a seus esforços para gerar desenvolvimento econômico e social a partir de baixo.

Na época, a Fundação Nobel disse que Yunus transformou o microcrédito em um importante instrumento de combate à pobreza mundial.

Em 2013, foi criada a Yunus Negócios Sociais Brasil, cujo objetivo é fomentar o empreendedorismo social no país, incubando e acelerando negócios que resolvam problemas sociais. A empresa, além da incubadora e da aceleradora, também conta com um fundo de investimento para investir, justamente, em negócios dessa natureza.

Um movimento recente que vem ganhando força nos últimos anos é do Empreendedorismo Social. O nome dado a um conjunto de ações que visam à melhoria da sociedade, onde os empreendedores lançam mão de medidas que podem ser ao mesmo tempo lucrativas e sociais.

Enquanto o empreendedor é aquele que trabalha para conseguir lucro, estabelece medidas e estratégias que gerem um resultado financeiro positivo, o empreendedor social trabalha para conseguir resultados positivos dentro de uma sociedade, estabelecendo medidas e estratégias que gerem um retorno social e ambiental positivo.

O Empreendedorismo Social busca hoje implantar nas comunidades medidas sustentáveis para que possam conciliar avanços tecnológicos e outros progressos com um meio ambiente saudável e boas condições de vida para todos.

Diferentes das ONGs, os negócios sociais utilizam de mecanismos de mercado para buscar soluções para problemas sociais. Em essência, essas empresas buscam o equilíbrio entre a geração de lucro e a relevância social, com inclusão das populações excluídas, geração de renda e qualidade de vida.

Este tipo de negócio tem proliferado por todo o mundo, por uma geração de empreendedores que busca transformar o mundo e melhorar a vida das pessoas. Para isso, eles recebem o apoio de instituições como a Ashoka, uma organização mundial pioneira criada em 1980 pelo norte-americano Bill Drayton, que hoje está presente em mais de 85 países, inclusive no Brasil. Dela fazem parte empreendedores como Muhammad Yunus, um ícone do empreendedorismo social em todo o mundo e criador do conceito de microcrédito que, em 2006, recebeu o prêmio Nobel da Paz.

Criada em 2004 no Brasil, a Artemísia também é uma **organização sem fins lucrativos** que busca capacitar e potencializar talentos e empreendedores para criar uma nova geração de negócios de impacto social no país.

Existem também exemplos como a Vox Capital, a primeira empresa de investimentos de impacto no Brasil, que investe em startups voltadas para as populações de baixa renda que atuam principalmente nas áreas de saúde, educação, serviços financeiros e habitação.

Instituições como estas buscam uma forma de vida mais justa, onde o meio ambiente seja preservado e as diferenças sociais sejam reduzidas o máximo possível para que todos tenham oportunidades iguais.

TABELA 2-1

Empreendedorismo Privado	Empreendedorismo Social
É privado	É coletivo
Produz bens e serviços para o mercado	Produz bens e serviços para a comunidade local e global
Tem foco no mercado	Tem foco na busca de soluções para problemas sociais e necessidades da comunidade
Sua medida de desempenho é o lucro	Sua medida de desempenho são o impacto e a transformação social
Visa satisfazer as necessidades dos clientes e oferecer o máximo valor para os acionistas	Visa resgatar pessoas da situação de risco social e a promovê-las e a gerar capital social, inclusão e emancipação social

NESTE CAPÍTULO

» **Pesquisa Global Entrepreneurship Monitor (GEM)**

» **Mapeamento do empreendedorismo brasileiro**

» **O avanço das mulheres empreendedoras**

» **Perfil do jovem empreendedor brasileiro**

Capítulo 3
Empreendedorismo no Brasil

"O Brasil está sentado em cima de uma das maiores riquezas naturais do mundo, ainda relativamente pouco exploradas: o potencial empreendedor dos brasileiros."

LOUIS JACQUES FILION

— *Especialista em empreendedorismo*

O Brasil é um país de dimensões continentais, com diversidade e riqueza cultural, e isso faz com que as possibilidades de explorar o potencial empreendedor do país sejam igualmente grandes. Neste capítulo trazemos um pouco do panorama recente do empreendedorismo por aqui, o crescimento da participação das mulheres e alguns dos entraves que impedem que o Brasil alcance as nações mais maduras quanto ao ambiente empreendedor e incentivo à inovação.

Pesquisa Mundial

O Brasil é apontado como um dos países mais empreendedores do mundo. Três em cada dez brasileiros entre 18 e 64 anos possuem uma empresa ou estão envolvidos com a criação de um negócio próprio. São 52 milhões de empreendedores, ou seja, indivíduos envolvidos na criação ou manutenção de algum negócio.

Esta informação é coletada anualmente pelo programa Global Entrepreneurship Monitor (GEM), o maior estudo sobre o tema no mundo, que tem o objetivo de compreender o papel do empreendedorismo no desenvolvimento econômico e social dos países. Atualmente a pesquisa abrange quase 100 países, cobrindo 70% da população global e quase 90% do PIB mundial.

O projeto GEM realiza pesquisas sobre o nível da atividade empreendedora em diferentes países desde 1999 e monitora a evolução de variáveis como: a relação oportunidade/necessidade, a participação das mulheres, dos jovens e outras características sociodemográficas.

EMPREENDEDORISMO PARA O GEM

O GEM utiliza um conceito amplo de empreendedorismo que visa captar os diversos tipos de empreendedores (formais ou informais), sejam eles da base da pirâmide, envolvidos com empreendimentos muito simples, ou aqueles mais sofisticados, de maior valor agregado.

O foco principal da pesquisa é o indivíduo empreendedor, mais do que o empreendimento em si. No conceito adotado pelo GEM, o empreendedorismo consiste em qualquer tentativa de criação de um novo empreendimento, como, por exemplo, uma atividade autônoma, uma nova empresa ou a expansão de um empreendimento existente.

O levantamento mundial sobre o empreendedorismo é fruto da parceria entre a London Business School e a Babson College. No Brasil, a pesquisa é conduzida pelo Instituto Brasileiro da Qualidade e Produtividade (IBQP) e conta com a parceria técnica e financeira do Sebrae. Em 2011, o GEM passou a receber apoio técnico do Centro de Empreendedorismo e Novos Negócios da Fundação Getúlio Vargas (FGVcenn/EAESP).

No link abaixo, podemos ver todas as pesquisas GEM realizadas no país: http://www.sebrae.com.br/sites/PortalSebrae/estudos_pesquisas/pesquisa-gem-empreendedorismo-no-brasil-e-no-mundodestaque9,5ed713074c0a3410VgnVCM1000003b74010aRCRDb

Desde o ano 2000, o Brasil participa da pesquisa e o que se observa é que a taxa de empreendedorismo no país vem crescendo ano a ano e é maior do que muitos países como Estados Unidos, México, Alemanha e China. Outro dado relevante é que ter um negócio é o quarto sonho da nossa população, atrás de viajar pelo Brasil, comprar a casa própria ou um automóvel.

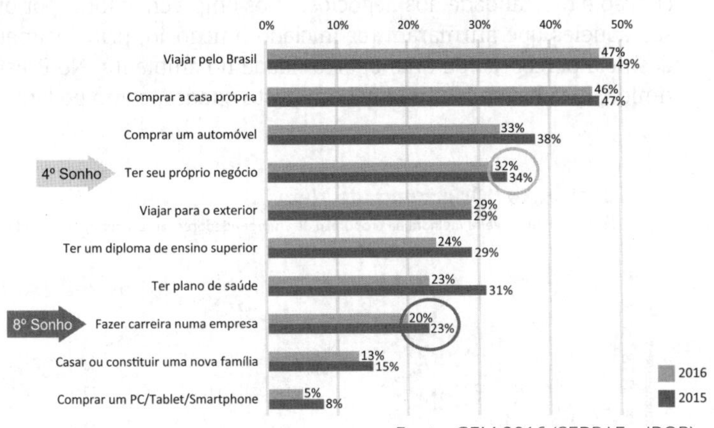

FIGURA 3-1: O sonho dos brasileiros.

A pesquisa GEM de 2016 detectou que 36% dos brasileiros possuem um negócio ou realizaram alguma ação, no último ano, para ser dono da sua própria empresa. Em 2015 esta taxa era de 39,3% (veja no Gráfico da Figura 3-2).

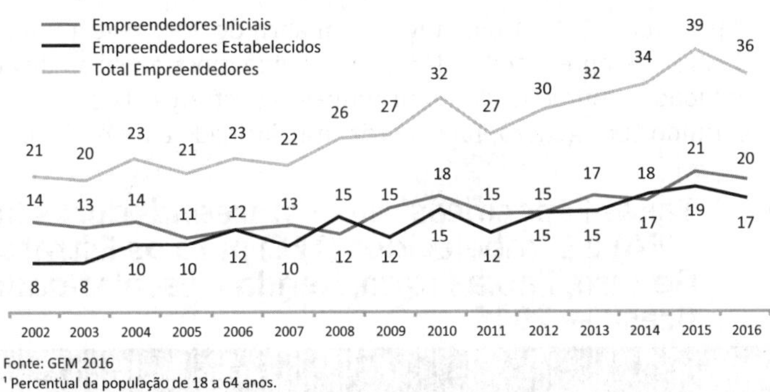

FIGURA 3-2: Taxas de empreendedorismo segundo estágio do empreendimento.

A relação necessidade/oportunidade é um dos principais parâmetros medidos pela pesquisa GEM e indica o grau de maturidade e desenvolvimento de um país. Enquanto no empreendedorismo por necessidade, o indivíduo empreende por não ter outras alternativas de trabalho, o empreendedorismo por oportunidade é fruto de uma chance de negócios detectada no mercado.

Os empreendedores por necessidade são mais comuns onde o desenvolvimento econômico do país é relativamente pequeno. São negócios de pouco valor agregado, criados informalmente e sem planejamento adequado. Eles costumam acumular altos índices de fracasso, agravando as estatísticas de criação e mortalidade dos negócios. Já os empreendedores por oportunidade são aqueles que afirmaram ter iniciado o negócio, principalmente motivados pela percepção de uma oportunidade no ambiente. No Brasil, apesar de tímida, está havendo uma melhora neste quadro, como podemos ver:

FIGURA 3-3: Empreendedorismo por oportunidade.

GEM Brasil em 2016

A pesquisa GEM 2016 divulgada em abril de 2017 revela um retrato amplo do Brasil empreendedor. Na tabela abaixo mostramos alguns destaques da atividade empreendedora em diferentes estratos da população brasileira, definidos por gênero, faixa etária, escolaridade e renda familiar.

TABELA 3-1 **Taxas Específicas[1] dos Empreendedores Iniciais (TEA) e Estabelecidos (TEE) para os Estratos de Gênero, Faixa Etária, Renda e Escolaridade — Brasil — 2016**

Estratos de População	% de empreendedores	
	TEA	TEE
Gênero		
Masculino	19,2	19,6
Feminino	19,9	14,3

Estratos de População	% de empreendedores	
	TEA	TEE
Faixa etária		
18 a 24 anos	20,1	5,5
25 a 34 anos	22,9	11,7
35 a 44 anos	19,7	22,4
45 a 54 anos	17,5	24,2
55 a 64 anos	15,0	23,9
Renda		
1 salário mínimo	20,5	12,5
2 salários mínimos	18,9	12,0
3 salários mínimos	21,5	19,1
Mais de 3 até 6 salários mínimos	18,9	22,2
Mais de 6 salários mínimos	16,7	21,8
Nível de escolaridade[2]		
Educ0	19,9	18,4
Educ1	19,0	21,7
Educ2	20,5	14,6
Educ3+	14,6	12,9

Fonte: GEM Brasil 2016

1 Percentual de empreendedores de cada classe em cada estágio.

2 Educ0 = Nenhuma educação formal e primeiro grau incompleto; Educ1 = Primeiro grau completo e segundo incompleto; Educ2 = Segundo grau completo e superior incompleto; Educ3+ = Superior completo, especialização incompleta e completa, mestrado incompleto e completo, doutorado incompleto e doutorado completo.

Gênero

Entre os empreendedores, a proporção de homens e mulheres é praticamente a mesma, o que indica que a mulher brasileira é historicamente uma das que mais empreende no mundo. As mulheres se destacam cada vez mais em setores como comércio, indústria, prestação de serviços e negócios digitais e ganham espaço à frente das pequenas e médias empresas no Brasil.

O empreendedorismo feminino traz para o cenário empresarial características que acabam impactando positivamente no dia a dia dos negócios como a equiparação de direitos entre os sexos e um maior impacto positivo econômico e social nas comunidades onde as empreendedoras estão inseridas.

SOBRE A RME

A Rede Mulher Empreendedora foi idealizada em 2010, durante o "Programa 10 mil Mulheres da FGV-SP", por Ana Lúcia Fontes e Alice Salvo Sosnowski. Ela foi pensada a partir da observação da realidade: a necessidade de capacitação e networking para mulheres empreendedoras.

O principal objetivo da RME é dar voz e incentivar as mulheres a assumirem seus talentos, desenvolverem suas ideias e transformarem seus sonhos nos mais expressivos tipos de negócios. A instituição prioriza em suas atividades a capacitação e a troca de conhecimento entre as mulheres.

Atualmente a RME conta com mais de 300 mil empreendedoras cadastradas e que acessam, em seus diversos canais de informações, conteúdos, dicas e notícias sobre empreendedorismo. A cada evento realizado pela Rede aumenta, ainda mais, o número de participantes, consolidando a Rede como o primeiro e o maior player do Brasil de apoio aos negócios femininos no país.

Mas os desafios a serem vencidos até chegarem a estes postos ainda são grandes. O primeiro é cultural, já que a mulher tem uma educação que não incentiva o risco e a posição de liderança. E o segundo é conjuntural. Pesquisas indicam que a mulher sofre mais impacto com a dupla jornada e precisam conciliar a vida profissional e familiar com o cuidado dos filhos.

Um levantamento realizado pela Rede Mulher Empreendedora em todo o Brasil em 2016 mostra que a empreendedora brasileira tem em média **39,1 anos**, tem curso superior, é casada e tem filhos. A pesquisa ainda mostra que 75% das empreendedoras decidem empreender após a maternidade e que as razões emocionais são os grandes alavancadores para o empreendedorismo feminino.

Trabalhar com o que gosta, ter uma maior flexibilidade de horário, conseguir uma renda melhor e inspirar pessoas são alguns dos motivos apontados pelas empresárias para enfrentar a aventura de abrir um novo negócio. Veja abaixo outros dados interessantes coletados pela pesquisa:

» **TEMPO DO NEGÓCIO:** 42% iniciaram seu negócio há menos de 3 anos e 39% têm mais de 6 anos.

» **SETOR DE ATUAÇÃO:** Quanto mais alta a classe social, maior a concentração de serviços, que desponta com 59%, seguido do comércio (31%), e indústria (7%).

» **SOCIEDADE:** 55% não têm sócios, e quando há um sócio, é mais comum sociedade em partes iguais. Amigos, maridos ou outro familiar são os sócios mais comuns das empreendedoras.

» **HOME OFFICE:** 68% costumam trabalhar mais em casa.

» **FATURAMENTO:** 33% das empreendedoras faturam mais de R$10.000,00 por mês enquanto 36% faturam até R$2.500,00 por mês.

» **PONTAPÉ INICIAL:** 41% iniciaram seu empreendimento sem capital, 41% usaram poupança, investimento próprio e rescisão após ser demitida como principal fonte de capital que contaram para iniciar seu negócio.

» **Preparo para o negócio:** A maioria das que já empreendem, 75% se sente preparada para ter o seu próprio negócio. Já entre as que planejam empreender, 50% se sentem preparadas.

» **Razões para empreender:** Entre elas predominam as razões emocionais, já que 66% dizem trabalhar com o que gosta enquanto 34% dizem que empreender é realizar um sonho. Ter Flexibilidade de horário fica com 52% das respostas e 40% procuram por uma renda melhor do que trabalhando para outros.

» **Ponto de atenção:** 33% fazem o controle financeiro de modo básico, criam planilha de Excel ou até anotam em um caderno; 33% fazem algum controle de modo mais elaborado, mas 14% não fazem controle nenhum.

» **Confiança:** Mesmo com todo o discurso negativo da crise atual do país, os negócios de mais da metade (63%) das empreendedoras está melhor do que há 3 anos. E acham que melhorarão mais ainda nos próximos três anos!

Faixa etária

Neste quesito, o Brasil segue a mesma tendência de outros países, onde os empreendedores são em sua maioria jovens. O relatório de 2015 destaca que entre os empreendedores iniciais, os indivíduos de 18 a 34 anos são em maior número, representando 52% do total de empreendedores, o que revela uma predisposição para assumir riscos, uma característica relevante do comportamento dos empreendedores.

Renda

O fator renda também tem seu peso na hora da decisão em empreender. O GEM 2015 aponta que para a faixa de renda mais alta (acima de 9 salários mínimos) a taxa de empreendedores ainda é baixa (menos de 5%). Para a faixa de renda intermediária (entre 3 e 9 salários mínimos) o número aumenta para cerca de 40%. Já para a faixa de renda abaixo de 3 salários mínimos, a taxa de empreendedores se aproxima de 60%, o que mostra que na medida em que a renda cresce, a taxa de empreendedorismo diminui.

Estes números se opõem aos de países desenvolvidos. Na média mundial, os empreendedores estão concentrados em faixas de renda mais altas. Isso mostra que, no Brasil, o empreendedorismo ainda é um grande alavancador de inclusão social e econômica, não importa a idade, o gênero, a classe social ou a escolaridade.

Escolaridade

Poucos empreendedores têm formação superior sólida no Brasil. Grande parte nem sequer concluiu o ensino fundamental, enquanto que nos países desenvolvidos, este número é completamente oposto. Isso mostra uma deficiência no cenário educacional e econômico brasileiro. O que a pesquisa GEM indica no contexto mundial é que quanto mais alto for o nível de escolaridade de um país, maior será a proporção de empreendedorismo por oportunidade. O grau de escolaridade do empreendedor também se reflete diretamente na qualidade da gestão do negócio.

Perfil do Jovem Empreendedor Brasileiro

Qual o perfil do jovem empreendedor brasileiro? Segundo pesquisa realizada pela Confederação Nacional dos Jovens Empresários (Conaje), em parceria com a Revista Pequenas Empresas & Grandes Negócios, ele é do sexo masculino (apenas 29% dos que responderam a pesquisa eram mulheres), tem entre 26 e 30 anos, ensino superior completo, microempresário, com apenas uma empresa no nome e faturamento R$60 mil a R$360 mil por ano.

A pesquisa foi feita em 2015 com cinco mil jovens, entre 18 e 39 anos, de todos os estados brasileiros, e reforçou a importância do empreendedorismo para a geração de emprego e renda no país.

O estudo revelou que 25% dos jovens empresários investiram em uma empresa por identificação de oportunidade de negócio, 57% participam de alguma entidade representativa do jovem empreendedor, 62,8% utilizam sites e redes sociais como principais formas de conexão com o mundo dos negócios e 70% possuem até nove funcionários.

A pesquisa também mostrou que as empresas destes jovens estão se tornando mais estáveis e duradouras: 49% dos entrevistados possuem 5 anos ou mais de negócio. Outros dados interessantes: entre eles, 48% acreditam que o que determina sucesso de uma empresa é oferecer um produto/serviço diferenciado, e 24% apostam em uma equipe capacitada.

Aprender na prática é importante, mas uma boa formação e capacitação não é deixada de lado pelos jovens empreendedores brasileiros: 42% dos entrevistados possuíam nível superior, e 39% fizeram uma pós-graduação.

Por outro lado, 86% relataram que não se prepararam para empreender e 23% afirmaram que não buscaram nenhum apoio para a abertura ou crescimento da empresa.

Também foi possível identificar que a maioria dos jovens não fez investimentos para a capitalização de suas empresas (60% deles). Dentre os 40% dos que buscaram capitalização para a empresa, o financiamento bancário ficou em primeiro lugar (54%), seguido do apoio de família e/ou amigos (39%).

Realizada em meio às incertezas nos meios político e econômico, a maioria dos participantes se dissepessimista com o cenário político-econômico brasileiro à época(54%). Para eles, os principais desafios para empreender no Brasil são a elevada carga tributária, a burocracia (veja o box Burocracia versus Burrocracia mais à frente, neste capítulo) e a legislação. Caso queira ver mais detalhes da pesquisa, ela está disponível no site da Conaje, em www.conaje.com.br.

Ambiente Empreendedor no Brasil

Para abordar o ambiente empreendedor no Brasil é necessário compreender como ele evoluiu ao longo do tempo. Nos anos 1980 — a chamada década perdida — praticamente não se falava em criação de novos negócios no país. O brasileiro sofria com sucessivos planos econômicos e inflação alta. Naquela época, existia grande proteção a produtos estrangeiros por parte dos governos e a concorrência era praticamente inexistente.

A partir da década de 1990, a abertura econômica e a globalização mudaram completamente este cenário. A facilitação das importações feita pelo governo Collor trouxe a concorrência de produtos estrangeiros e, com ela, o acirramento da competitividade. E a indústria brasileira teve que rever seus padrões de produção e incluir no vocabulário conceitos como inovação e produtividade.

Também na década de 1990 foram criadas instituições como Sebrae (Serviço Brasileiro de Apoio às Micro e Pequenas Empresas) e SOFTEX (Sociedade Brasileira para Exportação de Software). A primeira com o objetivo de apoiar os pequenos empresários brasileiros e a segunda com a missão de levar as empresas de software ao mercado externo. Tais instituições passaram a auxiliar empreendedores e estimular a cultura de negócios no país.

Mas foi principalmente após a virada do século, no ano 2000, que houve uma revolução na forma de tratar negócios no Brasil. Primeiro por causa dos avanços tecnológicos que permitiram o boom da internet e o surgimento das empresas pontocom (Veja mais no Capítulo 5), depois por causa do crescimento do mercado consumidor (com a ascensão das classes C e D) e a melhora do nível de escolaridade geral da população.

INCUBADORAS E ACELERADORAS

Incubadoras de empresas são instituições que ajudam startups em seus primeiros anos de existência e as prepara para sobreviver no mercado. Essas instituições, normalmente ligadas a alguma universidade pública, oferecem uma série de facilidades para as novas empresas, como espaço físico, assessoria empresarial, acesso a mecanismos de financiamento e acompanhamento.

Para participar de uma incubadora é preciso que o negócio desenvolva um produto, serviço ou processo com diferencial competitivo e inovador e que se destaque das soluções existentes no mercado.

Já as aceleradoras oferecem um tipo diferente de apoio. Elas investem em startups chamadas escaláveis com alto potencial de crescimento. E oferecem consultoria, treinamento e participação em eventos em troca da participação acionária nos empreendimentos que apoiam.

O papel que as aceleradoras desempenham vai desde facilitar o acesso a uma rede de contatos de mentores e investidores até garantir o suporte necessário para que as empresas se desenvolvam.

As aceleradoras se diferenciam das incubadoras por apresentar um tempo pré-determinado de apoio que dura cerca de seis meses e uma metodologia mais estruturada para aproveitar o tempo preestabelecido de aceleração.

Não podemos deixar de lado o avanço das iniciativas governamentais em prol dos novos negócios. Várias políticas públicas implementadas nos últimos anos tornaram o ambiente empreendedor mais favorável. Em 2007, por exemplo, entrou em vigor a Lei Geral da Micro e Pequena Empresa, e, em 2008, foi lançada a Lei Microempreendedor Individual (veja mais no Capítulo 16).

Outro fator decisivo no favorecimento do empreendedorismo brasileiro foi a mudança de mentalidade em torno do tema. Uma profusão de eventos e iniciativas foram criadas, assim como a disseminação de conhecimento de qualidade e gratuito na internet e o surgimento de incubadoras, aceleradoras e outras instituições que passaram a fomentar o ecossistema empreendedor.

Mapa das Pequenas Empresas

Atualmente há no Brasil mais de 17 milhões de empresas ativas, sendo que 98% são individuais ou pequenas e médias empresas (MPEs). Estes empreendimentos têm um grande impacto na economia brasileira e são fundamentais para promover o crescimento econômico, criar empregos e renda e melhorar as condições de vida da população.

Segundo dados do Sebrae, no Brasil, as MPEs contribuem com cerca de 27% para o Produto Interno Bruto (PIB) nacional e representam 52% dos novos empregos criados nos últimos anos. Muitos deles em situações desvantajosas no mercado, como jovens na busca pelo primeiro emprego ou as pessoas com mais de 40 anos.

As pequenas empresas também são capazes de dinamizar a economia dos municípios e bairros das grandes metrópoles, proporcionando capilaridade e absorvendo mão de obra em setores como comércio, serviços, indústria e construção civil. Veja no quadro abaixo os dados gerais das MPEs brasileiras:

As MPEs no Brasil	O que isso representa
27% do PIB	R$700 bilhões
99% das empresas	5,7 milhões de MPEs
60% dos empregos	56,4 milhões de empregos

Fonte: IBGE, Dieese, Sebrae Nacional

Entraves para Empreender

Apesar dos avanços, o Brasil ainda precisa evoluir muito no que se refere a condições para empreender. Além dos obstáculos estruturais como deficiências na infraestrutura, sistema tributário complexo e abusivo e o tão afamado Custo Brasil que tolhe nossa competitividade, temos ainda outros aspectos que inibem a atividade empreendedora brasileira.

Segundo especialistas em empreendedorismo entrevistados pelo GEM em 2015, estes fatores podem ser resumidos nos três pontos a seguir:

» **Políticas governamentais:** A legislação brasileira ainda está muito atrasada no que se refere à carga tributária, que além de alta, é complexa.

» **Educação empreendedora:** A falta de capacitação, em especial nos níveis básico, fundamental e técnico, sem a devida ênfase no empreendedorismo.

» **Apoio financeiro:** O alto custo do capital e inadequação das linhas de crédito disponíveis, a exemplo da exigência de garantia real para obtenção de empréstimos e da burocracia.

BUROCRACIA VERSUS BURROCRACIA

O cenário burocrático brasileiro para a abertura de uma empresa é um dos principais entraves para empreender no Brasil. Segundo o relatório Doing Business 2017, publicado pelo Banco Mundial, que compara o ambiente de regulação de negócios em 190 países, o Brasil fica em 123º lugar no ranking de facilidade de fazer negócios.

Apesar das diversas iniciativas que tem sido tomadas, como a implementação de sistemas online para processos empresarias, outros indicadores mostram que o Brasil ainda é um país hostil para empreendedores. Veja alguns:

1. **Começar um Negócio**

O brasileiro precisa fazer em média 11 procedimentos para abrir um negócio, entre registrar, obter aprovações e licenças e inscrição dos colaboradores perante o Estado. São em média 79,5 dias para abrir a empresa, contados até o dia que o negócio tem a última licença para operação.

2. **Pagamento de impostos**

De acordo com o Banco Mundial, são necessárias em média 2.038 horas/ano para pagar impostos no Brasil, de longe a taxa mais alta do mundo. Para termos uma comparação, na Argentina, uma empresa média gasta em torno de 359 horas/ano. Na Índia, os cumprimentos das obrigações tributárias demandam apenas 241 horas/ano. No México, esse número é de 286 horas/ano e na China 259, quase 8 vezes menos que no Brasil.

3. **Acesso a crédito**

O Brasil tirou nota 2 — de um total de 12 — na pontuação que indica a força dos direitos legais, que mede o grau de proteção dos direitos dos credores e devedores, o que facilita o processo de empréstimo.

4. **Exportação e Importação**

Exportação: Tempo para retirada dos documentos necessários — média no Brasil: 18 horas; tempo para procedimentos de inspeção — média no Brasil: 49 horas.

Importação: Tempo para retirada dos documentos necessários — média no Brasil: 120 horas; tempo para procedimentos de inspeção — média no Brasil: 63,1 horas.

Para ver o relatório completo, acesse: `http://www.doingbusiness.org/`

Para melhorar este quadro, os especialistas listam algumas iniciativas, como a simplificação da legislação trabalhista e tributária, a desburocratização e o estímulo para a criação de empresas. No que se refere ao apoio financeiro, as sugestões estão na adequação das linhas de crédito à realidade dos empreendedores, o desenvolvimento do mercado de capital de risco e incentivos fiscais para investimentos privados em novos negócios.

Para a educação, as propostas focam no empreendedorismo como disciplina transversal em todos os níveis educacionais, do básico ao superior. E também o incentivo a associações de jovens, empresas juniores, fortalecimento de pesquisas científicas e estímulo à capacitação empreendedora em regiões mais remotas do Brasil.

Enfim, todos os estudiosos do Brasil e do exterior concordam que para alavancar o empreendedorismo em determinado país são necessários uma cultura favorável à atividade empreendedora, um baixo grau de intervenção e regulação do Estado e acesso a investimento privado.

Como já disse uma vez o pai da administração moderna Peter Drucker, o Brasil tem qualidades no que se refere à versatilidade e adaptabilidade. Se governo e organizações da sociedade civil se unirem teremos inúmeros casos de sucesso no ecossistema empreendedor nacional.

Problemas Mais Comuns ao Se Iniciar um Negócio

Os problemas enfrentados pelas empresas de pequeno porte possuem diversas origens, entre elas a motivação pessoal, o preparo técnico, legislação, fluxo de caixa, fornecedores e governo. Segundo pesquisas do Sebrae nacional, os problemas mais comuns são:

- Falta de apoio familiar
- Falta ou deficiência no planejamento
- Má escolha dos colaboradores, parceiros e fornecedores
- Dificuldade de relacionamento entre os sócios ou com membros da equipe
- Falta de capacidade comercial
- Falta de recursos financeiros
- Ausência de crédito
- Carga tributária
- Burocracia na obtenção de licenças e alvarás
- Má definição da política de preços
- Controle de estoque deficiente

[illegible]

[illegible] regiões mais remotas do Brasil.

[illegible]

[illegible]

Problemas Mais Comuns ao Se Iniciar um Negócio

[illegible]

- Falta de apoio familiar
- Falta de experiência no planejamento
- Má escolha dos colaboradores, parceiros e fornecedores
- Dificuldade de relacionamento entre os sócios ou com membros da equipe
- Falta de capacidade de comercializar
- Falta de recursos financeiros
- Ausência de crédito
- Carga tributária
- Burocracia na obtenção de licenças e alvarás
- Má definição da política de preços
- Gestão de estoque deficiente

2

Comportamento Empreendedor

NESTA PARTE . . .

Você vai decifrar todas as características de um empreendedor do século XXI. Quais comportamentos compõem um perfil empreendedor, como desenvolvê-los e praticar a atitude empreendedora no dia a dia. Quais são as competências técnicas e gerenciais para administrar uma empresa e qual a diferença entre um gestor e um empreendedor. No Capítulo 7, falo sobre a importância da educação empreendedora para o desenvolvimento de uma nação e por fim sobre as novas formas de empreendedorismo dentro das corporações.

NESTE CAPÍTULO

» Conhecendo as principais características empreendedoras

» Atitude empreendedora

» É possível desenvolver um perfil empreendedor

» A ciência do sucesso com Napoleon Hill

» Intraempreendedorismo

Capítulo 4
Perfil do Empreendedor

"Os dois dias mais importantes da vida são o dia do nascimento e o dia em que descobriu o porquê."

MARK TWAIN

— Escritor norte-americano

Cada empreendedor tem um jeito próprio de tocar seu negócio, de inovar e de tomar decisões. Mas algumas características em comum (pelo menos uma) todos têm, e é importante que você descubra qual é o seu perfil, quais são seus pontos fortes e o que você precisa aprimorar para se tornar um empreendedor mais completo.

Características Empreendedoras

Como visto no Capítulo 1, o empreendedor é aquele indivíduo que assume um comportamento proativo diante da vida e encontra soluções para os problemas da realidade que o cerca. Para o Sebrae, o empreendedor "faz acontecer com criatividade e motivação e tem o prazer de realizar qualquer projeto pessoal ou organizacional em desafio permanente às oportunidades e riscos".

Mas para assumir este modo de vida é necessário que o indivíduo saiba de antemão que precisará desenvolver uma série de características empreendedoras. Para entendermos melhor quais são estas características, vamos recorrer a um dos maiores especialistas do Brasil no assunto: José Carlos Dornelas. Em seu livro *Empreendedorismo: Transformando Ideias em Negócios*, o autor lista alguns atributos essenciais para um empreendedor de sucesso, como ser visionário, saber tomar decisões, explorar ao máximo as oportunidades, ser apaixonado pelo que faz, ser líder e ser bom formador de equipe, entre outras características.

O MITO DO EMPREENDEDOR HERÓI

Algumas ideias equivocadas ainda existem quando falamos do perfil empreendedor. Uma delas é a de que o empreendedor é um herói solitário. Infelizmente, essa é uma das coisas que mais atrapalha a vontade de uma pessoa se tornar empreendedora, se achando incapaz de aglutinar todas as qualidades essenciais em uma só pessoa. É preciso desmistificar este mito.

Segundo o professor e especialista em empreendedorismo Marcos Hashimoto, o empreendedor herói não existe simplesmente porque ele é humano e nenhum ser humano consegue reunir em si todas as competências exigidas para um empreendedor.

Para ele, o que existe são tipos diferentes de empreendedores, como o empreendedor-criativo, o empreendedor-realizador, o empreendedor-administrador, o empreendedor-vendedor, o empreendedor-líder e assim por diante.

E o melhor empreendedor é, sim, aquele que consegue montar uma equipe com todos os perfis empreendedores que existem. Ou seja, ele aproveita suas habilidades/capacidades e se cerca de profissionais que têm as demais características.

O fato é que o empreendedor não deve se limitar a seus próprios talentos pessoais e intelectuais para empreender. Ele deve contar com recursos externos, sócios e parceiros, valorizando a interdisciplinaridade do conhecimento e da experiência para alcançar seus objetivos.

Atitude Empreendedora

Quanto mais se estuda o perfil empreendedor e as características necessárias para seguir esta jornada, mais se constata que o empreendedorismo está muito mais relacionado à inteligência emocional e habilidades comportamentais do que ao conhecimento técnico.

Segundo a psicóloga e professora Mara Sampaio, qualquer pessoa, seja ela proprietária de uma empresa, funcionário público ou colaborador de uma instituição, precisa desenvolver uma atitude empreendedora diante da vida. Isso quer dizer ter uma "predisposição para agir de forma inovadora e criativa no seu ambiente, gerando valor para si e a comunidade".

Mara é autora do livro *Atitude Empreendedora — Descubra com Alice Seu País das Maravilhas*, em que faz uma analogia dos personagens da história de Lewis Carroll com as competências que um empreendedor precisa ter.

A especialista compara, por exemplo, a criatividade do Chapeleiro Maluco com a disposição do empreendedor para inovar. "Quando vemos alguém fazendo algo fora do usual, tendemos a enxergá-lo como um desajustado. Muitas vezes, no entanto, é de cabeças como a dele que brotam as ideias que, postas em prática, podem provocar transformações importantes na vida das pessoas", diz Mara.

Outro personagem emblemático é o Gato Risonho. Quando questionado por Alice sobre qual caminho seguir, ele diz: "Quando você não sabe aonde vai qualquer caminho serve". Essa frase resume a importância de se definir objetivos a serem perseguidos.

É Possível Desenvolver um Perfil Empreendedor?

Com tudo o que já foi exposto até agora, você deve estar se perguntando: mas como eu faço para ser um empreendedor? Será que este é um dom de poucos sortudos ou é possível desenvolver esse perfil nesta altura da vida?

A ciência indica que é possível, sim, desenvolver um comportamento empreendedor, desde que se tenha acesso ao ambiente adequado. De acordo com o especialista Fernando Dolabela, o empreendedor é um ser social, produto do meio em que vive. "Se uma pessoa vive em um ambiente em que ser empreendedor é visto como algo positivo, terá motivação para criar seu próprio negócio", afirma o autor.

PAPO DE ESPECIALISTA

A CIÊNCIA DO SUCESSO

O termo Master Mind nasceu de um clássico livro escrito pelo jornalista Napoleon Hill que viveu na virada do século XIX para o século XX nos Estados Unidos. A ideia de fazer a obra surgiu quando Hill entrevistou Andrew Carnegie — um dos homens mais ricos do mundo e empreendedor da indústria de aço nos EUA (veja mais no Capítulo 2). Depois da entrevista, Carnegie deu uma missão a Napoleon Hill: encontrar e entrevistar o maior número possível de pessoas que alcançaram sucesso e descobrir a fórmula.

Para isso, Napoleon Hill dedicou mais de 20 anos de sua vida entrevistando e investigando grandes vencedores, e suas carreiras, a fim de isolar e identificar as razões pelas quais tantos e tão poucos conseguem alcançar o sucesso. O jornalista conversou com mais de 16.000 pessoas, dentre elas os 500 milionários mais importantes da época. Dentre outras personalidades que fizeram parte da pesquisa de Napoleon Hill temos: Thomas Edison, Alexander Graham Bell, Henry Ford, Elmer Gates, Theodore Roosevelt, William Jennings Bryan, George Eastman, John D. Rockefeller.

O resultado de sua pesquisa foi apresentado em 1928, ano que publicou sua primeira obra A Lei do Triunfo. No livro, Hill escreve sobre uma seleção de virtudes, que se combinadas em uma personalidade garantiriam o completo êxito e sucesso de um indivíduo. Esse livro foi o primeiro tratado mundial sobre formação de líderes e até hoje se apresenta como uma das obras mais estudadas do mundo.

Em 1937, Napoleon Hill lançou o livro *Pense e Enriqueça* em que condensou as leis do sucesso e apresentou formalmente o conceito sobre o que é Master Mind e como aplicá-lo. A obra virou um treinamento aplicado em diversos lugares do mundo em que os participantes desafiam os demais a se tornarem melhores e alcançar seus objetivos. Para isso, oferecem uns aos outros orientação, apoio, ideias, conhecimentos, feedback e visão.

eja as 16 leis que todas as pessoas de grande sucesso seguem:

- **Associação com outras pessoas com o mesmo perfil de pensamento**
- **Objetivo principal definido**
- **Confiança em si próprio**
- **Economia**
- **Iniciativa e Liderança**
- **Imaginação**
- **Entusiasmo**
- **Autocontrole**
- **Hábito de fazer mais do que a obrigação**

- **Personalidade atraente**
- **Pensar com Exatidão**
- **Concentração**
- **Cooperação**
- **Fracasso**
- **Tolerância**
- **Fazer aos outros aquilo que quer que seja feito a você mesmo**

De fato, ninguém nasce pronto para empreender, mas vai se fazendo ao longo do tempo. É um comportamento aprendido com as experiências vividas, a busca por conhecimento e a força de vontade para sair da zona de conforto.

Em minhas aulas, palestras e artigos sempre digo que o empreendedorismo é uma excelente ferramenta de transformação pessoal e desperta no indivíduo potencialidades que ele nem sequer sabia que tinha. Para isso, é necessário trabalhar o autoconhecimento e desenvolver continuamente as características empreendedoras citadas por Dornelas.

E, se antes estas características eram transmitidas empiricamente, hoje elas podem ser formalizadas e ensinadas. Um dos estudos mais conhecidos e respeitados no mundo sobre comportamento empreendedor foi feito pelo americano David McClelland, psicólogo pela Universidade de Harvard. Em uma pesquisa que durou três anos e envolveu mais de 30 países, McClelland identificou que os empreendedores de sucesso desenvolvem características específicas que podem ser treinadas. São elas:

1. **Busca de Oportunidade e Iniciativa**
2. **Persistência**
3. **Comprometimento**
4. **Exigência de Qualidade e Eficiência**
5. **Correr Riscos Calculados**
6. **Estabelecimento de Metas**
7. **Busca de Informações**
8. **Planejamento e Monitoramento Sistemáticos**
9. **Persuasão e Rede de Contatos**
10. **Independência e Autoconfiança**

A importância do trabalho de David McClelland foi tão grande que originou um dos treinamentos mais conhecidos no Brasil sobre comportamento empreendedor. Trata-se do Empretec, um seminário vivencial desenvolvido pela Organização das Nações Unidas — ONU, que no Brasil é aplicado exclusivamente no Sebrae e já capacitou cerca de 230 mil pessoas, em 27 Estados da Federação.

Segundo pesquisa do Sebrae realizada com 3.482 clientes atendidos em 2015, a satisfação geral com o Empretec é muito positiva, com nota média de 9,1 pontos, sendo que 74% estão muito satisfeitos (atribuíram notas 9 ou 10).

Para o público que mesmo após o Empretec ainda não empreendeu (empregados, autônomos, desempregados, estudantes, aposentados, servidores públicos), a percepção de melhoria na empregabilidade é elevada, alcançando 85%. A renda atual/pós-empretec desse público é maior para 42% e igual para 51% dos entrevistados. A maior parte das empresas, após a participação no Empretec, registrou um aumento no faturamento mensal.

O Conceito de Intraempreendedorismo

Se você procurar a palavra "empreender" no dicionário, vai encontrar as seguintes definições:

1. **Resolver-se a praticar (algo laborioso e difícil); tentar, delinear;**
2. **Pôr em execução,**
3. **Realizar, fazer (Michaelis).**

Ou seja, empreender é a capacidade de inovar processos e encontrar novos mercados com produtos e serviços diferenciados. Empreendedor é aquele que faz acontecer, independente de ter uma empresa ou não. **É algo ligado às atitudes e estilo de vida e, por isso, podemos** encontrar empreendedores dentro até de corporações, o chamado intraempreendedor.

No intraempreendedorismo, a ação empreendedora é realizada por colaboradores de uma organização que agem de forma independente e têm capacidade de tomar decisões, assumir liderança e ter sentimento de dono, mesmo que o negócio não seja seu. Ou seja, o intraempreendedorismo nada mais é que o empreendedorismo realizado por funcionários dentro de uma organização que assumem a responsabilidade direta de transformar uma ideia em algo lucrativo.

O conceito de intraempreendedorismo foi estabelecido em 1985 pelo consultor Gilfford Pinchot III, autor do best-seller *Intrapreneuring*. Segundo o autor, o intraempreendedorismo reorganiza as empresas, "de modo que o trabalho volte a ser uma expressão alegre da contribuição da pessoa à sociedade".

Ele diz isso porque a Revolução Industrial foi a responsável por transformar o conceito de trabalho em algo mecanicista e automático. Se antes as pessoas faziam trabalhos mais autônomo e autoral, com a criação da linha de produção, os funcionários tinham que cumprir horário em uma fábrica impessoal. Isto garantia a eles o salário no fim do mês, mas, em troca, deixavam seu talento criativo e espírito empreendedor de lado.

A retomada do empreendedorismo a seu conceito originário acontece justamente na era pós-industrial, em que as pessoas buscam mais do que segurança e um salário. Elas querem trabalhar por propósito, investindo tempo e esforço em ambientes que permitam evolução não apenas profissional, mas também pessoal.

O Intraempreendedorismo Exige Protagonismo

No paradigma da sociedade pós-industrial, o colaborador de uma empresa que se propõe a ser um intraempreendedor é uma figura cada vez mais valorizada nas organizações que precisam se reinventar neste novo cenário de competitividade e concorrência.

Um dos diferenciais desse tipo de profissional é sua atitude empreendedora de querer realizar algo grandioso, independente do cargo que ocupa. Assim como os empreendedores, o intraempreendedor tem um perfil inovador, é resiliente e entusiasmado, com alto grau de inteligência emocional, protagonismo e liderança. Ele possui **a capacidade de analisar cenários, encontrar oportunidades e aplicar** seu conhecimento na criação de soluções inovadoras como o desenvolvimento de novos produtos, serviços, tecnologias e técnicas administrativas, sempre pensando em fazer a empresa **ganhar mais** ou **reduzir custos.**

Geralmente, o intraempreendedor não gosta de rotinas repetitivas e burocráticas e não se contenta em executar projetos definidos por seus superiores hierárquicos, mas oferece sugestões e novas alternativas para impulsionar o desenvolvimento da empresa.

O intraempreendedor se esforça para conhecer a fundo a empresa na qual trabalha, entender seus processos e cultura corporativa para liderar iniciativas e mobilizar pessoas. Colaboradores que são intraempreendedores são ideais para empresas que buscam se diferenciar em seu mercado, pois agregam um alto valor para o ambiente de trabalho e o negócio em si. Por isso, instituições públicas e privadas procuram cada vez mais profissionais com características intraempreendedoras, que podem ser resumidas em:

» São proativos e abertos a ideias novas
» São inconformistas e inquietos
» Têm ousadia e se arriscam a fazer coisas novas
» Têm capacidade de arriscar, mas procuram correr riscos calculados
» Facilidade em encontrar oportunidades escondidas
» Buscam conhecimento abrangente do negócio e do segmento atual
» Têm uma visão sistêmica que vai além do seu cargo

A Organização Empreendedora

Em ambientes cada vez mais mutáveis, as instituições precisam se preocupar com o desenvolvimento interno de seus colaboradores, apostando no intraempreendedorismo. Para fazer isso é preciso que as organizações renovem suas culturas e implementem um novo modelo corporativo, capaz de absorver as contribuições do funcionário intraempreendedor.

Criar estruturas flexíveis, ter uma abordagem multidisciplinar, foco na gestão de competências e comprometimento da diretoria são ações a serem feitas nas empresas que querem criar uma cultura empreendedora.

É importante que a empresa estimule nos colaboradores as características importantes como otimismo, autoconfiança, coragem para aceitar riscos, desejo de protagonismo, resiliência e perseverança. Vale lembrar que a orientação para resultado também deve ser estimulada. De nada adianta uma boa ideia que não traz resultados para a organização. Mas é essencial que a organização veja os erros como algo que faz parte do processo e não como um fracasso do colaborador. Ter um ambiente que não puna o erro e dê liberdade para as pessoas errarem é essencial, já que uma das principais características do empreendedorismo é a disposição ao risco.

O ambiente correto para o intraempreendedorismo se desenvolver deve conciliar os interesses das pessoas e os interesses corporativos. Não se pode esquecer também de estimular a cocriação e o trabalho em equipe.

O Papel dos Líderes nas Organizações Intraempreendedoras

Empreendedores que fomentam o intraempreendedorismo dentro da sua própria empresa estão fazendo um bem não somente para si, mas também para o próprio negócio. Mas a grande verdade é que **não existe uma receita pronta para criar uma cultura intraempreendedora dentro da empresa. É preciso que os líderes assumam esta causa.**

Em primeiro lugar, **é preciso analisar o papel do empreendedor**: você é um chefe ou é um líder? Toma atitudes inspiradoras? Seus colaboradores conseguem o identificar como alguém que estimula a cultura intraempreendedora dentro da própria empresa e isso os motiva a seguir por esse caminho? Reflita e faça correções necessárias em seu dia a dia.

É preciso também promover a confiança, onde todos possam ter a liberdade de apresentar suas ideias e soluções. O papel do gestor é fazer com que os colaboradores sintam-se encorajados a empreender dentro da empresa, permitindo que eles alcancem o seu pleno potencial e que a empresa ganhe no desenvolvimento da sua competitividade. O líder não pode ter medo de dar asas a novos empreendedores!

Outra dica fundamental é não ser centralizador. Isso fere os princípios de qualquer cultura intraempreendedora. Incentive a autonomia, a criatividade e a iniciativa dos colaboradores. **Crie um canal aberto de ideias com todo o time.** Utilize cartazes e post-its disponíveis nas paredes e faça com que sua equipe entenda a razão de estarem ali. Delegue as atividades e atue como um mentor para ajudar na concretização delas.

Melhore a comunicação interna e estimule o próprio time a compartilhar conhecimento com os demais. Crie espaço para ouvir as ideias dos colaboradores e mostre que eles são parte fundamental do desenvolvimento da empresa. Nessa mesma linha, convide pessoas externas a compartilhar conhecimento empreendedor com seu time, isso ajuda para que todos tenham referências externas à empresa.

E, por fim, implante um ritual de reconhecimento. Cada colaborador tem uma forma de aprender e uma motivação diferente. Dê mais feedbacks e elogie em público. Promova o mérito de acordo com os resultados dos projetos. Tenha um programa de incentivo e desenvolva critérios para distribuir parte dos lucros e resultados. Essa é uma forma de valorizar o trabalho do seu funcionário quando ele bater suas metas. Os intraempreendedores precisam de desafios e de ter sempre clara a expectativa de crescimento da carreira dentro da empresa.

Seguem mais dicas:

1. **Promova uma cultura de engajamento com o negócio**
2. **Mantenha o pessoal envolvido com um grande objetivo**
3. **Informe exatamente o que você espera de cada um da equipe**
4. **Forneça os instrumentos e materiais de apoio para que os funcionários realizem suas tarefas**
5. **Proporcione um ambiente de reconhecimento, realização e crescimento pessoal**
6. **Seja justo ao lidar com pessoas de baixo rendimento**

NESTE CAPÍTULO

» **Diferenciando os motivos e as motivações para empreender**

» **Conhecendo o seu EU empreendedor**

» **Como desenvolver a prática da metodologia O Pulo do Gato Empreendedor**

» **Aprendendo a ser empreendedor com Steve Jobs**

Capítulo 5
O Eu Empreendedor

"Motivação é algo que surge internamente, uma explosão apaixonante de fazer e realizar algo que faça sentido."

LUIZ ANTONIO BERNARDI

— *Consultor empresarial*

Há várias razões que explicam o porquê de uma pessoa optar pelo empreendedorismo. Desde razões práticas, como o fato de perder o emprego e precisar pagar as contas (o empreendedorismo por necessidade), a responsabilidade de assumir os negócios da família (herança) até questões como a descoberta de nicho de mercado atraente (o empreendedorismo por oportunidade) ou o desejo de fazer a diferença na vida das pessoas.

Motivações para Empreender

A verdade é que os motivos são importantes para iniciar uma jornada empreendedora, mas não são suficientes. O que tenho percebido em mais de dez anos entrevistando empreendedores de todas as partes do país é que as MOTIVAÇÕES são as verdadeiras razões que levam alguém a chegar no topo. Ou seja, os aspectos psicológicos e emocionais que envolvem a decisão de empreender são muito mais importantes para o indivíduo persistir e alcançar o sucesso.

Só quem já passou por uma situação de fracasso financeiro e moral, sabe a importância da MOTIVAÇÃO para um empreendedor. Levantar após uma queda e fazer do NÃO uma ponte para o SIM só acontece para quem vai fundo nas suas intenções e consegue tirar de dentro de si a força, coragem e resiliência necessárias para continuar a jornada. São estas habilidades intrínsecas a chave do jogo empreendedor: determinação, autoconfiança, flexibilidade, empatia, otimismo e persistência são algumas delas, também conhecidas como SOFTSKILLS.

Softskill é uma palavra originária da língua inglesa que está cada vez mais presente nas discussões sobre competências profissionais. O termo é usado em contraposição às *hardskills*, que são os conhecimentos técnicos aprendidos na escola. E enquanto esta última é facilmente identificada em um currículo como, por exemplo, o domínio de técnicas e equipamentos de trabalho, as *softskills* são as atitudes comportamentais quase impossíveis de serem mensuradas, mas que fazem total diferença entre o fracasso e o sucesso de um indivíduo.

Pesquisas indicam que o sucesso duradouro está muito mais relacionado às softskills do que às hardskills. Por isso, tantas pessoas entram em um emprego por competência e saem por lacunas comportamentais. Ou começam um empreendimento promissor e desistem do negócio logo depois de brigar com o sócio.

O fato é que todos os especialistas que se dedicam a estudar o perfil empreendedor concordam que as softskills são fundamentais para quem quer empreender. E como desenvolvê-las? A resposta é: sobretudo com autoconhecimento e disposição para mudar. Para isso, é preciso alterar hábitos, comportamentos e crenças, muitos deles construídos ainda na infância. Fácil não é. Mas é possível!

O Pulo do Gato Empreendedor

Desde 2009 empreendo uma verdadeira jornada que investiga as razões que levam alguns empreendedores ao sucesso e outros não. Ao longo de mais de 7 anos, entrevistei mais de 200 pessoas, entre grandes empreendedores e especialistas, como Ozires Silva (Embraer), Mário Sérgio Cortella (filósofo), Marcelo Cherto (especialista em franquias), Flávio Augusto da Silva (Wise Up), Rony Meisler (Reserva), Thái Quang Nghiã (Gooc), Silvio Meira (Porto Digital), Facundo Guerra (Grupo Vegas), Ana Fontes (Rede Mulher Empreendedora), João Kepler (Bossa Nova Investimentos), Marcos Pontes (astronauta), Sandro Magaldi (meuSucesso.com), David Barioni (Apex), Deusmar Queirós (Pague Menos), Carlos Wizard (Grupo Wizard), Sofia Esteves (DMRH), Cássio Spina (Anjos do Brasil), Elói de Oliveira (Flytour), Martha Gabriel (especialista em marketing digital), Geraldo Rufino (JR Diesel), Robinson Shiba (China in Box) e muitos outros. Gente das mais variadas vertentes de pensamentos, com altos faturamentos e reconhecimento público, e que me ajudaram a entender as razões do sucesso, que denominei de "O Pulo do Gato Empreendedor".

Foram anos de depoimentos gravados pelo celular e disponibilizados em meu blog de mesmo nome, que depois foram sistematizados cuidadosamente. Nas respostas que obtive, os empreendedores e especialistas, quando questionados sobre "o pulo do gato empreendedor" não falam de gestão operacional, investimento financeiro ou soluções tecnológicas. Pelo contrário, todos os depoimentos levaram a palavras-chave como paixão, foco, otimismo e propósito. Também falam da capacidade de lidar com desafios com empatia, determinação e resiliência.

E, na análise das respostas, descobri padrões de comportamento que foram resumidos em seis princípios básicos para qualquer empreendedor dar o seu próprio pulo do gato seja nos negócios ou na vida. São eles: Apaixone-se, Faça, Vislumbre, Compartilhe, Persista, Transforme-se.

O interessante foi notar que os princípios se conectam ao corpo humano, conforme mostra a figura abaixo. Foi aí que percebi o óbvio: o pulo do gato está dentro de nós! Ou seja, nós temos as ferramentas necessárias para empreender a nossa própria trajetória de sucesso. Basta reconhecer nossos talentos inatos e aprender a desenvolvê-los, conforme mostra a figura a seguir.

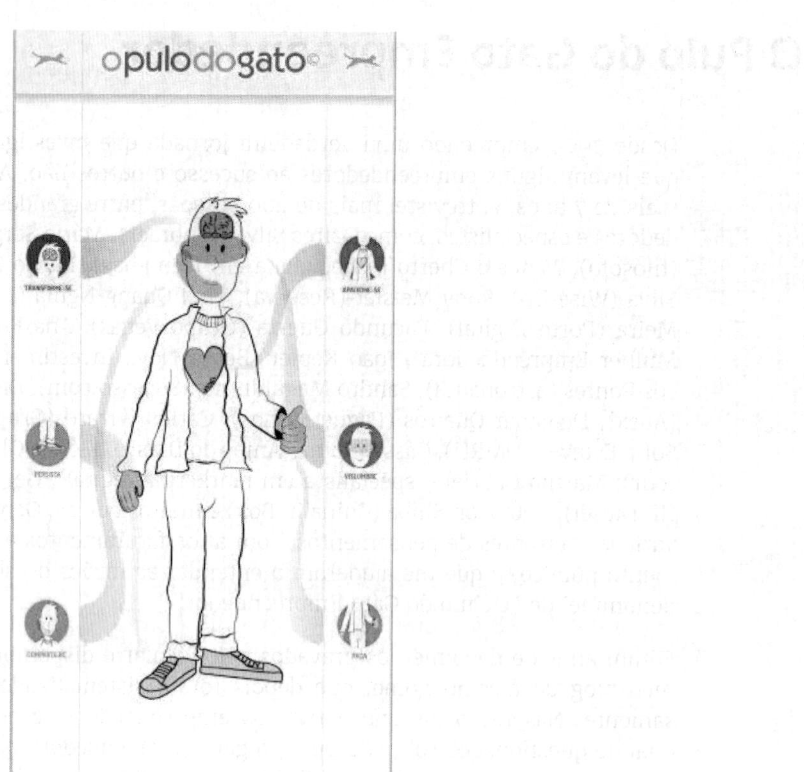

FIGURA 5-1: A metodologia O Pulo do Gato.

A LENDA DO PULO DO GATO

Contam por aí uma história de que a onça queria comer o gato no jantar e, para enganá-lo, pediu que o bichano ensinasse a ela suas acrobacias. Ele então mostrou todos os tipos de saltos: para frente, para o lado, os truques da cambalhota etc.

Se achando muito esperta, a onça aproveitou um momento de distração do gato, preparou o bote e... puft! Com um salto para trás, o gato escapuliu de suas garras. Ao reclamar do salto não ensinado, a onça escutou do bichano: "Você acha mesmo que vou ensinar o meu pulo do gato? Se tivesse feito isto, agora já estaria morto!"

O pulo do gato é uma expressão de origem popular que significa uma ação em que o indivíduo se diferencia e ganha destaque. No mundo dos negócios, é aquele momento em que o empreendedor muda de patamar e cria seu próprio sucesso. Para isso, é preciso ir além, surpreender, ultrapassar limites e deixar um legado.

A partir das constatações que me foram reveladas com os depoimentos, transformei O Pulo do Gato Empreendedor em uma metodologia simples e intuitiva que é capaz de ensinar qualquer pessoa a dar seu próprio pulo do gato.

Tudo começa pelo coração — a PAIXÃO —, que é a motivação interna do empreendedor, aquela explosão que surge internamente e que desperta a vontade de realizar algo que faça sentido. Mas este é apenas o primeiro passo. Para continuar esta jornada é preciso VISLUMBRAR, ou seja, visualizar o futuro e definir uma meta clara. Depois, é hora de colocar a mão na massa e FAZER para atingir um objetivo. Em seguida é necessário COMPARTILHAR. No mundo hiperconectado que vivemos hoje, não podemos desprezar o poder das redes e das interações sociais. Este princípio está representado na boca e nos ouvidos, que funcionam como antenas para o mundo externo.

E como já alertei em várias outras ocasiões ao longo deste livro, a jornada empreendedora é também feita de dificuldades e obstáculos. "No meio do caminho tinha uma pedra", já dizia o poeta Carlos Drummond de Andrade. É quando a PERSISTÊNCIA entra em cena. O empreendedor precisa se manter em pé, enraizado em suas convicções para não sucumbir durante a jornada.

E, por fim, a capacidade de TRANSFORMAÇÃO que surge do cérebro, da inteligência racional e emocional que, unidas, são capazes de proporcionar ao empreendedor o equilíbrio necessário para transformar o seu negócio e a si mesmo em algo de valor para a sociedade.

A prática da metodologia

Agora que você já entendeu o ciclo do pulo do gato empreendedor, o convido a entrar nessa jornada começando pelo autoconhecimento. Mas, alerto desde já: é necessário que você saia do piloto automático, desapegue de crenças limitadoras e empreenda um trabalho de autoconhecimento e transformação.

Nesta obra darei algumas orientações iniciais simples e didáticas, mas isso não impede que você se aprofunde em terapias e outras técnicas que existem por aí (criei um workshop somente com este objetivo. Veja em: `www.opulodogatoempreendedor.com.br`). Vamos lá?

Para começar, vá a um ambiente tranquilo, separe um tempo que você não seja interrompido, fique longe do celular ou do computador e faça uma série de respirações profundas. Em seguida, comece a reflexão e procure escrever todos os insights que tiver em um caderno.

> » **Pense no passado**
>
> Reflita sobre sua infância. Quando você era criança, quais eram suas brincadeiras favoritas? O que mais gostava nelas? O que respondia à pergunta "O que você vai ser quando crescer?" E quando se tornou adulto, você conseguiu manter suas preferências?

» **Pense nos seus gostos atuais**

Quais são os assuntos que mais chamam sua atenção? Quem você admira e por quê? Cite alguma atividade que realiza com prazer. Você acha que tem algum talento? Pelo quê você é grato? O que o motiva a levantar da cama de manhã? Quais são as atividades que você mais gosta no seu trabalho atual? Quem é você quando não tem ninguém olhando?

» **Pense no que você quer**

Qual é o seu referencial de sucesso? Onde você quer chegar? Qual sensação vem à tona quando sente que atingiu seu objetivo? Quais os comportamentos e atitudes teria se já tivesse tudo o que precisa? Como você gostaria de ser lembrado?

O ciclo do Pulo do Gato Empreendedor

Seguindo o modelo proposto pela metodologia, agora é hora de trabalhar o seu próprio ciclo empreendedor. Em cada fase, indico algumas softskills e habilidades a serem desenvolvidas pelo empreendedor e faço uma sugestão: tente trabalhá-las continuamente. Todos os dias, em qualquer situação ou desafio é uma oportunidade de treinar as softskills.

Por exemplo: se não gosta de falar em público, se coloque à prova para treinar a coragem. Para desenvolver a empatia, tente entender os sentimentos daquele colega de trabalho que o desagrada. Existem uma série de exercícios práticos e efetivos para trabalhar as softskills (falo de todos eles em um próximo livro!). Pratique com disposição e disciplina, como se fossem músculos na academia, e você verá a diferença na sua performance profissional e pessoal.

Passo 1: Apaixone-se

É no coração que tudo começa. Descubra seus talentos, preferências e desejos e encontre aquilo que você faz melhor, com paixão e entusiasmo. Se o seu negócio estiver alinhado com seus valores é mais fácil que você persista, tenha determinação e propósito.

Passo 2: Vislumbre

Feita a primeira etapa, é hora de vislumbrar, antes de sair fazendo as coisas sem propósito. Primeiro imagine como quer estar daqui a 5 anos, pesquise o mercado, procure problemas, veja o que as pessoas querem. Trabalhe a intersecção entre o que você faz de melhor e o que o mundo precisa. Crie sua visão de futuro.

CONTINUE BOBO

Em junho de 2005, Steve Jobs, então presidente-executivo da Apple Computer e da Pixar Animation Studios, fez um discurso aos formandos da Universidade de Stanford, nos Estados Unidos.

O vídeo da apresentação viralizou na internet e passou a ser visto por todo mundo. Nele, Jobs dá conselhos aos estudantes a partir da sua história de vida. Ele conta como começou a Apple na garagem de casa com apenas 20 anos e a transformou na empresa mais inovadora do mundo.

Para Jobs, o segredo do sucesso está em encontrar aquilo que ama e ter a coragem de seguir sua intuição. Ele diz: "Seu trabalho vai preencher uma parte grande da sua vida, e a única maneira de ficar realmente satisfeito é fazer o que você acredita ser um ótimo trabalho. E a única maneira de fazer um excelente trabalho é amar o que faz. Se ainda não encontrou o que é, continue procurando. Não sossegue. Assim como todos os assuntos do coração, você saberá quando encontrar. E, como em qualquer grande relacionamento, só fica melhor à medida que os anos passam. Então continue procurando até achar..."

O discurso aconteceu um ano depois de Jobs ser diagnosticado com câncer pancreático. Na época, ele fez uma cirurgia de retirada do tumor e estava se recuperando (ele morreu em 2011 deste mesmo problema). Por isso, no discurso o empresário fala sobre a morte: "Lembrar que você vai morrer é a melhor maneira que conheço para evitar a armadilha de pensar que tem algo a perder. Você já está nu. Não há razão para não seguir seu coração."

Por fim, um dos maiores empresários de todos os tempos dá um conselho que ficou para a história: "Continuem com fome, continuem bobos. Eu sempre desejei isso para mim mesmo. E agora, quando vocês se formam e começam de novo, eu desejo isso para vocês. Continuem com fome. Continuem bobos."

Ache o vídeo do discurso no Youtube, buscando por Steve Jobs Discurso Stanford.

Passo 3: Faça

Agora que você já trabalhou o autoconhecimento e vislumbrou uma oportunidade, é o momento de colocar em prática o seu projeto. Aquilo que conhecemos se provará em ação focada em resultados. É hora de fazer um planejamento realista, com metas, prazos e viabilidade. E, literalmente, colocar a mão na massa.

Passo 4: Compartilhe

No mundo de hoje, o segredo industrial e o sucesso solitário são lendas ultrapassadas. Por isso, dedique-se a se conectar com as pessoas e fortalecer seus relacionamentos. Troque experiências e fale de seus projetos. Quanto maior a sua rede, maior é a probabilidade de encontrar parceiros, clientes e investidores que apoiem a realização de sua ideia.

Passo 5: Persista

E se tem uma coisa que aprendi com os empreendedores é que nenhuma meta é alcançada se você não tiver PERSISTÊNCIA. Ela é um princípio detectado desde os primeiros estudos sobre sucesso, e é desenvolvida quando o empreendedor passa por situações de adversidade. Mas, se você trabalhou cada um dos princípios anteriores, pode ter certeza que será capaz de superar as quedas que fazem parte do caminho.

Passo 6: Transforme-se

Entre nesta jornada empreendedora com a consciência de que você se transformará ao longo do trajeto. Como disse Steve Jobs em seu famoso discurso em Stanford (veja no box da página anterior), só depois que tudo passa é que ligamos os pontos e vemos que tudo fez sentido. O empreendedor é aquele que se transforma continuamente e transforma a realidade em torno de si.

NESTE CAPÍTULO

» Entendendo as habilidades técnicas necessárias para empreender

» A diferença entre um empreendedor e um administrador

» Conhecendo os diferentes estilos de liderança

Capítulo 6

Competências Técnicas e Gerenciais

"Gerenciamento é substituir músculos por pensamentos, folclore e superstição por conhecimento, e força por cooperação."

PETER DRUCKER

— *Administrador*

Habilidades Técnicas

Desde os pioneiros, a figura do empreendedor é associada ao desbravador que persegue sonhos de forma ousada para atingir seus objetivos. Com o avanço do empreendedorismo digital e histórias de sucesso estrondoso construídas em tempo recorde, vimos o culto ao empreendedor crescer. Nomes como Mark Zuckerberg, criador do Facebook, do bilionário chinês Jach MA, do Alibaba, ou dos brasileiros Romero Rodrigues, fundador do Buscapé, e Gustavo Caetano, da Samba Tech, têm assumido status de celebridades e estão em grandes eventos, nas capas de revistas de negócios e também no imaginário de milhares de pessoas que desejam seguir o mesmo caminho.

Mas apesar do glamour que a visibilidade traz, existe um consenso entre empreendedores de todo o mundo que esta é uma carreira cheia de desafios e obstáculos. E, independente da época ou região geográfica, o indivíduo que escolhe o empreendedorismo precisa estar muito preparado.

Os especialistas costumam dizer que encarar uma jornada empreendedora é como subir o Everest. Além do gosto pelo risco, da coragem para enfrentar baixas temperaturas e da força física para subir a montanha em condições hostis, o indivíduo precisa fazer um planejamento minucioso da viagem: dos recursos financeiros necessários aos equipamentos especiais para a escalada, da escolha do roteiro às providências de saúde e segurança.

Portanto, ser empreendedor é muito mais que ter a vontade de chegar ao topo do Everest. É preciso conhecer a montanha, planejar cada detalhe da subida, saber o que deve levar e que ferramentas utilizar, encontrar a melhor trilha, estar comprometido com o resultado, ser persistente, calcular os riscos, preparar-se fisicamente e acreditar na sua própria capacidade.

O problema é que muitos empreendedores são mais aventureiros que os alpinistas e iniciam um negócio sem ter conhecimento técnico e planejamento suficientes. No Brasil, muitas empresas enfrentam o fracasso logo nos primeiros anos de existência, e um dos fatores que mais contribui para isso é a falta de planejamento. Não é por acaso que uma pesquisa do Sebrae indica que 50% das empresas abertas fecham em até dois anos.

E são muitos os conhecimentos que precisam ser aprendidos pelo empreendedor de primeira viagem. Segundo José Dornelas, as habilidades requeridas de um empreendedor podem ser classificadas em 3 áreas:

- **Pessoal:** Ter disciplina, ser arrojado, inovador, ousado, não ter medo de assumir riscos, ser resiliente, visionário, ter iniciativa, humildade e principalmente ter paixão pelo que faz (que já falamos nos Capítulos 6 e 7).
- **Técnica:** Saber escrever, se comunicar, ouvir as pessoas e captar informações, ter organização, saber liderar e trabalhar em equipe.

» **Gerencial:** Ter habilidades na área de criação e gerenciamento da empresa, o que envolve conhecimentos de marketing, administração, finanças, operacional, produção, tomada de decisão, planejamento e controle.

É claro que o empreendedor não precisa dominar completamente todas as áreas. Para isso existe uma equipe que o auxilia. Mas ele precisa saber escolher as pessoas certas e manter um monitoramento constante. Como o grande responsável pela ideia, o empreendedor deve guiar e integrar todas as áreas a fim de melhorar o desempenho da equipe para que juntos todos possam alcançar os objetivos.

Empreendedor versus Administrador

Conforme já acontecia nos primórdios do empreendedorismo (veja mais no Capítulo 1) é muito comum a confusão entre as funções de empreendedor e administrador. Para esclarecer de uma vez por todas esta questão, vamos comparar a ideia de uma empresa com uma orquestra.

Para executar a melodia, uma orquestra precisa ter variados instrumentos tocando harmoniosamente. Assim é a gestão de uma empresa: um conjunto de várias áreas que precisam andar juntas para garantir a prosperidade do negócio.

Enquanto os músicos são os gerentes de cada área, como marketing, finanças, vendas, operação, recursos humanos etc., o administrador é o maestro que faz com que a música não perca o ritmo, ou seja, foca na gestão operacional.

E qual o papel do empreendedor nesta orquestra? Imagine-o como o estrategista, aquele que convoca os músicos, decide quais os instrumentos irão fazer parte do show, escolhe o local da apresentação e organiza os próximos eventos.

Em resumo, empreendedor é aquele que identifica oportunidades e que corre risco, enquanto o administrador é aquele que busca informações e diminui os riscos. O domínio do empreendedor deve estar na orientação estratégica, na análise de oportunidades, no comprometimento dos recursos e no controle geral da estrutura. E o do administrador está no planejamento e execução da obra.

De acordo com o consultor empresarial e diretor de operações do Ibelg (Instituto Brasileiro de Excelência em Liderança e Gestão) Antonio Carlos de Matos, um dos maiores desafios dos empreendedores é ficar apenas na operação do negócio. Para ele, é aceitável e mesmo necessário que o empreendedor dê tudo de si no início e até cumpra vários papéis, inclusive o de administrador, para viabilizar a empresa. Mas, depois, o empreendedor deve cuidar de não realizar tarefas operacionais e preparar a empresa para funcionar sem a sua presença. Afinal, ele também precisa de descanso, férias e está sujeito a ficar doente ou a outras fatalidades.

Mas voltamos a salientar, mesmo não estando à frente da operação um empreendedor precisa saber avaliar os sinais e indicadores e tomar decisões eficazes que levem aos resultados esperados dentro da sua organização.

Liderança

De todas as habilidades requeridas pelo empreendedor, uma das mais importantes sem dúvida é a liderança. Liderar é a arte de comandar pessoas, influenciar de maneira positiva pensamentos e comportamentos.

A liderança também está relacionada com a motivação. Geralmente os líderes utilizam seu poder, influência e autoridade para persuadir e motivar sua equipe na realização das tarefas, de modo a alcançar as metas traçadas.

Para desempenhar essa função, é necessário que o líder tenha empatia para entender seus funcionários e saber se comunicar com eles. Segundo Chiavenato, para liderar é preciso "conhecer a natureza humana e saber conduzir as pessoas".

Estilo de liderança

Entender as motivações dos seus funcionários pode ajudá-lo na hora de saber qual tipo de liderança é preciso exercer de acordo com cada situação vivida na empresa. Dos estudos teóricos, encontramos três estilos de liderança: AUTOCRÁTICA, DEMOCRÁTICA e LIBERAL.

- **AUTOCRÁTICA:** Neste estilo, o líder é dominador. É ele quem fixa as diretrizes da empresa e determina as providências para a execução das tarefas, escolhendo quem vai fazer o quê. O líder autocrático é "pessoal" nos elogios e nas críticas ao trabalho de cada membro.
- **DEMOCRÁTICA:** O líder democrático procura ser um membro normal do grupo. Ele estimula o debate e orienta sobre as diretrizes, dando aconselhamento técnico quando necessário. A divisão das tarefas fica a critério do grupo e cada membro tem liberdade de escolher seus companheiros de trabalho. Este tipo de líder é "objetivo" e limita-se aos "fatos" em suas críticas e elogios.

» **LIBERAL:** O líder liberal deixa todas as decisões para o grupo ou para as pessoas individualmente. Tanto a divisão das tarefas, como a escolha dos companheiros, fica totalmente a cargo do grupo. O líder não faz nenhuma tentativa de avaliar ou de regular o curso dos acontecimentos e faz comentários sobre as atividades dos membros somente quando perguntado.

Além dos tipos de liderança, cada líder pode ter sua característica própria, como carisma e motivação. Não existe uma postura de liderança que seja unanimidade e, conforme já foi falado, cada líder precisa saber a hora de exercer o tipo de liderança que convir de acordo com uma série de fatores, como situação da empresa, pessoas envolvidas, tipo de negócio e expectativa de resultados.

O mais importante, no entanto, para que se exerça a liderança é que o indivíduo tenha conhecimento, informações e segurança sobre o que está fazendo e saiba que seu estilo modificará o comportamento do liderado. Sem conhecimento, as decisões do líder podem levar a prejuízos e fracassos.

DICA

PRÁTICAS PARA UMA MELHOR LIDERANÇA

- **Se atente aos detalhes**
- **Seja justo**
- **Seja coeso**
- **Se adapte a mudanças: é necessário rever a necessidade de transformação. Acomodar-se cria um risco ainda maior para o negócio**
- **Crie o hábito de escutar**
- **Organize**
- **Seja exemplo**
- **Tenha princípios**
- **Não desista**

2. **LIBERAL:** o líder liberal deixa todas as decisões para o grupo ou para as pessoas individualmente. Tanto na divisão das tarefas como na escolha dos companheiros, fica totalmente a cargo do grupo. O líder não faz nenhuma tentativa de avaliar ou de regular o curso dos acontecimentos. Só faz comentários sobre as atividades dos membros somente quando é perguntado.

Além dos tipos de liderança, cada líder pode ter características próprias, como carisma e motivação. Não existe uma postura de liderança que seja a mais adequada; o contexto é um fator determinante. O líder precisa saber a hora de exercer o tipo de liderança que convém, de acordo com uma série de fatores, como situação da empresa, pessoas envolvidas, tipo de negócio e expectativa de resultados.

O mais importante, no entanto, para que se exerça a liderança é que o indivíduo tenha conhecimento, mesmo que mínimo, da situação que está enfrentando e saiba que seu estilo modifica o comportamento do liderado. Sem conhecimento, as decisões do líder podem levar a resultados desastrosos.

PRÁTICAS PARA UMA MELHOR LIDERANÇA

- Se atente aos detalhes.
- Seja justo.
- Seja coeso.
- Se adapte à mudança: é necessário ter versatilidade de transformação. Acomodar-se gera um risco ainda maior para o negócio.
- Crie o hábito de escutar.
- Organize.
- Seja exemplo.
- Tenha princípios.
- Não desista.

NESTE CAPÍTULO

» O paradigma do trabalho

» As bases da educação empreendedora

» Programas de empreendedorismo no país

Capítulo 7
Educação Empreendedora

"A educação não transforma o mundo, muda as pessoas. As pessoas transformam o mundo."

PAULO FREIRE

— Educador

Ninguém nasce sabendo. E no empreendedorismo, não é diferente. Por isso, neste capítulo, mostramos como você pode se capacitar, aprender com especialistas, se inspirar e aumentar suas chances de ter sucesso na jornada empreendedora.

O Trabalho Empreendedor

Empreendedorismo ainda é um tema recente no Brasil. Há 20 anos, por exemplo, não se falava no tema como opção de carreira. As faculdades focavam em preparar seus alunos para as grandes empresas e os estudantes desejavam arrumar empregos em grandes multinacionais ou passar em concursos públicos para depois se aposentarem e, enfim, curtir a vida.

Mas nas últimas décadas assistimos a uma total revolução de comportamento. Como visto no Capítulo 2, as transformações tecnológicas, a globalização e a mudança do paradigma econômico modificou não apenas a cultura do trabalho, mas também as relações profissionais.

Em paralelo, vivemos também uma queda sem precedentes na taxa de empregos em todo o mundo por conta da automação. Vagas que antes eram ocupadas por pessoas estão sendo substituídas por robôs e tecnologia. Ao mesmo tempo nos deparamos com uma revolução de valores, em que nunca se precisou tanto das competências humanas e da capacidade de relacionamento interpessoal.

Neste cenário repleto de desafios nos campos econômico, ambiental, social e político, com muito trabalho a ser feito e poucos empregos formais, que passamos a ver o empreendedorismo não apenas como saída para o desemprego, mas como uma chance de redenção do trabalho na cultura brasileira.

PAPO DE ESPECIALISTA

Em sua história, a cultura brasileira não reverencia o trabalho, tampouco o empreendedorismo. Enquanto países como os Estados Unidos foram colonizados por empreendedores europeus, os senhores de escravos brasileiros cultivavam aversão ao trabalho, identificando este como algo menor e instrumento de tortura.

Pesquisas mostram que os países que apostaram no empreendedorismo e na capacitação de profissionais aptos a buscar soluções, se automotivar, se adaptar a mudanças e ter um olhar amplo sobre o mercado tiveram um melhor aproveitamento de eficiência e produtividade. E trouxeram lucro não somente para a empresa, mas também riqueza coletiva para a sociedade.

O Brasil ainda caminha a passos lentos rumo ao fortalecimento do empreendedorismo como uma cultura nacional. Mas aos poucos isso vai acontecendo. Primeiro porque as relações de trabalho baseadas no emprego e nas grandes empresas se esgotaram e também porque cada vez mais as pessoas estão buscando unir o trabalho ao sentimento de propósito e realização pessoal.

As Bases da Educação Empreendedora

Educar as pessoas a terem um comportamento empreendedor é cada vez mais importante nestes novos tempos. E os educadores comentam que quanto antes isso acontecer, melhor. Um estudo feito nos EUA pela U. S. Trust Corp. com empresários que faturam entre US$6 milhões e US$40 milhões, indica que a maioria dos donos de negócios aprenderam a ser empreendedores na infância. Para eles, o fator-chave para o sucesso foi terem começado a trabalhar muito cedo.

Isso não significa que você já perdeu sua oportunidade ou então que precisa obrigar seu filho a trabalhar desde pequeno. O objetivo é trazer um estilo de vida empreendedor para a sociedade por meio da escola e da família. Muitas das características empreendedoras são desenvolvidas com a vivência de experiências.

Segundo o empreendedor serial e investidor-anjo João Kepler, autor do livro *Educando Filhos para Empreender*, os pais e educadores deveriam desde cedo treinar as crianças para terem "autonomia, disciplina e determinação para atingir resultados". Para ele, se os pais querem preparar seus filhos para um novo mundo é necessário desenvolver o comportamento empreendedor nos pequenos e pensar desde cedo como transformar talentos em valor para a sociedade e ainda ganhar dinheiro com isso. Mesmo se a criança não se tornar empresária no futuro, o perfil empreendedor será muito útil para sua carreira e vida.

Em resumo, muito se aprende em casa, observando o que fazem os pais, mas também na sala de aula, conhecendo exemplos de empreendedores de sucesso, que viram modelos de referência. Como eles fizeram para obter resultados e onde costumavam errar.

Muitas pesquisas atuais focam em como a educação pode ajudar a criar novos empreendedores. A primeira questão a entender é quais são os objetivos do ensino de empreendedorismo. Formar cidadãos empreendedores requer a árdua tarefa de preparar as pessoas para agir e pensar por conta própria. Para Filion o treinamento para a atividade empreendedora deve capacitar o empreendedor para imaginar e identificar visões, bem como, desenvolver habilidades para sonhos realistas.

No ensino do empreendedorismo é fundamental aliar conhecimento e prática. As duas frentes reforçam-se mutuamente. Quanto mais temos conhecimento, melhor desempenhamos nossa prática. E quanto mais experiência, maior e melhor será a clareza a utilização e absorção do conhecimento. Para que isso seja facilmente percebido, reflita: quem se torna um chef de cozinha apenas com leitura e palestras? E quem se torna médico apenas com prática?

DICA

NÃO DOU MESADA

O livro Educando Filhos para Empreender tem uma linguagem simples e didática. Nela, o autor João Kepler começa dizendo que não é um especialista em educação, mas um pai preocupado em desenvolver autonomia, liberdade e protagonismo em seus filhos.

O objetivo central da obra é preparar as novas gerações para o mundo ao invés de querer mudar o mundo para eles. E Kepler diz que isso é possível se criarmos, já dentro do âmbito familiar, um estilo de vida empreendedor. "É preciso ter um comportamento autônomo, mindset para inovação, foco em soluções criativas e interações sociais", diz Kepler, salientando que em um cenário de incerteza, o empreendedor depende apenas da sua motivação.

Com posicionamentos fortes como "não dou mesada" ou "seu filho precisa aprender a agradecer os NÃOS que recebe", Kepler usa seu próprio exemplo como pai de três adolescentes (um deles reconhecido na mídia: Davi Braga) para ensinar o leitor a criar filhos empreendedores. E dá exemplos de comportamentos que levam ao insucesso como: parar de aprender, não ter determinação, persistência e disciplina para atingir resultados.

Kepler também discorre sobre a diferença entre a postura empreendedora em relação ao comportamento conservador. E mostra a importância de identificar nos filhos, o perfil empreendedor. No final, ele afirma: "Se você conseguir ajudar seu filho a entender e descobrir seu propósito de vida, todo o resto será mais fácil de lidar."

Mas ensinar empreendedorismo não é o mesmo que ensinar conteúdos de outras disciplinas. Ela requer uma visão mais inovadora da educação e uma cultura que inclua iniciativa, criatividade e risco como modelos de atuação e assim reforçar o significado positivo da atitude empreendedora.

Entretanto, nada substitui a prática no ensino do empreendedorismo. Há que se colocar a mão na massa e arriscar transformar suas ideias em um negócio. É frustrante não haver programas de desenvolvimento vocacional direcionados ao empreendedorismo. Afinal, abrir uma empresa é uma escolha profissional tanto quanto decidir pela carreira médica ou administrativa.

Programas de Empreendedorismo no Brasil

Há alguns anos o empreendedorismo entrou na grade curricular de diversos programas educacionais no Brasil, do ensino básico ao superior. Instituições, entidades de classe, consultorias empresariais e até empresas privadas também criaram cursos de formação, qualificação ou treinamento em negócios e empreendedorismo.

Ainda podemos contar com organizações como Sebrae, Endeavor, aceleradoras e as próprias universidades têm promovido programas e eventos que incentivam empreendedores e potenciais empreendedores.

Pode melhorar muito (especialmente a qualidade), é claro, mas estas iniciativas mostram que a inclusão do empreendedorismo no ensino traz enormes benefícios aos estudantes, pois este ensino está alinhado com as exigências de mercado. Empresas bem estruturadas incluem, no perfil solicitado, candidatos empreendedores. Diferentemente do passado — quando empreender significava apenas ter a intenção de abrir seu próprio negócio —, agora, é importante empreender na sua própria carreira, na sua vida em geral e, ainda, empreender em novas ações na organização.

Há um projeto de lei (PLS 772/2015) em tramitação no senado que pretende inserir o empreendedorismo como tema transversal nos currículos dos anos finais dos ensinos fundamental e médio, além de colocar a disciplina como diretriz dos conteúdos curriculares da educação básica, ao lado da orientação para o trabalho. Atualmente, está na relatoria da Comissão de Educação, Cultura e Esporte (CE) do Senado.

Mais recentemente, várias escolas estão criando programas não só de criação de novos negócios, mas também focados em empreendedorismo social e empreendedorismo corporativo. Existem ainda programas específicos sendo criados por escolas de administração de empresas e de tecnologia para formação de empreendedores, incluindo cursos de MBA (Master of Business Administration), e também cursos de curta e média duração, e ainda programas a distância (EAD). As Instituições de Ensino Superior (IES) do Brasil estão abrindo cada vez mais suas portas para o empreendedorismo.

Também existem alguns projetos voltados para a capacitação de jovens empreendedores. O Programa de Educação Empreendedora, desenvolvido pelo SEBRAE-SP, tem como objetivo disseminar a cultura empreendedora nas instituições de ensino (do fundamental ao superior), de forma a propiciar às crianças e jovens práticas que possibilitem vivenciar e desenvolver habilidades empreendedoras.

Veja alguns programas de educação empreendedora:

- **Jovens empreendedores primeiros passos (ensino fundamental):** Pretende levar o empreendedorismo para crianças do nível fundamental de ensino. Os professores são capacitados por facilitadores do Sebrae e o curso pode ser incluído no currículo regular das próprias escolas onde esses professores trabalham.
- **Formação de jovens empreendedores (ensino médio):** O curso visa desenvolver nos jovens do ensino médio comportamentos e habilidades para que possam construir os próprios caminhos, encontrar oportunidades em seu entorno e para que sejam persistentes nas suas metas de vida.
- **Sebrae no campus (ensino superior):** Oferece a Disciplina de Empreendedorismo e tem como objetivo incentivar o ensino de empreendedorismo nas Instituições de Ensino Superior, possibilitando aos estudantes universitários, das diversas áreas do conhecimento, que desenvolvam os comportamentos empreendedores e realizem práticas empreendedoras, buscando um aprimoramento profissional e pessoal.
- **Programa SESI pequenos empreendedores:** Cursos destinados a adultos e jovens a partir de 14 anos que desejam aprender técnicas específicas nas áreas de estética, artesanato, culinária, serviços, hotelaria e turismo para trabalhar por conta própria.

3 Empreendedorismo em Ação

NESTA PARTE . . .

Agora que você já sabe tudo sobre a história do empreendedorismo, conhece as habilidades necessárias para ser um empreendedor de sucesso deve estar se sentindo preparado para iniciar a viagem, certo?! Então, vamos lá! Nesta parte, você vai aprender a gerar boas ideias de negócios, detectar oportunidades e validar seu projeto no mercado. Também vai entender quais os fundamentos de um plano de negócio, aprender a fazer o seu planejamento e entender mais sobre a escolha de sócios. Também saberá mais sobre modelos de investimento e como fazer um pitch vencedor para conseguir um investidor para sua startup.

NESTE CAPÍTULO

- **Como ter boas ideias de negócios**
- **Aprendendo a fazer pesquisa e inteligência de mercado**
- **Descobrindo se sua ideia pode ser protegida**
- **Detectando oportunidades de negócios**
- **Aprendendo a usar o filtro de viabilidade**

Capítulo 8

O Início do Processo Empreendedor

"Os maiores problemas da sociedade são também a maior inspiração para a criação de negócios."

ANA FONTES

— *Empreendedora*

Tudo começa com uma ideia. No empreendedorismo, assim como em todas as outras áreas, o pensamento precede a ação. E diferente do que muitos pensam, não é preciso ser um gênio para ter uma ideia brilhante ou criar algo que ajuda a resolver a vida das pessoas.

Neste capítulo mostramos como, com base na observação atenta, é possível pensar e aprimorar uma ideia que pode se transformar em um empreendimento de sucesso.

De Onde Vêm as Ideias?

Um erro muito comum no processo empreendedor é achar que uma empresa começa com uma ideia genial ou a solução pronta de um produto ou serviço. Engana-se quem pensa assim. Dizem que é a mesma coisa que construir uma casa começando pelo telhado. Uma boa ideia de negócio vem quando o empreendedor está focado em resolver problemas.

Encontrar um problema a ser resolvido é fundamental para iniciar a jornada empreendedora. Mas tudo começa com uma habilidade muito simples e pouco valorizada no mercado, que é a capacidade de observação. O empreendedor precisa abrir os olhos e ouvidos e ficar atento a quais necessidades e problemas as pessoas enfrentam, detectar nas suas experiências do dia a dia possíveis incômodos ou como fazer melhor determinada atividade.

Esta é a fase mais preciosa no momento da criação de uma empresa. Estar preparado para abrir a mente e observar. E existem várias fontes onde o empreendedor pode se abastecer de insights, como:

» **Da observação da sociedade:** O essencial para quem está começando é ter um olhar curioso pelas coisas ao redor: o ambiente onde se vive, as pessoas que o influenciam, as dinâmicas da sua cidade ou Estado, a leitura de jornais e revistas, pesquisas na internet, idas ao cinema. Tudo isso pode ser fonte de uma boa ideia de negócio.

» **Da detecção de problemas:** O que faz uma ideia surgir é a vontade de solucionar um problema. E neste quesito, o Brasil é um terreno fértil de oportunidades. Preservação ambiental, distribuição de renda, educação, saúde e geração de empregos são algumas áreas com questões urgentes a serem solucionadas.

» **Da percepção de necessidades não atendidas:** Muitas vezes, nos incomodamos com determinadas situações e não percebemos que está aí uma boa ideia de negócio. Muitas empresas se originam a partir de necessidades não atendidas, das mais básicas (como alimentação e segurança) até as mais simbólicas (como necessidade de afeto e autoestima).

» **Das tendências e da evolução da sociedade:** A sociedade é dinâmica, os mercados se modificam, pessoas trocam de preferências e novos cenários se configuram. O empreendedor deve estar atento para captar tendências de comportamento e observar as modificações nas exigências dos seus consumidores.

» **Dos novos nichos de mercado:** Diferentes grupos sociais demandam produtos e serviços inovadores e assim são criados nichos de mercado específicos. Os food trucks e as cervejarias artesanais são exemplos disso

- » **Das novidades tecnológicas:** É possível gerar novos negócios a partir dos avanços tecnológicos. Quem imaginou que os aplicativos para táxi seriam tão populares nas grandes cidades? E isso só aconteceu graças à tecnologia e a criação de aplicativos móveis.
- » **De pesquisa de mercado:** Levantamento de dados publicados sobre negócios em jornais, revistas, sites, blogs, relatórios econômicos e empresariais. Acesso a dados de pesquisa realizada por terceiros (IBGE, IPEA, Nielsen etc.) e levantamento sistemáticos de dados com procedimentos científicos e técnicas estatísticas.
- » **Da viagem a outras regiões:** É muito comum que as pessoas voltem de viagens com novas ideias. Além de oxigenar a mente, visitar outros lugares, conhecer novas culturas e experimentar serviços e produtos diferenciados faz com que empreendedores percebam aí oportunidades de negócios.
- » **Da interação com outras pessoas:** É sempre bom conversar com pessoas diferentes do nosso círculo de amizades. Isso gera novos insights e ajuda a desenvolver ideias de empreendimentos. Quanto maior a sua rede, maior será sua exposição a problemas, soluções e demandas existentes no mercado.

Inteligência de Mercado

Outra iniciativa importante que o empreendedor deve seguir é usar a inteligência de mercado, ou seja, levantar análises e informações de um mercado-alvo. Para isso, é preciso pesquisar diversos ramos ou segmentos. Pode ser por meio de conversas informais com amigos, investigação na internet ou mesmo visitar aquele estabelecimento comercial pelo qual se interessou.

Abrir um negócio é uma atividade de risco e, por isso, o objetivo da inteligência de mercado é trazer à atenção do empreendedor, para que todas as ações tomadas na direção da nova empresa tenham fundamentações a partir de informações confiáveis.

Para facilitar essa busca, sugiro que você procure no site do Sebrae mais informações sobre diversos ramos de atividade. Na seção "Que negócio abrir" a instituição aponta tendências de mercado e concorrência em diversos setores. São mais de 400 fichas de negócios contendo informações detalhadas sobre o perfil do negócio como espaço físico adequado, número de empregados, equipamentos principais, valor do investimento, entre outros.

Conhecendo mais sobre os setores, o empreendedor pode identificar novas demandas de mercado, clientes em potencial, detectar oportunidades ainda não exploradas e tomar a decisão sobre o negócio certo.

Mas, atenção, é importante fazer esta triagem com uma ideia que faça sentido para seu perfil empreendedor e seu estilo de vida. Uma dica é analisar os aspectos-chave de cada ideia pela qual se interessa: quais são as atividades a serem realizadas, a interação com equipe e fornecedores, as rotinas de trabalho. Enfim, vale a pena se informar da melhor maneira possível. Afinal, não adianta nada abrir um restaurante se você quer ter folga nos fins de semana, ou ter uma empresa de marketing digital se não gosta de avaliar os números de cada ação e o Retorno sobre Investimento (ROI).

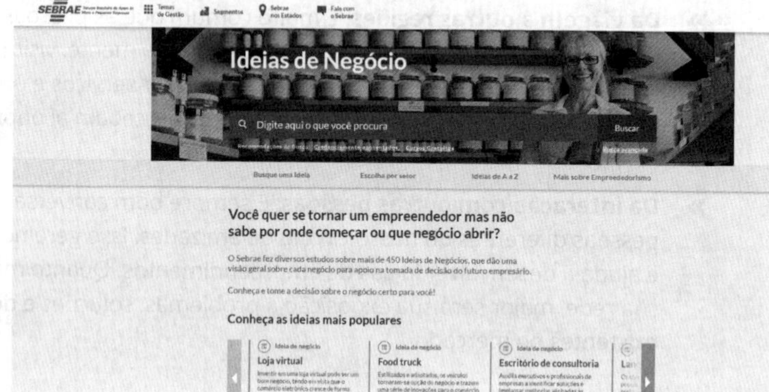

FIGURA 8-1: Página do Sebrae na internet.

Veja alguns setores apresentados no site do Sebrae:

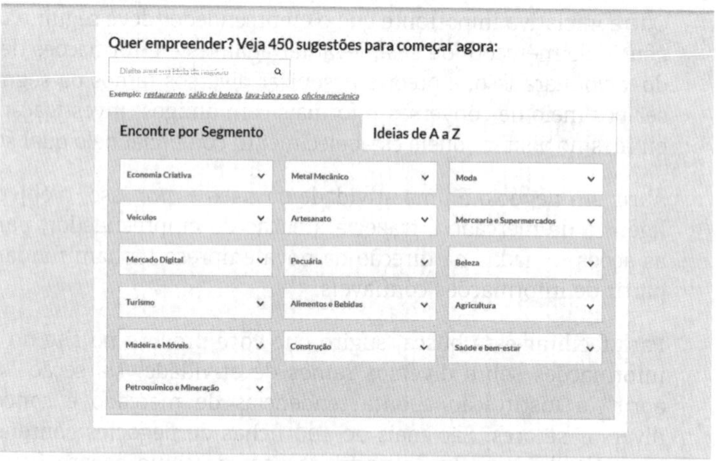

Quer empreender? Veja 450 sugestões para começar agora:
Digite aqui sua ideia de negócio
Exemplo: restaurante, salão de beleza, lava-jato a seco, oficina mecânica
Encontre por Segmento
Ideias de A a Z
Economia Criativa
Metal Mecânico
Moda
Veículos
Artesanato
Mercearia e Supermercados
Mercado Digital
Pecuária
Beleza
Turismo
Alimentos e Bebidas
Agricultura
Madeira e Móveis
Construção
Saúde e bem-estar
Petroquímico e Mineração

FIGURA 8-2: Setores atendidos pelo Sebrae.

Academia	Eventos	Bebidas
Agroenergia	Farmácias	Beleza/ Bijouteria
Alimentação	Finanças	Biotecnologia
Apicultura	Floricultura	Bovinocultura
Artes visuais	Bens de capital	Café
Artesanato	Bens de consumo	Carne
Audiovisual	Leite e derivados	Cervejaria
Automotivo	Logística	Comércio Varejo
Autopeças	Madeira e móveis	Construção
Franquias	Metal mecânica	Cosméticos
Fruticultura	Minimercados	Calçados
Serviço	Ovinocaprinocultura	Design
TICs	Petróleo e gás	Música
Turismo	Química e plásticos	Panificação
Vestuário	Rochas ornamentais	Papelaria
Games	Têxtil e confecções	
Energia	Saúde e bem-estar	

Outra dica bacana é o e-book "Informações de mercado a seu alcance". Elaborado pelo Sebrae nacional, ele mostra como pesquisar tendências e insights de mercado. Apresenta também um passo a passo para utilizar por conta própria ferramentas como Google Trends e Facebook Ads e identificar oportunidades, locais adequados para abrir a empresa e perfis de clientes, fornecedores e concorrentes. Para baixar gratuitamente, entre neste link descrito que você encontrará o arquivo em pdf: `http://goo.gl/f8CS3R` (em pdf).

Ideias Têm Proteção?

Uma questão que precisa ser esclarecida é que ainda existem muitos empreendedores que se preocupam em guardar sua ideia a sete chaves, com medo delas serem copiadas. Na verdade, poucas ideias são realmente inéditas. O Google, por exemplo, não foi o primeiro buscador na web, nem o Facebook, a primeira rede social. Mas estas empresas foram competentes o suficiente para se tornarem líderes de mercado. Portanto, uma boa ideia não tem nenhum valor. O que importa é a sua capacidade de execução.

A concepção de uma ideia não constitui trabalho intelectual a ser protegido.

DICA

COMO REALIZAR UMA PATENTE

Se você inventou uma nova tecnologia, seja para produto ou processo, pode buscar o direito a uma patente. A patente também vale para melhorias no uso ou fabricação de objetos de uso prático, como utensílios e ferramentas. Veja no site do INPI qual o processo para pedir a proteção de sua invenção por meio de uma patente: `http://www.inpi.gov.br/menu-servicos/patente`

Apenas a obra concretizada é que detém proteção. O direito de autor é claro em assegurar proteção à obra materializada, não a ideia que a originou. O entendimento é de que não se pode privar uma pessoa de criar sobre uma ideia, porque outra pessoa o fez anteriormente; caso contrário, teríamos toda a produção intelectual impedida de ser realizada.

Com efeito, o artigo 8º da Lei de Direitos Autorais aponta aquilo que não é objeto de proteção autoral, o que inclui os métodos e o aproveitamento comercial de ideias contidas em outras obras.

Art. 8º Não são objeto de proteção como direitos autorais de que trata esta Lei:

> *I - as ideias, procedimentos normativos, sistemas, métodos, projetos ou conceitos matemáticos como tais;*
>
> *II - os esquemas, planos ou regras para realizar atos mentais, jogos ou negócios;*
>
> *III - os formulários em branco para serem preenchidos por qualquer tipo de informação, científica ou não, e suas instruções;*
>
> *IV - os textos de tratados ou convenções, leis, decretos, regulamentos, decisões judiciais e demais atos oficiais;*
>
> *V - as informações de uso comum tais como calendários, agendas, cadastros ou legendas;*
>
> *VI - os nomes e títulos isolados;*
>
> *VII - o aproveitamento industrial ou comercial das ideias contidas nas obras.*

Tais ressalvas, claras, reafirmam o fato de que a difusão do conhecimento é absolutamente livre, e não o contrário.

Patentes

Mas, se as ideias não gozam de proteção legal, as marcas e os produtos não só podem como devem ser protegidos legalmente. Para isso, é preciso solicitar um registro no Instituto Nacional da Propriedade Industrial (INPI) para conseguir a propriedade intelectual do seu produto: a chamada PATENTE.

PIRÂMIDE DAS NECESSIDADES DE MASLOW

Abraham Harold Maslow foi um psicólogo americano, conhecido pela proposta Hierarquia de Necessidades de Maslow. Na teoria, Maslow apresentou uma teoria de motivação, que é organizada por necessidades humanas e dispostas em níveis. Esta hierarquia foi implementada em uma pirâmide de necessidades mais baixas a necessidades mais altas:

- **Necessidades fisiológicas:** O nível mais baixo de todas as necessidades humanas, mas de vital importância. Neste nível estão as necessidades de alimentação (fome e sede), de sono e repouso (cansaço), de abrigo (frio ou calor), o desejo sexual etc. As necessidades fisiológicas estão relacionadas com a sobrevivência do indivíduo e com a preservação da espécie.
- **Necessidades de segurança:** O segundo das necessidades humanas. São necessidades de segurança, estabilidade, busca de proteção contra ameaça ou privação e fuga do perigo. Surgem no comportamento quando as necessidades fisiológicas estão relativamente satisfeitas.
- **Necessidades sociais:** Dentre as necessidades sociais estão à necessidade de associação, de participação, de aceitação por parte dos companheiros, de troca de amizade, de afeto e de amor.
- **Necessidades de autoestima:** As necessidades relacionadas com a maneira pela qual o indivíduo se vê e se avalia. Envolve a autoapreciação, a autoconfiança, a necessidade de aprovação social e de respeito, de status, de prestígio e de consideração. Inclui ainda o desejo de força e de adequação, de confiança perante o mundo, independência e autonomia.
- **Necessidades de autorrealização:** Estão no topo da hierarquia e são as necessidades humanas mais elevadas. Estão relacionadas com a realização do próprio potencial e autodesenvolvimento contínuo. Essa tendência se expressa por meio do impulso que a pessoa tem para tornar-se sempre mais do que é e de vir a ser tudo o que pode ser.

O empreendedor brasileiro ainda não tem muita cultura e familiaridade com o tema. Os brasileiros depositam uma quantidade irrisória de pedidos de patente: cerca de 1% do que é depositado pelos empreendedores nos EUA todos os anos.

Uma patente é uma concessão pública que reconhece direitos de propriedade e uso exclusivo para uma invenção descrita amplamente. Ela garante a seu titular a exclusividade ao explorar comercialmente sua criação. Os direitos exclusivos garantidos pela patente referem-se ao direito de prevenção de outros de fabricarem, usarem, venderem, oferecerem ou importarem a dita invenção.

Trata-se de um privilégio concedido pelo Estado aos inventores (pessoas física ou jurídica) detentores do direito de invenção de produtos e processos de fabricação, ou aperfeiçoamento de algum já existente.

No Brasil, o pedido de concessão de patente deve ser feito ao Instituto Nacional da Propriedade Industrial (INPI), autarquia federal vinculada ao Ministério do Desenvolvimento, Indústria e Comércio Exterior, que julgará sua validade com base nas disposições da Lei da Propriedade Industrial, nº. 9.279, de 14 de maio de 1996.

Para fins de patente, a invenção precisa enquadrar-se em uma das seguintes naturezas e modalidades:

» Privilégio de invenção: A invenção deve ser novidade e ter aplicação industrial.

» Modelo de utilidade: Nova forma ou disposição, envolvendo ato inventivo que resulte em melhoria funcional do objeto.

Podem ser patenteados:

» A invenção que atenda aos requisitos de novidade, atividade inventiva e aplicação industrial;

» O modelo de utilidade que seja objeto de uso prático, ou parte deste;

» O modelo de utilidade que seja suscetível de aplicação industrial;

» O modelo de utilidade que apresente nova forma ou disposição, envolvendo ato inventivo;

» O modelo de utilidade que resulte em melhoria funcional no seu uso ou em sua fabricação.

Detectando uma Oportunidade

Já vimos anteriormente que ter uma ideia na cabeça não é sinônimo de oportunidade de negócio. Ideias todo mundo tem, mas será que aquela que você garimpou nas pesquisas e observação da realidade vai ter o sucesso que espera?

Para responder a essa pergunta, você precisa encontrar uma real necessidade de mercado e encontrar uma solução que tenha um público disposto a pagar por isso. É o que chamamos da busca pelo casamento da empresa com o mercado.

A chave para este casamento é encontrar e definir muito bem o problema ou necessidade que pretende resolver. E é importante saber que problema e necessidade são coisas diferentes. O problema resolve uma questão, como por exemplo: "Como falar com a minha mãe que está em outra cidade?"

Já a necessidade está ligada a desejo, ou seja, estados emocionais, como por exemplo, comprar um smartphone de última geração, sendo que o problema pode ser resolvido com um telefone simples. A necessidade dos consumidores pode estar ligada a experiências, ideias, informações ou qualquer benefício oferecidos que são intangíveis. Veja no quadro a seguir a teoria das Necessidades segundo a Pirâmide de Maslow.

A dica agora é criar um enunciado para o problema ou necessidade. Antes, se preocupe em responder o máximo de perguntas possíveis sobre a questão, como por exemplo:

- » Quem é seu público-alvo?
- » Quais suas expectativas e necessidades?
- » Qual a dor desse público-alvo?
- » Como ele resolve este problema atualmente?
- » Qual a necessidade que você quer resolver?
- » Como isto é feito hoje?
- » Que alternativas esses clientes potenciais têm atualmente para satisfazer suas necessidades?
- » Quais são os fornecedores das soluções alternativas?

Enquanto estas respostas não estiverem claras, é porque você não tem todas as informações de que precisa. Então, faça mais pesquisas, analise o mercado e se cerque do maior número de informações possíveis.

Sugiro que depois de coletar todas as respostas, você tente resumir todas as informações em um enunciado que terá uma conexão direta com o consumidor. Ele será o farol que o ajudará a manter o negócio no rumo certo mesmo em momentos de dúvida e incerteza.

E, nunca se esqueça, um negócio só é bom de verdade se ele realmente for bom para VOCÊ e estiver alinhado com o seu perfil empreendedor. E aí está a mágica do empreendedorismo: conseguir vislumbrar um negócio que represente um propósito de vida.

Da Oportunidade ao Negócio

Chegando neste ponto, você pode notar que ter ideias é fácil, difícil é achar aquela ideia que vira uma boa oportunidade de negócio. Depois de mergulhar no universo do seu público-alvo, estudar suas características e comportamentos, encontrar uma necessidade ou problema do seu futuro cliente, é hora de vislumbrar soluções.

Como você pode ver, a ideia já não é mais o ponto de partida do seu negócio. Ela foi apenas a provocação para que encontrasse a DOR (= a oportunidade) do seu público-alvo e achasse uma solução eficaz e viável para transformar isso em uma solução viável (= um negócio).

Uma boa dica para a fase de busca de soluções é usar a conhecida técnica conhecida como brainstorm (em português, tempestade de ideias). Trata-se de uma dinâmica feita normalmente em grupo que tem como objetivo gerar o maior número de soluções possíveis para uma questão.

O brainstorming é feito por meio da associação de ideias e explora o potencial criativo de muitas pessoas em conjunto, favorecendo o grupo a pensar fora da caixa. A técnica considera três fases distintas:

1. **Fase 1: GERAÇÃO DE IDEIAS**

   Nesta etapa, é escolhido um local adequado e um grupo de pessoas para participar da dinâmica. Então, escolhe-se um facilitador para o processo e define-se um objetivo, como, por exemplo: como resolver o problema da alimentação na escola para crianças com diabetes (para entender como definir o problema, volte ao início deste capítulo). A partir daí, abre-se espaço para a geração de múltiplas ideias, sem nenhuma censura.

2. **Fase 2: REGISTRO DAS IDEIAS**

   As ideias levantadas devem ser recolhidas pelo facilitador, que registra todas as hipóteses em um quadro, cartaz ou local visível para todos os participantes. Nesta fase, o facilitador não filtra as ideias, apenas anota.

3. Fase 3: AVALIAÇÃO DAS IDEIAS PROPOSTAS

Agora começa a fase em que as ideias duplicadas ou fora do objetivo determinado são descartadas pelos participantes com a ajuda do facilitador. Das ideias restantes, seleciona-se aquelas mais viáveis escolhidas pelo grupo para que passe pelo processo de validação. Um ponto importante a destacar é que nem toda solução poderá ser transformada em negócio. Para isso, existe o que chamamos de filtro de viabilidade.

Filtro de Viabilidade

É comum na fase do brainstorm que os empreendedores fiquem tão maravilhados com as soluções propostas que se esquecem do problema que gostariam de resolver e acabam se perdendo na evolução do negócio.

Por isso, para que uma ideia seja considerada uma oportunidade de negócio, é preciso que ela passe pelo filtro de viabilidade, ou seja, tenha um benefício claro para o cliente, atinja uma quantidade considerável de pessoas e seja viável técnica e financeiramente.

Segundo o especialista em empreendedorismo e professor da FGV-SP, Gilberto Sarfati, para fazer esta avaliação de uma forma estruturada, é necessário responder às seguintes questões:

- Qual mercado sua ideia atende? Ele é grande o suficiente para comprar a solução proposta?
- Qual o retorno econômico que a solução pode proporcionar?
- A solução apresenta diferenciação em relação aos competidores?Quais as vantagens competitivas?
- Há uma equipe capaz de executar tecnicamente a solução?
- Existe possibilidade de a ideia ser replicada? Ela tem escalabilidade?

É importante que esta etapa seja feita com o máximo de objetividade, sem apego à solução proposta. Se uma ideia não passar pelo filtro, tenta-se outra até achar uma que tenha hipótese de ser viável. Note que ainda estamos falando de hipóteses. As ideias, mesmo aquelas que passam pelo filtro, precisam ser testadas com clientes reais.

Depois que a solução passa pelo filtro de viabilidade, é importante descrever de uma forma sucinta e objetiva a solução que o produto ou serviço irá oferecer, destacando o mercado a ser atendido, os benefícios que serão entregues aos clientes e os diferenciais em relação à concorrência. Esta descrição deve ser sucinta e será muito útil para a fase da apresentação da ideia, ou do Pitch (veja mais no Capítulo 11).

Fase 3: AVALIAÇÃO DAS IDEIAS PROPOSTAS

Filtro de Viabilidade

NESTE CAPÍTULO

» O modelo de negócios

» Entendendo a metodologia do Lean Startup

» Como criar um MVP e validar no mercado

» Desenvolvimento de clientes

» Entendendo o que é e como pivotar

Capítulo 9

Modelo de Negócios e Validação no Mercado

"Modelos de negócios descrevem a lógica de como uma organização cria, entrega e captura valor."

ALEX OSTERWALDER

— Criador do Business Model Canvas

A Criação de Valor

Qual a função de uma empresa na sociedade? Alguns falarão que é gerar lucro, outros dirão que é fazer a diferença na vida das pessoas ou ser sustentável e socialmente responsável, mas todos concordarão que o principal objetivo de uma empresa é GERAR, ENTREGAR E CAPTURAR VALOR. Ou seja, a principal razão de ser de um negócio é oferecer solução para uma "dor" na sociedade e encontrar clientes dispostos a pagar por ela.

E quando falamos em criação de valor, estamos destacando o Modelo de Negócios de uma empresa. Se antes, ele era definido a partir de um plano de negócios, hoje ele pode ser desenvolvido de diferentes formas.

Com as transformações que a sociedade tem passado nos últimos anos, as empresas precisam estar atentas em gerar valor para si e para os clientes de forma ágil e consistente. Por isso, em vez de redigir um plano de negócios que detalhe tudo sobre a empresa, desde a análise da concorrência às projeções financeiras, surgiram métodos ágeis para comprovar hipóteses, modelos de negócios e mostrar como a empresa gera valor, obtém lucro e se mantém sustentável. Métodos como Effectuation, Lean Startup, Business Model Generation e Desenvolvimento de Clientes passaram a dominar os processos de criação de uma empresa.

Uma das ferramentas mais difundidas e utilizadas por empreendedores de todo o mundo é o Business Model Generation (BMG), criada pelos especialistas Alexander Osterwalder e Yves Pigneur, que apresenta como definir um modelo de negócio. A ferramenta permite ao empreendedor visualizar a empresa ainda não criada de forma integrada e sistêmica, relacionando suas principais funções.

A base do BMG é um quadro chamado Canvas, que contém nove blocos e traz objetivamente os pilares essenciais de uma empresa e representa os processos e estratégias de uma empresa. São eles: segmento de clientes, proposta de valor, relacionamento, canais de vendas, fontes de receita, estrutura de custos, parcerias, recursos e atividades-chave. Veja abaixo o detalhamento de cada um dos nove blocos contidos no Canvas:

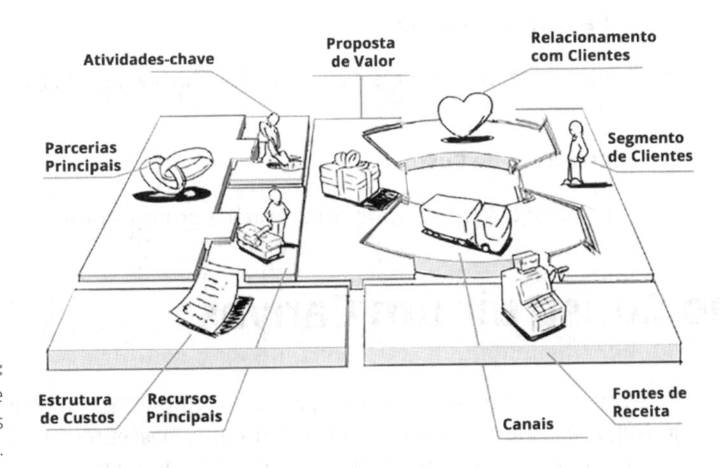

FIGURA 9-1: Modelo de negócios Canvas.

1. **Proposta de Valor**

   Definir o produto ou serviço e o valor para os clientes. O valor é a razão ou o motivo pelo qual os clientes se interessam e adquirem os produtos e serviços.

2. **Segmento de Clientes**

   Definir quem são os clientes que se pretende atender. Eles têm um perfil específico? Como estão agrupados? Onde estão localizados? Há uma necessidade comum?

3. **Canais**

   Definir de que forma os produtos serão conhecidos, como chegarão aos clientes e como os clientes irão interagir com o negócio.

4. **Relacionamento com Clientes**

   Definir como fazer para conquistar e manter uma boa relação com os clientes.

5. **Fontes de Receita**

   Definir como e quanto se pagará pelos produtos.

6. **Recursos Principais**

   Relacionar os recursos necessários para realizar a proposta de valor, para fazer o negócio funcionar.

7. **Atividades-chave**

   Relacionar as ações necessárias para a realização da proposta de valor.

8. **Parcerias Principais**

Identificar fornecedores e parceiros para apoiar a realização da proposta de valor.

9. **Estrutura de Custos**

Levantar o que será gasto para realizar a proposta de valor.

Como Construir um Canvas

DICA

O Canvas é a ferramenta sugerida para criação, revisão e ajuste do Modelo de Negócios. Ele pode ser feito por empresas nascentes ou já existentes que desejam melhorar e inovar seus modelos de negócios. A ferramenta permite visualizar o negócio de forma integrada. Essa característica visual simplifica o entendimento do negócio e facilita a colaboração no processo de cocriação. É recomendável fazê-lo em equipe para ampliar o processo de colaboração e também com um bom tempo disponível para reflexão e discussão.

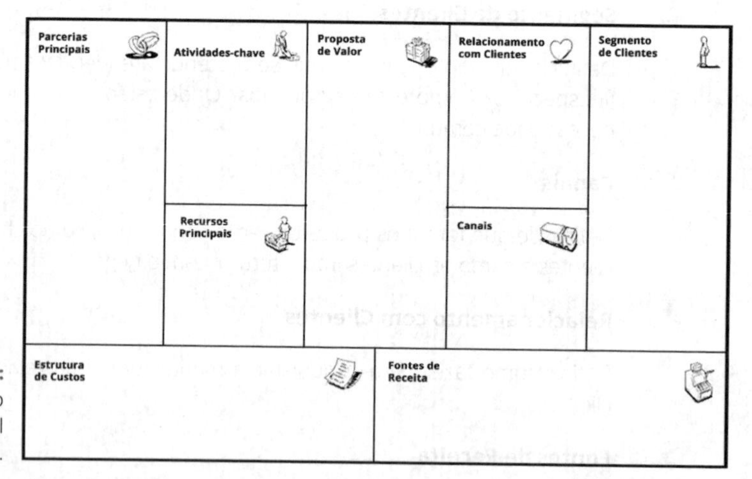

FIGURA 9-2: Modelo tradicional do Canvas.

O modelo visual do Canvas trabalha os pilares básicos de uma empresa: infraestrutura, oferta, cliente e finanças. A infraestrutura diz respeito à avaliação dos recursos disponíveis para se chegar a um valor do produto para o cliente. A oferta se refere ao produto ou serviço oferecido ao consumidor e sua proposta de valor. O pilar do cliente é composto pelo público-alvo, canais de contato com o consumidor (distribuição e marketing) e o relacionamento estabelecido durante e após a venda. As finanças abrangem os custos gerais e as fontes de receita da empresa.

DICA

A BÍBLIA DO EMPREENDEDORISMO

O livro Business Model Generation — Inovação em Modelos de Negócios é uma referência obrigatória para empreendedores. Conhecida pela sigla BMG (em inglês, "geração de modelo de negócio"), a ferramenta Canvas ajuda a visualizar itens-chave de uma empresa e a pensar em novas formas para agregar valor aos clientes.

Autores: Alexander Osterwalder, Yves Pigneur
Editora Alta Books

Em cada bloco, anote ideias e analise a correlação entre elas. Esse é o caminho para descobrir como se diferenciar, como reduzir custos e como obter receitas. Crie com liberdade, sem medo de errar. Aliás, é nessa fase que poderá visualizar os erros sem qualquer consequência prática.

O Canvas pode ser baixado online no site do Business Model Generation (em inglês) ou no site do Sebrae (`www.sebraecanvas.com`). Durante o processo, utillize *post-its* (papeizinhos autocolantes, preferencialmente em cores diferentes) que facilitam o preenchimento dos campos e porque é possível mudá-los de lugar quantas vezes quiser, até chegar no melhor formato possível para o modelo de negócio.

Com o Canvas preenchido é recomendável que ele fique visível a todos os colaboradores da empresa, como em um mural no escritório, para que todos tenham uma visão completa do negócio e isso incentive a reflexão sobre aspectos que podem ser melhorados.

Lean Startup

Seja sincero: você acha que desenvolver um Canvas é suficiente para validar o seu modelo de negócios? Espero que sua resposta seja não, afinal, o que tem até agora são apenas hipóteses de um negócio. E, como costumam dizer, o papel aceita tudo. Mas nada substitui a prova de mercado. E um negócio só vira realidade quando é colocado em prática e testado com clientes reais.

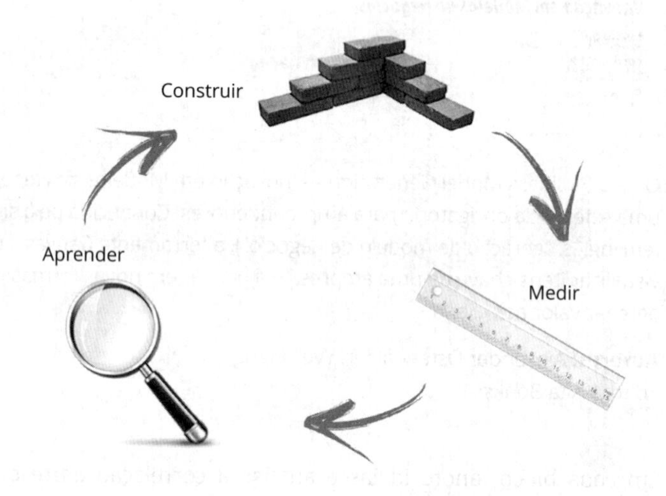

FIGURA 9-3: O conceito do Lean Startup.

Como já dissemos, as metodologias ágeis têm mudado o cenário empreendedor em todo o mundo, transformando a maneira como os novos produtos são criados, desenvolvidos e lançados. Uma das mais conhecidas é a Lean Startup que significa, em tradução livre, "Startup Enxuta". Criada por Eric Ries em 2010, esse método usa a lógica da experimentação e tem como principal conceito a tríade Construir — Medir — Aprender (Build, Measure, Learn, em inglês). Segundo a metodologia, as atividades fundamentais de uma startup são transformar ideias em produtos, medir como os consumidores reagem e aprender se é o caso de "pivotar" ou perseverar. Todos os processos de startups bem-sucedidas devem ser voltados a acelerar este ciclo.

O conceito do Lean Startup une ideias de marketing, tecnologia e gestão para eliminar desperdícios nos processos e acelerar o desenvolvimento de startups, que buscam seus modelos de negócios enquanto criam protótipos e ouvem os clientes. O método ajuda a ter agilidade para testar a ideia de forma rápida e econômica. Embora tenha poucos anos de vida, seus conceitos como MVP ou prototipagem, desenvolvimento de clientes e pivot ganharam o mundo do empreendedorismo inovador. Vamos ver cada uma dessas fases detalhadamente:

MVP

O MVP ou mínimo produto viável é uma versão simplificada de um produto ou serviço. Com o MVP é possível validar hipóteses de negócios pensadas durante a execução do Canvas sem os grandes gastos de lançar um produto finalizado no mercado. Com ele, também é possível pensar no registro de patente, antecipar problemas e até mudar a estratégia do negócio.

A prototipagem é fundamental para que o empreendedor recolha opiniões dos consumidores para validar seu modelo de negócios. É nessa fase que ele verifica se o produto ou serviço interessa aos possíveis usuários. São os resultados coletados como feedback que realimenta o processo de desenvolvimento em busca de novas versões até encontrar o produto ideal, reduzindo riscos e incertezas e economizando tempo e recursos.

Se o MVP não é aceito pelos consumidores na fase de testes, é preciso reconstruir o projeto junto com esses clientes. A ideia é obter um produto ou serviço alinhado com os interesses do seu público-alvo. É importante lembrar que este é o momento ideal para fazer ajustes, corrigir erros e, acima de tudo, gerar aprendizado.

TIPOS DE MVP

Existem diversos tipos de Produto Mínimo Viável. Pode ser um protótipo, um site, um serviço piloto ou algo que o futuro cliente possa entender. Veja os tipos de MVPs existentes:

- **MVP Fumaça: Um simples anúncio ou landing page do produto/serviço. Tem o objetivo de fazer uma rápida divulgação da ideia.**
- **MVP Concierge: Focado em conseguir os primeiros clientes e com total atenção da equipe. Esse tipo de MVP não permite grande escala, mas traz muito conhecimento das necessidades dos clientes, permitindo ajustar a ideia ao modelo mais adequado antes de escalar.**
- **MVP Mágico de Oz: Antes de programar as automatizações do produto/serviço, coloca-se pessoas executando "atrás das cortinas" grande parte das tarefas, até definir o que é essencial para o produto atender às necessidades dos clientes dispostos a pagar.**
- **MVPs duplos: Duas versões diferentes de MVP são lançadas ao mesmo tempo, a fim de testar se são provocados diferentes comportamentos nos clientes.**
- **MVP Protótipo: Constrói-se um protótipo funcional para realizar os testes necessários com clientes.**

Customer Developer

Na fase de desenvolvimento de clientes, o empreendedor conversa com potenciais usuários, compradores e parceiros e conforme os feedbacks vão chegando, faz ajustes no produto, no preço, nos canais de distribuição ou até na estratégia do negócio.

Baseado no livro Do Sonho à Realização em 4 Passos, do guru do Vale do Silício Steve Blank, o Customer Development fornece um processo para criação de produtos e ajuste do produto ao mercado, fundamentais para validar as hipóteses criadas na construção do Modelo de Negócios, feito no Canvas.

Os quatro passos essenciais para o Desenvolvimento do Cliente são:

- **Descoberta do cliente:** Descubra a intenção dos fundadores e transforme em medidas para testar a reação dos clientes.
- **Validação pelo cliente:** Verifique os resultados. Se necessário, volte ao passo anterior.
- **Geração de demanda:** Chegou a hora de executar seu plano.
- **Estrutura da empresa:** A transformação de uma startup em uma empresa focada na execução de um modelo aprovado.

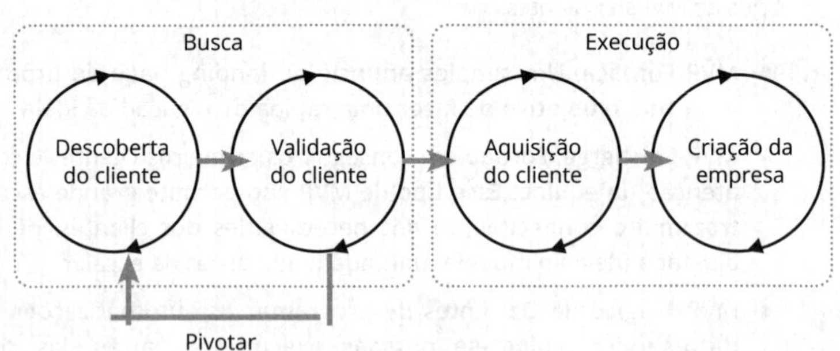

FIGURA 9-4: Os quatro passos para o desenvolvimento do cliente.

Fonte: Blank e Dorf. 2012. p. 23

Pivotar

Quando o empreendedor passa pelo processo de desenvolvimento do cliente e conquista clientes que utilizam e pagam por seu produto ou serviço é o momento de efetivamente criar uma empresa. Se isto não ocorrer, o empreendedor deve "pivotar" e criar um novo produto mínimo viável para tentar "descobrir" outros potenciais consumidores.

O MÉTODO LEAN

Na vanguarda do empreendedorismo do século XXI, Eric Ries criou uma abordagem revolucionária que está transformando a maneira como os novos produtos são criados, desenvolvidos e lançados.

Eric Ries é um empreendedor do Vale do Silício que cofundou duas startups e se inspirou em outra lenda da região, o professor da Universidade de Stanford, Steve Blank, para desenvolver a metodologia do Lean Startup.

O Lean Startup virou uma espécie de filosofia, sendo inclusive utilizada por grandes empresas para o desenvolvimento de novos produtos. Uma startup enxuta não parte com um plano de negócios, mas com a busca por um modelo de negócios. O empreendedor só vai se concentrar na execução depois de rápidas rodadas de teste e feedback terem revelado um modelo que funciona. A ideia é buscar estratégias que evitem o desperdício de tempo, de recursos e de dinheiro e focar o que é realmente importante para elas, que é encontrar um modelo de negócios escalável e repetível.

Ries afirma que uma startup ou o lançamento de um novo produto se assemelha a uma viagem de carro na qual você tem um caminho em mente e um destino definido, porém você não sabe o que vai acontecer durante o trajeto. Pode ser que haja um acidente em uma determinada rua e você precise mudar a rota para conseguir chegar ao seu destino/objetivo.

No livro, Ries traz histórias da vida real e lições aprendidas de algumas das empresas e startups que conseguiram ter sucesso ao focar no aprendizado e na correção do percurso à medida que os obstáculos foram aparecendo. Entre elas estão a Kodak, Apple, Votizen, Dropbox e a própria IMVU.

PAPO DE ESPECIALISTA

A palavra "pivot" faz analogia à função do pivô no basquete: ele normalmente mantém uma das pernas fixas, observa e gira em torno do seu eixo para explorar diferentes opções de passe.

No universo do empreendedorismo, pivotar significa girar em outra direção e testar novas hipóteses de modelos de negócios. Para as startups que têm custos baixos, pivotar é uma ótima forma de se readaptar ao mercado e encontrar um modelo mais escalável. Mas, diferente de desistir de um projeto para começar outro, no pivot você reaproveita os ativos da empresa para construir uma nova estratégia. Lembre-se de que pivotar é girar sobre o próprio eixo, ou seja, sempre leve em conta a experiência e capacidade adquiridas pela startup.

TABELA 9-1 **Duas Abordagens para Criação de Negócios**

	Lean Startup	Método tradicional
Estratégia	Baseada em hipóteses, utiliza modelo de negócios.	Baseada em implementação, utiliza plano de negócios.
Velocidade	Busca ser rápida e opera com dados suficientes para a ação.	Pausada e opera apenas com dados completos para a ação.
Criação de produto	Testa hipótese no mercado e absorve feedbacks de consumidores no processo.	Prepara o produto para o mercado, com um plano linear.
Insucesso	Utiliza o método de "pivotar", ou seja, inverte o curso oferecendo novas possibilidades de produtos.	Muitas vezes a solução é demitir o executivo ou abandonar por completo o projeto.
Engenharia	Desenvolvimento ágil, criar produto com processo iterativo e incremental.	Especificar totalmente o produto de antemão.
Organização	Equipe de desenvolvimento ágil e com cliente. Contratar gente ágil, veloz, capaz de aprender.	Departamentos por função. Contratar gente experiente e capaz de executar.
Resultados financeiros	Métricas que importam: custo de aquisição de clientes, valor vitalício de clientes, perda (churn) e viralidade.	Contabilidade, Demonstração de Resultados, Balanço Patrimonial, Demonstração de Fluxo de Caixa.

NESTE CAPÍTULO

» Aprendendo o que é um plano de negócios

» Entendendo a função de um plano de negócios

» Aprendendo a fazer um plano de marketing, operacional e financeiro

» Detalhando todas as fases na estruturação de um plano

Capítulo 10

Plano de Negócios

"Um objetivo sem um plano é apenas um desejo"

ANTOINE DE SAINT-EXUPERY

— *Escritor*

Por muito tempo, o plano de negócios se tornou onipresente em todos os cursos de empreendedorismo e iniciativas de apoio ao empreendedor. Mas com a velocidade das transformações que vivenciamos nos negócios e com a necessidade urgente de definir um modelo de negócios, antes mesmo de lançar uma empresa, o plano de negócios foi relegado a um segundo plano. Até as universidades e faculdades de Administração se renderam às novas metodologias como Lean Startups e Business Model Generation (Canvas) para ensinar os novos empreendedores. O Plano de Negócio passou a ser uma ferramenta de planejamento estratégico e detalhamento de mercado, concorrência e projeções de faturamento, custos e despesas.

O que É um Plano de Negócios?

Planos de negócio são usados há séculos para detalhar como uma empresa pretende atingir suas metas e criar valor. Um plano de negócios é um documento que descreve os objetivos do empreendimento e os passos que serão dados para alcançá-los, reduzindo assim os riscos e incertezas. Ele também permite identificar e restringir os erros ao papel, evitando que sejam cometidos no mercado.

Um plano consistente comunica claramente toda a essência da empresa e funciona como um mapa para orientar o empreendedor não somente na abertura, mas também no desenvolvimento do negócio.

Também é possível usar o plano de negócios para vários fins. Tanto internamente, como ferramenta de acompanhamento, planejamento, gestão, como externamente para buscar recursos de investidores, agências de fomentos (como FINEP ou Fapesp) ou participar de concursos.

O plano de negócios também é útil para captar recursos humanos, conquistar parcerias e apresentar a empresa a um investidor ou sócio em potencial. Mas ele deve ser feito principalmente para o empreendedor, como um exercício de planejamento e motivação para tração e crescimento do negócio.

Em resumo, a elaboração de um plano de negócios serve para diversas situações e finalidades e pode ser feito para/por:

- Empresas nascentes
- Empresas já constituídas
- Um novo produto ou serviço
- Uma nova unidade da empresa
- Captação de recursos, entre outros

O Plano de Negócios Funciona como um Mapa

Assim como já dissemos, o plano de negócios é útil para empresas em início de operação, mas ele também serve para as empresas já estabelecidas que queiram se organizar, crescer, ampliar a gama de produtos ou serviços ou mesmo começar a oferecer algo novo.

O plano de negócios também pode funcionar como uma ferramenta de gerenciamento já que ele é capaz de melhorar a eficiência da empresa quando faz uma análise detalhada de todos os processos da mesma.

O exercício de listar prós e contras, aliás, é recomendado como um balanço a ser feito depois de certos períodos, mesmo quando o negócio está prosperando, caminhando a passos seguros rumo ao sucesso.

No dia a dia turbulento de um negócio, com muito trabalho e pouco tempo livre, nem sempre o empreendedor lembra de responder estas importantes questões como: "A empresa está no rumo certo?", "Como posso melhorar?", "Onde minha empresa estará daqui a cinco anos?" e recobrando aquilo que foi proposto no plano de negócios inicial, ele poderá chegar a conclusões que certamente vão ajudar a tomar boas decisões.

Como Elaborar um Plano

O plano de negócios é um documento com cerca de 40 páginas que tem como objetivo principal definir o que a empresa faz e onde ela quer chegar. Ele descreve a ideia do novo empreendimento e projeta os aspectos mercadológicos, operacionais e financeiros dos negócios propostos para os primeiros três a cinco anos.

É importante o empreendedor ter em mente que o plano de negócios fala por ele e pela empresa, portanto, quanto melhor a apresentação e aparência e quanto mais clara as informações nele contidas, melhores os resultados que produzirá. Um documento organizado também facilita a consulta e o uso do plano como uma ferramenta de decisão.

A coleta de informações sobre o mercado é o primeiro passo para elaborar um bom plano de negócios. Perfil do público-alvo, necessidades não atendidas, produtos e serviços oferecidos, competidores, fornecedores são elementos que ajudarão a definir estratégias para se posicionar corretamente. Em geral, um plano de negócios completo possui a descrição da empresa, o plano de produtos e serviços, o plano de marketing, operacional, financeiro e jurídico.

Elaborar um plano de negócios fará com que o empreendedor pesquise clientes, concorrentes, analise custos, defina estratégias e veja seu negócio e o ambiente em que ele está inserido como um todo, para então colocar tais ideias, informações e aprendizados em um documento que servirá como guia e mapa para a visão de futuro do seu empreendimento. Com esse mapa, chamado planejamento, outros poderão compreender sua visão sobre cada aspecto do que se quer empreender, se motivar e poder contribuir com ideias, recursos ou contatos.

LEMBRE-SE

ESTRUTURA BÁSICA DE UM PLANO DE NEGÓCIOS

- Sumário Executivo
- Análise de Mercado
- Plano de Marketing
- Plano Operacional
- Plano Financeiro
- Estratégia e Construção de Cenários
- Apêndice

Mesmo que as primeiras versões de seu plano tendam a conter apenas linhas gerais sobre sua ideia e seu empreendimento, não há nada de errado nisso. Com o tempo e à medida que você avança nessa caminhada que é empreender seu plano tende a ficar mais completo e robusto.

Conforme as ações previstas são concretizadas, é possível que o empreendedor modifique e atualize o plano, aprendendo com os erros e planejando outros caminhos para a empresa. O plano de negócios deve ser uma ferramenta dinâmica e um documento aberto para ser alterado conforme a necessidade ou para atender demandas de clientes e para se adaptar a novos comportamentos do mercado.

O Sebrae nacional e os estaduais possuem ferramentas para apoiar os micro e pequenos empresários a construir seu plano de negócios. São roteiros que ajudam a planejar a empresa de forma detalhada com roteiros, softwares e dicas de especialistas. Veja mais no site da instituição.

A seguir, você encontrará mais informações sobre cada uma das etapas da preparação do plano.

Sumário Executivo

Esta é a primeira parte que será lida por um eventual investidor por isso nunca deve deixar de explicitar a oportunidade única de se investir no negócio. Esta parte deve conter os pontos principais e mais interessantes do plano, como:

- » O que é o negócio
- » Quais são os principais produtos e/ou serviços
- » Quem são seus principais clientes

- Onde está localizada a empresa
- O montante de capital a ser investido
- Qual será o faturamento mensal
- Que lucro espera obter do negócio
- Em quanto tempo o capital investido deve retornar
- Responsáveis e suas competências: Informações sobre os responsáveis pela administração do negócio. Destaque conhecimentos, habilidades e experiências anteriores
- Dados do empreendimento: O nome da empresa, o número do CNPJ
- Missão da empresa
- Setores de atividades: Em qual setor sua empresa atua: agropecuária, indústria, comércio ou prestação de serviços
- Forma jurídica: Como a empresa está juridicamente constituída, escritório jurídico que representa a empresa, licenças e permissões legais
- Enquadramento tributário: Como a empresa irá calcular o recolhimento de impostos
- Capital social: Representado por todos os recursos (dinheiro, equipamentos etc.) colocado pelos proprietários do negócio.
- Estrutura de capitalização: Quem faz parte da sociedade, as necessidades de capital de terceiros, a forma de remuneração e as estratégias de saída.

Análise de Mercado

Esta é uma das etapas mais importantes da elaboração do plano. Desta etapa sairão as estratégias e diferenciais do novo negócio, além de ser o principal indicador de viabilidade de implantação da nova ideia. Conhecer o mercado significa mais do que simplesmente identificar o potencial de demanda por um produto ou serviço. O mercado é formado pelo conjunto de agentes que interagem com o negócio, e isso envolve clientes, fornecedores e também concorrentes.

Lembre-se, uma empresa só é viável quando tem clientes em quantidade e com poder de compra suficiente para realizar vendas que cubram as despesas, gerando lucro.

OS PRINCIPAIS SETORES DA ECONOMIA

Agropecuária: São os negócios cuja atividade principal diz respeito ao cultivo do solo para a produção de vegetais (legumes, hortaliças, sementes, frutos, cereais etc.) ou a criação e tratamento de animais. Exemplos: plantio de pimenta, cultivo de laranja, apicultura.

Indústria: São as empresas que transformam matérias-primas em produtos acabados com auxílio de máquinas ou manualmente. Abrange desde o artesanato até a moderna produção de instrumentos eletrônicos. Exemplos: fábrica de móveis, confecção de roupas, marcenaria.

Comércio: São as empresas que vendem mercadorias diretamente ao consumidor — no caso do comércio varejista — ou aquelas que compram do fabricante para vender para o varejo — comércio atacadista. Exemplo: papelaria, lanchonete, loja de roupas, distribuidora de bebidas.

Prestação de serviços: São as empresas cujas atividades não resultam na entrega de mercadorias e sim no oferecimento do próprio trabalho ao consumidor. Exemplo: lavanderia, oficina mecânica, escola infantil.

Mercado consumidor

Formado pelos clientes dos produtos ou serviços que a empresa pretende oferecer. Uma pesquisa bem formulada pode fornecer importantes impressões sobre a conduta e as preferências dos compradores, permitindo evitar escolhas erradas ou falhas na especificação dos produtos e serviços do futuro negócio.

Você pode usar várias técnicas para pesquisar seus consumidores. Elas vão desde a aplicação de questionários, entrevistas e conversas informais com clientes potenciais à observação dos concorrentes.

Se o mercado consumidor for formado por pessoas físicas, identifique qual a faixa etária, gênero, atividade, renda, escolaridade, onde moram? Que quantidade e com qual frequência compram este tipo de produto ou serviço? Onde costumam comprar? O que levam os clientes a comprar este produto/serviço (preço, marca, atendimento, prazo).

Se forem pessoas jurídicas, descubra o ramo de atividade, produtos ou serviços, quantos funcionários, quanto tempo estão no mercado, se possuem filial, sua capacidade de pagamento e imagem no mercado.

Mercado fornecedor

A escolha de um segmento de mercado para atuar também deve passar pela avaliação dos fornecedores. Eles compreendem todas as pessoas ou empresas que fornecerão as matérias-primas e equipamentos utilizados para a fabricação ou venda de bens e serviços. Seu porte, diversidade, perfil de clientes e força econômica podem impactar diretamente na atividade da empresa.

Inicie o estudo levantando quem serão seus fornecedores de equipamentos, ferramentas, móveis, utensílios, matérias-primas, embalagens, mercadorias e serviços. Pesquise questões como preço, qualidade, condições de pagamento e prazo médio de entrega. Essas informações serão úteis para determinar o investimento inicial e as despesas do negócio.

Mas, lembre-se, empresas com base em um único fornecedor possuirão uma relação quase umbilical com este, de forma que o futuro da empresa dependerá em grande parte do desempenho do fornecedor. Uma maior diversidade de fornecedores permite negociações mais vantajosas e, normalmente, associadas com a presença de prazos, preços e condições de atendimento melhores.

Mercado concorrente

Formado por todos os agentes que oferecem produtos ou serviços substitutos ao da empresa. Conhecer os concorrentes a fundo, mapeá-los e acompanhar seus passos é fundamental para não ser surpreendido pelas suas iniciativas.

Também é importante avaliar o perfil da concorrência antes de iniciar um novo negócio, em mercados de grande concentração, as ações dos concorrentes costumam ser mais cruciais para o futuro do negócio do que o próprio mercado consumidor.

Você pode aprender lições importantes observando a atuação da concorrência, que são as empresas que atuam no mesmo ramo de atividade que você e que buscam satisfazer as necessidades de seus clientes. Procure identificar quem são seus principais concorrentes e enumere pontos fortes e fracos em relação a qualidade do material, preço cobrado, localização, condições de pagamento, atendimento prestado, serviços disponibilizados, garantias oferecidas.

Após fazer essas comparações, você conclui que sua empresa poderá competir com as outras? Quais os diferenciais que oferece em relação à concorrência?

Plano de Marketing

Aqui será descrito o setor, o mercado, as tendências, a forma de comercialização, distribuição e divulgação dos produtos, preços, concorrentes e vantagens competitivas. Veja mais informações no Capítulo 20.

Produtos e serviços

Descrição dos produtos e serviços oferecidos pela empresa (foto ou protótipo ajudam muito nisso), suas características, forma de uso, especificações, estágio de desenvolvimento, produtos e serviços adicionais previstos, proteção legal, risco de obsolescência.

Preço

É o que o consumidor está disposto a pagar pelo que a empresa oferecerá. A determinação do preço deve considerar os custos do produto ou serviço e ainda proporcionar o retorno desejado. Ao avaliar o quanto o consumidor está disposto a pagar, você pode verificar se seu preço será compatível com aquele praticado no mercado pelos concorrentes diretos.

Estratégia promocional

É toda a ação que tem como objetivo apresentar, informar, convencer ou lembrar aos clientes de comprar seus produtos ou serviços e não os dos concorrentes. Existem diversos tipos de divulgação. Use a criatividade para encontrar as melhores maneiras de divulgar seus produtos. Lembre-se que todas as formas de divulgação implicam custos.

Estrutura de comercialização

Diz respeito aos canais de distribuição, isto é, como seus produtos e/ou serviços chegarão até seus clientes. A empresa pode adotar uma série de canais para isso, como vendedores internos e externos, representantes etc.

Uma boa opção é montar uma boa equipe interna de vendas que conheça bem os produtos da empresa e as vantagens sobre a concorrência.

Localização do negócio

Neste momento, você deve identificar a melhor localização para a instalação de seu negócio e justificar os motivos da escolha desse local. A definição do ponto está diretamente relacionada com o ramo de atividades.

Para acertar na escolha da localização, analise o contrato de locação, as condições de pagamento e o prazo do aluguel do imóvel, verifique as condições de segurança, observe a facilidade de acesso, o nível de ruído, as condições de higiene e limpeza.

A compra de um imóvel para a instalação da empresa é uma opção pouco comum porque imobiliza a maior parte dos recursos, comprometendo os valores destinados para o capital de giro. Caso alugue um imóvel, não feche o contrato de locação sem antes verificar se no local é permitida a atividade desejada. Essa consulta é feita na prefeitura de sua cidade. Verifique também se há implicações em órgãos como a vigilância sanitária e o corpo de bombeiros.

Plano Operacional

Nesta fase o empreendedor precisa detalhar os principais processos produtivos, instalações, principais custos de produção, fontes, descrição do fluxo operacional, cadeia de suprimentos, controle de qualidade, serviços associados, logística e sistemas de gestão.

Por meio do arranjo físico, o empreendedor define como será a distribuição dos diversos setores da empresa como equipamentos, móveis e pessoas no espaço disponível. Um bom layout — que pode ser feito por um arquiteto — traz aumento de produtividade, diminuição do desperdício e do retrabalho, maior facilidade na localização dos produtos pelos clientes e melhoria na comunicação entre os setores e as pessoas.

É importante também estimar a capacidade produtiva instalada na empresa, isto é, o quanto pode ser produzido ou quantos clientes podem ser atendidos com a estrutura existente. É hora de considerar na projeção o volume de produção, de vendas, a disponibilidade financeira e o fornecimento de matérias-primas.

Feito isso, registre como serão feitas as várias atividades na empresa, descrevendo como será a fabricação dos produtos, a venda de mercadorias, a prestação de serviços e até mesmo as rotinas administrativas. Identifique que trabalhos serão realizados, quem serão os responsáveis, assim como os materiais e equipamentos necessários.

Faça também a estrutura organizacional, ou seja, como a empresa está organizada internamente, número de funcionários, principais posições, perfil dos profissionais.

Plano Financeiro

Nesta etapa, o empreendedor determinará o total de recursos a ser investido para que a empresa comece a funcionar. O investimento total é formado pelos investimentos fixos, capital de giro e investimentos pré-operacionais.

O investimento fixo corresponde a todos os bens que você deve comprar para que seu negócio possa funcionar de maneira apropriada. O capital de giro é o montante de recursos necessário para o funcionamento normal da empresa, compreendendo a compra de matérias-primas ou mercadorias, financiamento das vendas e o pagamento de despesas. Ao estimar o capital de giro para o começo das atividades da empresa, você deverá apurar o estoque inicial e o caixa mínimo necessário. E, por fim, os investimentos pré-operacionais compreendem os gastos realizados antes do início das atividades da empresa, como por exemplo, despesas com reforma, taxas de registro da empresa ou cursos e treinamentos.

Em resumo, o plano financeiro deve ter as seguintes estimativas abaixo, além de indicadores de viabilidade, como ponto de equilíbrio, lucratividade e rentabilidade e prazo do retorno do investimento.

Faturamento mensal da empresa:

- » Custo unitário de matéria-prima, materiais diretos e terceirizações
- » Custos de comercialização
- » Custos dos materiais diretos e/ou mercadorias vendidas
- » Custos com mão de obra
- » Custos de depreciação
- » Custos fixos operacionais mensais
- » Demonstrativo de resultados

Estratégia e Construção de Cenários

Esta é a última fase do plano, quando o empreendedor constrói cenários otimistas e pessimistas para a empresa nos anos futuros. Nesta fase, simule valores e situações diversas para a empresa. Prepare cenários pessimistas (queda nas vendas e/ou aumentos dos custos) ou otimistas (crescimento do faturamento e diminuição das despesas). A partir daí, pense em planos de contingência para evitar e prevenir-se frente às adversidades ou então para potencializar situações favoráveis.

Na construção de cenários é fundamental considerar que nos primeiros meses, as vendas poderão ser menores que o previsto, o início das atividades pode ser um pouco mais demorado e as estratégias de marketing podem não surtir os efeitos esperados.

Nesta fase você também pode fazer um planejamento estratégico da empresa em gestação ou então da empresa já existente. No Capítulo 25 falaremos com detalhes sobre o planejamento estratégico de uma empresa.

DICA

DICA DE LIVRO

O livro Plano de Negócio — Teoria Geral tem o objetivo de ensinar o leitor a analisar cada situação para desenvolver o plano de negócios mais adequado, dentro das suas capacidades e atendendo suas necessidades.

Escrito por Marcelo Nakagawa, um dos maiores especialistas de empreendedorismo do Brasil com linguagem didática e repleto de exemplos práticos, o livro é referência para professores, estudantes e todos os interessados em desenvolver planos de negócio. O livro é da Editora Manole.

NESTE CAPÍTULO

» Descobrindo de onde vem o dinheiro para financiar o início de uma empresa

» O passo a passo para conseguir um investimento

» Como fazer um pitch matador

» Descobrindo como ser um investidor

Capítulo 11
Investimento e Pitch

"Antes de avaliar a ideia, o investidor analisa o perfil do empreendedor."

CASSIO SPINA

— *Investidor-anjo*

Muitos empreendedores buscam descobrir o caminho ideal para a criação de uma startup de sucesso. E ele passa por desenvolvimento de um protótipo, teste, validação de mercado e apresentação do projeto a investidores. De todas estas etapas, uma das mais difíceis é levantar dinheiro para colocar de pé seu projeto.

De Onde Vem o Dinheiro

Segundo levantamento do Instituto Brasileiro de Mercado de Capitais (Ibmec), a maioria dos investimentos nos novos negócios vem de recursos próprios ou da ajuda de pais e amigos. É o chamado *bootstrap*, ou seja, uma forma de criar uma startup sem recorrer a financiamentos externos.

Outra fonte de recursos para o início de uma empresa pode vir de empréstimos bancários. Porém, esta é uma iniciativa que precisa ser considerada com cautela. Instituições financeiras cobram caro pelo crédito e exigem garantias para quem pedir o empréstimo. Por isso, os empreendedores que buscam pelo empréstimo bancário devem avaliar muito bem sua capacidade de pagá-los. Um planejamento errado pode deixar o empreendedor endividado.

É claro que existem as instituições financeiras, como o BNDES e bancos de microcrédito, que oferecem juros abaixo dos praticados pelos bancos normais e com prazos melhores, mas isso depende do projeto e da disponibilidade do recurso.

Outra forma de o empreendedor ter acesso a dinheiro é por meio de investidores, que financiam o negócio em troca de participação acionária. Essa modalidade aparece quando a startup é inovadora e tem capacidade de expansão rápida no mercado. Setores extremamente segmentados, negócios tradicionais ou prestadores de serviços não se enquadram na lista de interesses de investidores.

Normalmente os investimentos vão de 20 mil a centenas de milhões de reais. Isso varia de acordo com o estágio em que a startup se encontra e o recurso de que ela precisa para crescer. Veja a seguir os principais tipos de investidores:

» **Investidores-anjos:** É o primeiro degrau nesta modalidade. O investimento total por empresa é em média entre R$50 mil até R$500 mil. Os investidores-anjo geralmente são pessoas físicas (empresários, executivos e profissionais liberais) que estão interessados em ideias que já tenham um modelo de negócios e um produto mínimo testado e aprovado por potenciais clientes. Além dos recursos financeiros, os investidores-anjo atuam como mentores ou conselheiros das empresas nascentes, trazendo conhecimentos, experiência e network.

Segundo a Anjos do Brasil, organização sem fins lucrativos de fomento ao investimento-anjo e a mais conhecida do país, afirma que esta modalidade de investimento tem crescido de 11% a 15% ao ano. Em 2015, houve uma injeção de R$784 milhões nas empresas em estágio inicial do Brasil.

» **Capital semente (ou Seed capital):** É um dos modelos de capital de risco mais buscados pelos empreendedores. Está logo após o investimento-anjo, indo normalmente de R$500 mil a R$2 milhões. As empresas investidas nesta modalidade já possuem clientes e produtos definidos, mas ainda dependem de investimento para cobrir despesas iniciais, como o desenvolvimento do produto ou serviço, realização de pesquisas de mercado, captação de recursos humanos e a finalização do plano de negócio. Além disso, os recursos também são usados para garantir a estabilidade da empresa até que ela se torne sustentável.

» **Capital de risco (ou venture capital):** Investe entre R$2 milhões e R$10 milhões em empresas já estabelecidas, mas de pequeno e médio portes, com potencial de crescimento. Os recursos financiam as primeiras expansões e levam o negócio a novos patamares no mercado. Seu objetivo é ajudá-las a crescer e fazer uma grande operação de venda, fusão ou abertura de capital no futuro.

» **Capital privado (ou Private equity):** A expressão em inglês pode ser traduzida para "**Ativo Privado**" e é uma **modalidade de fundo de investimento que consiste na compra de ações de empresas com bom faturamento (mais de** R$100 milhões anualmente**) e franca expansão.** O objetivo dos recursos é de dar um impulso financeiro à companhia para que ela se prepare para abrir capital na bolsa de valores, por exemplo.

» **Crowdfunding:** Existe ainda uma modalidade nova de conseguir investimento cada vez mais popular no universo digital. Trata-se do crowdfunding, que é uma prática de financiamento coletivo de projetos e negócios. O nome vem da soma das palavras "Crowd" (multidão em inglês) + funding (financiamento).

Nesta modalidade de investimento, a arrecadação de recursos é feita por meio de múltiplas fontes, em geral pessoas físicas interessadas na iniciativa que pode ser de projetos sociais; para o lançamento de produtos ou serviços existentes ou em desenvolvimento ou para a abertura de nova empresas.

Segundo Vinicius Maximiliano, autor da primeira obra literária no Brasil sobre o tema, o crowdfunding nada mais é do que utilizar sua rede social digital para, através da divulgação também digital do seu projeto, pedir doações em troca de prêmios para pessoas que gostariam que o objetivo fosse alcançado.

No Brasil, alguns exemplos de sites destinados a esse tipo de negócio como o Kickante, o Catarse e o Senso incomum, esse último voltado ao terceiro setor. Mais recentemente começaram a surgir as plataformas de equity crowdfunding; que é o financiamento para a abertura de nova empresas. O player mais conhecido no país é Broota Brasil.

Como Conseguir Investimento?

Captar recursos é uma arte. Exige técnica, persuasão, discurso convincente e, como tudo o que envolve negócios, uma boa dose de planejamento. Isso já começa na prospecção do investidor. Não adianta sair atirando para todo lado. É necessário pesquisar muito e analisar o perfil dos anjos.

Procure investidores interessados na sua área de atuação e tente descobrir qual sua faixa e tese de investimento, ou seja, de que forma ele atua e a lógica que o investidor usa para avaliar o produto ou serviço, a equipe e o modelo de negócio de uma startup.

É fundamental que o empreendedor esteja bem preparado antes de enviar seu projeto para um investidor-anjo. Para isso, ele precisa ter alguns pré--requisitos fundamentais:

» **Protótipo:** Antes de abordar um investidor-anjo, é preciso ter o seu projeto em um estágio mais adiantado. O ideal é ter um MVP pronto e rodando. Ninguém investe apenas em ideias e para não queimar a largada, só peça dinheiro do anjo quando você tiver esta etapa rodando e validada. Quanto mais "maduro" estiver um projeto, maiores as chances de receber investimento e dar certo.

» **Equipe:** Ter um time com experiência é um fator que atrai investidores-anjo. Antes de ter pelo menos 3 pessoas em seu time com uma certa experiência, conhecimentos complementares e fundamentais é praticamente impossível alguém investir em você. Se faltar um colaborador-chave, primeiro procure alguém com o perfil complementar, pois será exigido pelo investidor.

» **Inovação:** Investidores-anjo têm preferências em investir em produtos ou serviços que possuam algum grau de inovação em seu processo de fabricação/prestação ou no modelo de negócio. Isso significa que não basta ter um preço mais baixo ou um atendimento melhor. Seu negócio deve ser diferenciado em relação a concorrentes diretos e indiretos.

» **Plano:** Tenha um projeto muito bem definido do empreendimento com todas as informações possíveis sobre a empresa, o mercado e os concorrentes. Um plano é capaz de mostrar que sua ideia vale a pena e projetar custos e faturamentos realistas para atrair os anjos. Ter um sumário executivo de uma a duas páginas, que contenha as principais informações e se possível um plano de negócio elaborado (business plan), também é extremamente útil.

» **Pitch:** O empreendedor que quer um investidor precisa de um ótimo pitch sucinto e convincente. Para apresentar seu negócio em eventos ou aceleradoras, geralmente, é necessário passar por seleções e, uma vez lá, saber fazer uma boa apresentação é indispensável.

» **Escalabilidade:** A escalabilidade é um ótimo atrativo para os investidores. Ela se baseia no aumento do faturamento, sem a ampliação dos custos do negócio. A escalabilidade de uma empresa é observada pelos fundos de investimento que visam investir apenas em empresas com possibilidades exponenciais de crescimento e lucro.

O que atrai os investidores	O que afasta os investidores
Bem organizado	Cálculos financeiros em desacordo com os padrões aceitos pelo setor
Ênfase no mercado e não no produto	Projeções de crescimento fora da realidade
Copyrights, patentes, marcas registradas	Produção por encomenda ou personalizada
Liquidez	Empreendedor que não coloca dinheiro no negócio
Linguagem simples e direta	Falta de vantagem competitiva real
Modelo de negócio consistente	

Pitch

O pitch é uma ferramenta utilizada pelos empreendedores para "vender" o projeto da sua empresa para potenciais investidores. Normalmente a apresentação dura pouco tempo (de 1 a 5 minutos) e por isso deve conter informações que sejam capazes de captar o interesse dos investidores.

Na apresentação de um pitch, o empreendedor fala essencialmente sobre a necessidade ou problema do cliente e como resolverá isso. Investidores estão sempre atrás de saídas criativas ou novas para velhos problemas.

O empreendedor precisa ter na ponta da língua o estágio de desenvolvimento do produto e a capacidade de venda e também precisa mostrar dados de mercado, assim como a definição clara dos consumidores.

Um pitch deve apresentar a visão geral da empresa: quem são os fundadores, a equipe, parceiros e fornecedores. O empreendedor precisa conhecer a fundo todos os seus competidores, diretos e indiretos, e entender os riscos deles copiarem a sua inovação.

No geral, os investidores dizem que se preocupam mais com a desenvoltura do empreendedor e expertise de sua equipe do que com a genialidade da ideia apresentada. Por isso, vale prestar atenção ao comprometimento dos empreendedores com o projeto e a possibilidade de perseverar perante possíveis adversidades ao longo do caminho.

Algumas informações pragmáticas e financeiras também serão solicitadas pelos investidores. Afinal, ninguém vai financiar um negócio que não foi profundamente estudado pelo empreendedor.

Portanto, faça a lição de casa e anexe na apresentação:

» Projeções financeiras: Quanto tempo e capital serão necessários para alcançar o break even? Quais são as projeções para o melhor, médio e pior cenário em um prazo de cinco anos?

» Opções de saída: Quem poderiam ser potenciais compradores? Quem se interessa pelo que está sendo construído? Quanto costumam pagar? Quanto de crescimento, receita ou tração será necessário para alcançar o interesse destes compradores?

» Condições do termo: O valor solicitado está de acordo com o valor disponível para investimento? Ele será usado de maneira eficiente? Quais metas poderão ser alcançadas com seu uso? O percentual de participação oferecido justificará o investimento financeiro e intelectual?

Como fazer um elevator pitch

Se você por acaso pegar um elevador e encontrar nele um grande investidor, o que vai dizer a ele em 30 segundos? Elevator Pitch é um termo americano utilizado para se referir a essa rápida visão geral de quem somos e o que fazemos. Se você preparar o seu discurso poderá usá-lo sempre que esbarrar em alguma oportunidade. Trinta segundos com a pessoa certa é tempo suficiente para mudar a sua vida.

Um pitch deve começar indicando qual a oportunidade que sua empresa irá atender, isto é, qual o mercado e a necessidade que o mesmo tem e não é bem atendida pelos players majoritários, de forma bem objetiva e direta.

A seguir apresente rapidamente qual a solução que propõe para atender a necessidade da oportunidade já destacando a sua inovação/diferenciação. Insira amostras do seu produto/serviço, sejam telas do mesmo, fotos de um protótipo, um vídeo explicativo etc. Tudo que tanto facilite o entendimento quanto demonstre sua capacidade de execução.

Destaque seus diferenciais, reforçando suas vantagens competitivas perante a solução dominante do mercado. Observar que deve-se comparar com quem já tenha maior market share no mercado que irá atuar, independentemente de ser similar.

Aqui, se você estiver apresentando para um investidor, deve apresentar qual o estágio do seu negócio, qual valor do investimento está buscando e para que será utilizado. Se estiver apresentando para um cliente, deve apresentar sua proposta comercial. Exemplo: "Nossos serviços são remunerados com uma parte da economia que gerarmos para sua empresa; você não precisará fazer qualquer investimento."

Concluída a elaboração da apresentação, simule-a tanto com quanto sem slides para verificar se está consistente. Pense em uma maneira memorável de encerrar sua apresentação. O segredo é fazer com que a pessoa se interesse e queira saber mais. Você pode criar suspense ou deixar uma pergunta no ar. Tenha sempre à mão um cartão de visitas ou um e-mail ou site fácil de decorar.

Veja sucintamente como fazer o roteiro de um bom pitch:

» Qual seu nome e o nome do negócio?

» Qual o tamanho do seu mercado?

» Qual problema vai resolver?

» Por que a sua solução é a melhor?

» Qual a sua proposta de valor? O que o diferencia dos outros concorrentes?

» Que resultados você conseguiu até hoje?

» Qual o modelo de negócio? Como vai ganhar dinheiro?

» Qual o time que vai executar com competência esta solução?

» O que você precisa da audiência?

Você Também Pode Ser Investidor-Anjo

Os motivos que levam uma pessoa a se tornar um investidor-anjo são vários. Seja para diversificar investimento, ajudar empreendedores iniciantes ou mesmo testar novas formas de aplicar seu dinheiro.

O investimento-anjo vai muito além da teoria e dos livros. É necessário razão e emoção e também é fundamental que se elabore um plano de investimento que possa guiá-lo nas decisões em relação ao direcionamento dos aportes. Este plano deve conter entre outras informações:

» O valor disponível para investir

» Qual o retorno sobre o investimento que deseja ter

» Quais os critérios mais relevantes para você em relação ao negócio

» Como pode contribuir para o negócio

» Qual mercado tem conhecimento para investir e contribuir

INVESTIMENTO-ANJO CRESCE NO BRASIL

A Anjos do Brasil, entidade de apoio e fomento ao empreendedorismo e ao investimento-anjo, divulgou uma pesquisa sobre o perfil dos investidores-anjo no país e perspectivas para o período 2016/2017. Os resultados apontaram um potencial de R$1,7 bilhão do investimento-anjo no Brasil, além de um amadurecimento no perfil dos investidores, com projetos já investidos e perspectiva de aumentar os investimentos em relação ao período anterior.

Ainda segundo a entidade, ao final de 2015, o Brasil contava com 7.260 investidores-anjos, e havia previsão de crescimento de 4% ao ano. E o mais interessante, a pesquisa também levantou os setores de interesse dos investidores. Veja abaixo:

- **Cerca de 52% dos entrevistados responderam ter interesse na área de TI;**
- **36% em aplicativos para smartphones;**
- **43% em saúde/biotecnologia;**
- **41% em educação;**
- **36% em e-commerce;**
- **37% em energia;**
- **27% em entretenimento e indústria;**
- **e 23% em outros setores.**

Ainda são necessários estímulos para que o investimento-anjo atinja seu potencial de incentivo e capitalização para startups inovadoras. E quais são os próximos passos? Para investidores-anjos ativos, a participação em redes de investidores é muito importante, tanto pelo contato com outros investidores e com o ecossistema como para encontrar bons projetos para investir.

E para quem ainda não é, comece a enxergar o investimento-anjo com outros olhos, com o olhar das oportunidades e do desenvolvimento de bons negócios para você e para a sociedade.

DICA

Cassio Spina, investidor-anjo, conselheiro de empresas e fundador da Anjos do Brasil, escreveu a obra **Investidor-Anjo**, um guia prático sobre esta modalidade de investimento, que destina-se tanto a empreendedores quanto a investidores, pois apresenta orientações e recomendações de como obter ou efetivar investimento-anjo. Já o livro **Dicas e Segredos para Empreendedores**, do mesmo autor, apresenta orientações para empreendedores desde como conquistar o interesse de investidores, parceiros e clientes por meio do pitch, até como não cometer erros na negociação com investidores. Leitura obrigatória para quem vai entrar no mundo dos investimentos.

NESTE CAPÍTULO

» **Compreendendo todos os aspectos de empreender com sócios**

» **Entendendo as características de uma empresa familiar**

» **Aprendendo sobre o desafio da sucessão**

Capítulo 12

Sociedade e Empresa Familiar

"A gente tem que sonhar senão as coisas não acontecem."

OSCAR NIEMEYER

— Arquiteto

Uma das grandes dúvidas dos empreendedores de primeira viagem é se encaram essa jornada sozinhos ou acompanhados. Ter um sócio é uma das principais decisões a serem tomadas por um empreendedor e tem inúmeras vantagens e desvantagens.

Sozinho ou com Sócios?

Os especialistas costumam dizer que sociedade é como casamento: é preciso saber conviver e compartilhar dos mesmos valores. Pode ser o cônjuge, um parente próximo ou mesmo um amigo de infância. É fundamental que os sócios de uma empresa tenham a mesma visão de futuro e a clareza de onde se quer chegar.

Mas os sócios não precisam ser reflexo um do outro. É até recomendável que suas características sejam diferentes e complementares. Um pode ser mais conservador, o outro mais arrojado. Um mais técnico e o outro ter um perfil mais gestor. Assim eles conseguem dividir as responsabilidades dos negócios e um supre a deficiência do outro. O importante é que os sócios tenham objetivos em comum para a empresa.

Estudos indicam que empreendedores solitários levam 3,6 vezes mais tempo para atingir o estágio de crescimento em escala da empresa do que as empresas com dois sócios. Ou seja, em sociedades com dois parceiros de negócios em sintonia, 1 + 1 é mais que 2.

Muitas pessoas pensam em ter uma sociedade por motivos errados e acabam fechando o negócio quando acontece uma briga. Por isso, antes de bater o martelo com um sócio, siga estas recomendações:

DICA

1. **Pense nos motivos que o levam a ter um sócio: o que ele vai agregar à empresa? Você tem confiança nos seus sócios? Vocês têm uma relação sólida madura e íntima o suficiente para ter uma conversa franca e honesta?**

2. **Feito isso, é hora de estabelecer uma comunicação transparente e ativa e deixar tudo bem esclarecido logo no início, quando as coisas estão em lua de mel, pensando sempre no longo prazo e na perenidade do empreendimento. Daí a importância de esclarecer tudo nos mínimos detalhes para que todos saibam o que esperar do outro. Se existe algo com que não se sinta à vontade para conversar com o futuro sócio ou futuros sócios, a tendência é piorar quando houver dinheiro envolvido na relação.**

3. **Defina as funções de cada um. A divisão de trabalho deve separar as funções e determinar quem responde por determinadas áreas. É bom combinar também a política de decisões: em caso de divergência de opiniões, como as questões serão resolvidas?**

4. **E se algo der errado? Como vocês lidarão no caso de problemas financeiros? Estabelecer um acordo que prevê limite de gastos, empréstimos e endividamento evita futuras discussões e desgastes na relação.**

O SÓCIO

O programa *O Sócio* é um reality show transmitido pelo canal pago History Channel que faz grande sucesso entre empreendedores. Originalmente chamado The Profit (O Lucro), o programa exibe casos de pequenos negócios familiares, geridos de forma amadora, que são totalmente transformados após a intervenção de um experiente consultor, o investidor Marcus Anthony Lemonis, que já é bilionário com apenas 43 anos e atua em diversos ramos e negócios.

Na série, Lemonis investe seu próprio dinheiro e conhecimento para ajudar as empresas em apuros a resolver os problemas, melhorar faturamento e prosperar. Em troca, ele investiga tudo na empresa e exige uma gestão profissional e comprometimento total dos empreendedores.

Mau uso de dinheiro, incompetência e até desonestidade vem à tona durante o programa. É interessante ver as desavenças que surgem quando o sócio identifica falhas nas atitudes dos funcionários, gerentes, sócios e até familiares.

Para formalizar a sociedade é preciso contratar um advogado societário para providenciar um **Acordo de acionistas**, que em sua essência define a divisão de responsabilidades e a atuação de cada um no negócio. Este acordo é muito útil na tomada de decisões, sendo capaz de evitar brigas entre sócios. Quanto melhor for costurado este documento, menos ele precisará ser requisitado para consultas.

E, atenção! Não confie em acordos informais ou pode acontecer com você o que ocorreu com Eduardo Saverin. Colega de faculdade de Mark Zuckerberg, Saverin fez um acordo informal com o amigo quando lançaram o Facebook em Harvard. O resultado disso foi um longo processo de Saverin contra Zuckerberg, exigindo mais tarde sua participação nos ganhos da companhia —, é mais comum do que se imagina. Esse problema pode e deve ser evitado com a formalização dos contratos e a definição da participação de cada sócio logo no início da empresa.

Empresa Familiar

Quase 80% das empresas no Brasil e no mundo são consideradas familiares. É comum empreendedores optarem por abrir uma empresa em caráter familiar, ou seja: os sócios do empreendimento pertencem à mesma família ou possuem um nível de parentesco. No Brasil, temos exemplos de pequenas e médias empresas e até grandes grupos empresariais que foram fundadas por familiares.

Ter uma empresa familiar possui pontos positivos e negativos. Os pontos positivos podem ser resumidos na confiança de clientes, relacionamentos duradouros, maior lealdade por parte dos funcionários e investimentos de longo prazo, devido ao fato de as lideranças possuírem mandatos mais longos e estáveis. Já os pontos negativos são os conflitos entre os interesses da família e da empresa, pela falta de organização no orçamento e pela designação de familiares para cargos de importância.

A profissionalização da gestão é o principal caminho para as empresas familiares se desenvolverem. Abrir espaço para a captação e retenção de talentos de fora do âmbito familiar e oferecer um plano de carreira aos funcionários é uma forma de manter um alto desempenho do negócio. Consultores na área recomendam que é preciso estar atento à função e não ao grau de parentesco. Os parentes devem ocupar posições apenas se estiverem preparados e bem treinados. Para isso é preciso muita disciplina e a consciência de que a empresa é uma entidade à parte, separada da família.

O desafio da sucessão

A sucessão é um dos grandes desafios nas empresas familiares e uma das grandes preocupações tanto em empresas já estabelecidas e com um nome a zelar quanto as que estão começando agora.

De acordo com o Sebrae e o IBGE, em pesquisa realizada em 2015, 30% das empresas sobrevivem após a primeira transição e apenas 5% se mantêm na terceira geração.

Não há legislação que regulamente este tipo de sociedade, por isso é preciso se cercar de informações e assegurar uma gestão profissional que facilite o caminho da sucessão.

Um dos grandes erros das empresas familiares é não ter um plano de sucessão e uma preparação adequada ao sucessor que tomará posse do negócio. A troca de poder em uma empresa, independente da magnitude, pode gerar desconfiança generalizada. Uma forma de evitar essa sensação é introduzir o futuro dono da empresa o quanto antes no negócio. Assim fica mais fácil criar uma imagem de credibilidade ante todos que estão envolvidos no negócio. Além do mais, quanto mais tempo ele estiver dentro da empresa, mais conhecerá o sistema e as chances de cometer erros graves administrativos ou tomar decisões equivocadas são menores.

DICA

"UM HOMEM QUE NÃO SE DEDICA À FAMÍLIA JAMAIS SERÁ UM HOMEM DE VERDADE"

A trilogia O Poderoso Chefão é um épico do cinema que influenciou todo o mundo. Realizado com apenas US$6 milhões, arrecadou mais de US$230 milhões na época de seu lançamento, em 1972. Foi vencedor do Oscar de 1973 nas categorias Melhor Roteiro Adaptado e Melhor filme. E inspirou todos os outros filmes sobre a máfia depois dele.

A obra conta a saga da família de mafiosos italianos Corleone na Nova York dos anos 1940 e 1950. Comandada por Don Vito Corleone (Marlon Brando), a família controla os negócios ilegais na cidade e entra em conflitos com outros grupos de mafiosos.

O filho mais novo de Don Vito, **Michael** (Al Pacino), é um herói de guerra que nunca se envolveu com os negócios da família, mas com o atentado sofrido pelo pai, é forçado a assumir a situação.

É aí então que o filho subestimado pelo clã demonstra resiliência, visão estratégica e uma liderança surpreendente. **Michael** se tornou um Don à altura da família que usa os ensinamentos do pai e habilidades próprias para proteger os membros e os negócios da família.

O filme tem vários ensinamentos para a vida pessoal, familiar e profissional e mostra de certa forma como é empreender em família, destacando que o melhor sucessor pode ser quem menos se espera.

Além da qualificação, a empresa tem mais chances de um futuro próspero se o sucessor compactuar diretamente com os valores do fundador e da cultura da empresa. A filosofia da empresa precisa ser imutável, pois ela já possui uma imagem construída dentro do mercado. O indivíduo que chegar ao controle do negócio após o fundador terá dificuldades naturais em repetir o carisma e a liderança do seu antecessor, mas respeitar os valores da empresa e todos que integram o projeto é um bom início.

Portanto, para que a sucessão de uma empresa familiar seja bem-sucedida, ela deve ser planejada desde cedo. Os proprietários precisam preparar os herdeiros para os negócios e verificar questões de direito tributário, societário e de família.

4
Estruturação de uma Empresa

NESTA PARTE . . .

A estruturação de uma empresa é a parte mais pragmática deste livro. E também a que mais provoca dúvidas no empreendedor. Como regularizar um negócio, controlar as finanças, fazer planejamento tributário, gestão de pessoas e se atentar aos aspectos jurídicos do negócio, entre outros assuntos. Uma empresa só fará sucesso efetivamente se o empreendedor cuidar muito bem de todas essas variáveis, sem deixar de lado no coração da empresa: a área de Marketing e Vendas. É preciso entender como cativar e conquistar clientes, entendendo profundamente o processo de venda e fidelização de consumidores. Isso tudo ganha uma dimensão exponencial quando falamos do universo online e das ferramentas de marketing e vendas digitais. Preparado para a jornada?

NESTE CAPÍTULO

» Aprendendo a regularizar seu negócio

» Todos os passos para registrar sua empresa

» Entendendo os aspectos tributários e legais do empreendimento

Capítulo 13
Formalização da Empresa

"Não há nada errado em correr riscos; desde que não se arrisque tudo."

GEORGE SOROS

— *Investidor*

Muitos empreendedores de primeira viagem começam a trabalhar na informalidade porque têm dúvidas sobre a legalização da empresa: será que vale a pena? Os impostos não vão engolir todo o meu lucro? Ficarei na mira da fiscalização?

Legalize Seu Negócio

É bom saber que formalizar um negócio hoje em dia é muito mais fácil do que antigamente e, além disso, ter um negócio em conformidade com as leis oferece mais segurança ao empreendedor.

Uma empresa que atua na legalidade pode emitir nota fiscal, vender para outras empresas ou para o governo e recolher impostos. O empreendedor também tem cobertura da Previdência Social e estará protegido em caso de doença, acidente ou afastamentos. Sua família terá direito à pensão por morte e a auxílio-reclusão.

Com o CNPJ (Cadastro Nacional de Pessoas Jurídicas), uma empresa pode contar com acesso a linhas de financiamento especiais e uma rede de apoio técnico, assessoria e orientação de instituições como o Sebrae, por exemplo.

Visando facilitar a vida do empresário que quer se legalizar no Brasil, foi promulgada, em 2006, a Lei Geral das Micro e Pequenas Empresas que criou o Simples Nacional (veja mais em Tributação), um regime de arrecadação, cobrança e fiscalização que simplifica a burocracia e unifica o pagamento de tributos conforme o tamanho de cada empresa.

Esse regime deu fôlego a milhões de empreendedores de diversos setores. Alguns anos depois, com a criação do MEI (Microempreendedor Individual), houve uma nova camada de simplificação para formalizar negócios tocados por autônomos, com até um funcionário.

Passo a Passo para Registrar uma Empresa

Se você estudou a Parte 3 deste livro e já definiu o negócio em que irá atuar, então deve estar preparado para iniciar o registro da sua empresa. Ele é o ponto de partida, o nascimento formal do seu empreendimento.

No momento de abertura é preciso saber a atividade que será realizada, a natureza jurídica e o porte do negócio. A formalização se dá com o registro na Junta Comercial ou no Cartório de Registro Civil de Pessoas Jurídicas. Com essas informações e o apoio de um profissional habilitado, que poderá ser um contador ou advogado, é preciso elaborar um contrato social (em caso de sociedade) e emitir o número do CNPJ, se inscrever na Secretaria da Fazenda Estadual (SEFAZ) e na prefeitura da sua cidade. Para cada atividade também é preciso verificar os alvarás e licenças obrigatórias para o funcionamento do negócio.

Apesar da necessidade de dispor de um profissional do ramo, ter um conhecimento prévio da estrutura do contrato social da empresa e seus meandros pode acelerar o processo e dar mais independência ao empreendedor.

E são tantas siglas e nomenclatura que é fácil se sentir confuso. Por isso, o empreendedor deve estar atento a todos os passos do processo, porque se formalizar de forma errada pode criar problemas na hora de operar sua empresa. A seguir vamos falar de cada uma dessas categorias detalhadamente:

- » **MEI, EI, LTDA e EIRELI:** É a natureza jurídica, mostra quem são os donos da empresa
- » **ME / EPP:** Trata-se do porte, ou seja, do tamanho da empresa
- » **Simples Nacional, Lucro Presumido ou Lucro Real:** Corresponde à tributação e mostra como a empresa paga seus impostos

Natureza jurídica

Natureza jurídica de uma empresa é o regime jurídico que indica quem são os donos da empresa. De acordo com o enquadramento societário do negócio ela pode ser definida como:

- » MICROEMPREENDEDOR INDIVIDUAL — MEI
- » EMPRESARIO INDIVIDUAL — EI
- » EMPRESA INDIVIDUAL DE RESPONSABILIDADE LIMITADA — EIRELI
- » SOCIEDADE POR COTAS DE RESPONSABILIDADE LIMITADA — Ltda

O MICROEMPREENDEDOR INDIVIDUAL (MEI): é uma classificação de natureza jurídica criada em 2008 que regulamenta o exercício das atividades dos considerados pequenos empresários e descreve todas as exigências para que um trabalhador comum se torne um microempreendedor. Esta lei contribuiu muito para aqueles que antes exerciam a profissão informalmente, como manicures, costureiras, pintores, mecânicos, feirantes e outros profissionais, se legalizassem.

O EMPRESÁRIO INDIVIDUAL (EI): é aquele que exerce em nome próprio uma atividade empresarial. Assim como no MEI, o empresário individual atua sem separação jurídica entre seus bens pessoais e seus negócios, ou seja, não vigora o princípio da separação do patrimônio. O EI possui todas as obrigações legais e fiscais de uma empresa ou sociedade tradicional. Ele não possui razão social, o nome da empresa é o nome do titular, mas pode ser feito um processo de inclusão de nome fantasia para a empresa.

EMPRESA INDIVIDUAL DE RESPONSABILIDADE LIMITADA (EIRELI): É uma categoria empresarial que permite a constituição de uma empresa com apenas um sócio: o próprio empresário. Criada em 2011, essa modalidade possibilita a solução de vários problemas como acabar com a figura do sócio "fictício", prática comum em empresas registradas como sociedade limitada, que antes só poderiam ser constituídas por, no mínimo, duas pessoas, e agora podem ser abertas com um único sócio.

A **EIRELI** deve ter um titular, pessoa física com um CPF, e capital mínimo de 100 vezes o valor do salário-mínimo no momento do registro da empresa. Ele permite a separação entre o patrimônio empresarial e privado. Caso a empresa contraia dívidas, o patrimônio pessoal do empresário está protegido.

SOCIEDADE POR COTAS DE RESPONSABILIDADE LIMITADA — Ltda: são as empresas onde há mais de um dono, os chamados sócios. As regras da sociedade são regulamentadas em contrato social que são registrados na Junta Comercial (sociedade empresária) ou Cartório de Registro de Pessoa Jurídica (sociedade simples).

SOCIEDADE EMPRESÁRIA versus **SOCIEDADE SIMPLES:** De forma resumida, a sociedade simples é constituída por pessoas exercendo suas profissões, sendo de "caráter pessoal" a prestação de serviços feita por elas. Por isso, as cooperativas e associações, independente do número de participantes, serão sempre consideradas sociedades simples (pois os profissionais exercem a atividade fim da parceria). Em geral, o conceito de sociedade simples está ligado a atividades de natureza científica, literária, artística, entre outras.

Já a sociedade empresarial se diferencia da simples justamente por ter como finalidade o exercício profissional de atividades econômicas voltadas para a produção e circulação de produtos ou serviços. Segundo a legislação específica, encontrada nos artigos 982 e 983 do Código Civil de 2002, sociedades de natureza simples podem ter dois tipos societários, chamados Sociedade Simples Pura e Sociedade Simples Limitada. A sociedade simples tem sua constituição, alteração e extinção registradas em Cartório de Registro Civil das Pessoas Jurídicas, enquanto a do tipo empresarial tem esses dados registrados na Junta Comercial, por se tratar de sociedade na qual prevalece a atividade comercial/empresarial.

Entre as características da sociedade simples, a que melhor representa sua diferença em relação à sociedade empresarial é a não existência de uma organização de bens materiais e intelectuais e recursos humanos de forma que o objetivo seja a produção e acumulação sistemáticas de recursos financeiros (riqueza). Isso é o que acontece com parcerias nas quais os sócios exercem atividades completamente desconectadas entre si, constituindo trabalho "não organizado", e realizado de forma autônoma.

TABELA 13-1 Os Tipos de Regimes Jurídicos

SIGLA	DEFINIÇÃO	CARACTERÍSTICA
MEI	Microempreendedor Individual	O empreendedor é dono sozinho e o enquadramento é determinado pela Lei Complementar 128/2008
EI	Empresário Individual	O empreendedor é dono sozinho, seria o segundo passo do crescimento do MEI e pela legislação, se confunde com a pessoa física. A responsabilidade do dono é ilimitada, ou seja, em caso de problema, pode responder com seu patrimônio pessoal. É regulamentado pela Código Civil no Artigo 966
EIRELI	Empresário Individual de Responsabilidade Limitada	O empreendedor é dono sozinho. Seria o terceiro passo do crescimento do MEI, e, pela legislação, NÃO se confunde com a pessoa física. A responsabilidade do dono é limitada, ou seja, os bens do sócio não respondem diretamente pela empresa. Passou a integrar o Código Civil no Artigo 44 — Inciso VI e artigo 980-A
LTDA	Limitada	É a empresa onde há mais de um dono, chamados de sócios. As regras da sociedade são determinadas em contrato social registrado na Junta Comercial (sociedade empresária) ou Cartório de Registro de Pessoa Jurídica (sociedade simples, geralmente as sociedade de profissionais como médicos, dentistas etc.). Também integra o Código civil no Artigo 981

O tamanho da empresa

As siglas de ME (Microempresa) e EPP (Empresa de Pequeno Porte) representam o tamanho da sua empresa considerando o faturamento anual do negócio, ou seja, o quanto se vende. Os mais comuns no momento da abertura são Microempreendedor Individual (MEI), Microempresa (ME) e Empresa de Pequeno Porte (EPP).

Para ser um empreendedor individual (MEI) é necessário ter faturamento anual de até R$60 mil, não ter participação em outra empresa como sócio ou titular e até um empregado contratado que receba o salário mínimo ou o piso da categoria. (Observação: Já há previsão de aumento para 2018 para R$81 mil. A partir de 2018 também não poderá ter funcionário, foi liberado apenas para atividade rural.)

Uma das maiores vantagens de se tornar um Microempreendedor Individual está na tributação de impostos: o MEI está isento de pagar tributos federais como o Imposto Sobre Produto Industrializado (IPI) e Imposto de Renda.

Já a Microempresa e Empresa de Pequeno Porte têm valores de faturamento distintos. Para as ME o faturamento anual tem que ser de até R$360 mil, enquanto na EPP a faixa de faturamento no ano tem que ser superior ou igual a R$360 mil e pode ir até R$3,6 milhões. Essa variação entre os três portes que a empresa pode assumir está diretamente ligado à quantidade de impostos que serão pagos. (Observação: A partir de 2018 está previsto o ME aumentar para R$360 mil e a EPP para R$4,9 milhões.)

Em geral, a formalização de empresas fora do MEI depende da legislação de cada Estado e Município. Mas algumas obrigações são comuns às leis das unidades federativas. É preciso ter registro na prefeitura ou na administração regional da cidade onde ela vai funcionar, no estado, na Receita Federal e na Previdência Social. Dependendo da atividade, pode ser necessário também o registro na Entidade de Classe, na Secretaria de Meio Ambiente e em outros órgãos de fiscalização.

LEMBRE-SE

Aos empreendedores que optaram pelas modalidades de Sociedade Limitada ou Eireli e necessitarem abrir uma Microempresa ou Empresa de Porte Pequeno têm a obrigatoriedade de contratar um contador. Esses profissionais podem explicar todos os elementos e detalhes envolvidos neste processo com maior clareza e escolher a melhor tributação, por exemplo, de acordo com a natureza e o porte da empresa.

Fazendo o registro empresarial e obtendo o CNPJ

O registro empresarial de uma empresa equivale à Certidão de Nascimento para pessoas jurídicas. Ele é tirado na Junta Comercial do estado ou no Cartório de Registro de Pessoa Jurídica. Antes de fazê-lo, porém, é preciso verificar se há alguma empresa registrada com o nome pretendido. O fato de poder registrar o nome na junta comercial não dá poder de uso de marca.

Além da consulta de viabilidade do nome empresarial, é importante também procurar a prefeitura para verificar os critérios de concessão do Alvará de Funcionamento para o exercício da sua atividade no local escolhido.

Para fazer o registro é preciso apresentar uma série de documentos e formulários que variam de um estado para o outro, assim como os preços e prazos. O ideal é consultar o site da Junta Comercial do Estado em que a empresa estiver localizada para saber mais informações.

Documentos necessários para a inscrição:

- » Contrato Social ou Requerimento de Empresário Individual ou Estatuto, em três vias
- » Cópia autenticada do RG e CPF do titular ou dos sócios
- » Requerimento Padrão (Capa da Junta Comercial), em uma via
- » FCN (Ficha de Cadastro Nacional) modelo 1 e 2, em uma via
- » Pagamento de taxas através de DARF

CONTRATO SOCIAL

O contrato social é a peça mais importante do início da empresa. Com o Objeto Social definido e toda a questão do imóvel regularizada, é hora de fazer o documento que formaliza o empreendimento no Cadastro Nacional das Pessoas Jurídicas (CNPJ), permite a abertura de uma conta de pessoa jurídica e que os sócios emitam notas fiscais.

Algumas cláusulas específicas na sociedade da empresa são definidas por esse documento, por exemplo: a) denominação e sede; b) objeto social; c) duração da sociedade; d) capital social; e) administração; f) deliberações dos sócios; g) modificação do contrato social; h) cessão de cotas; i) exclusão de sócios; j) demonstrações contábeis e destinação de lucros; l) fusão, incorporação, cisão e transformação; m) dissolução, liquidação e extinção; e n) foro de eleição."

Para quem pretende abrir uma Empresa Individual de Responsabilidade Limitada (Eireli), o documento semelhante ao Contrato Social é o requerimento do empresário. E para quem é Microempreendedor Individual (MEI), basta o certificado da condição de MEI, expedido pelo próprio Portal do Empreendedor.

Para ser válido, o Contrato Social deverá ter o visto de um advogado. Para as **microempresas e empresas de pequeno porte, a assinatura do advogado é dispensável**, conforme prevê o Estatuto da Micro e Pequena Empresa.

Geralmente cabe ao contador ou ao advogado registrar o requerimento do empresário ou o contrato social na Junta Comercial, quando se tratar de uma empresa individual, Eireli ou sociedade limitada. É na Junta também que o porte do empreendimento será formalizado. Empresas que prestam serviços também têm a alternativa de serem registradas em Cartórios de Registro Civil de Pessoa Jurídica.

Registrada a empresa, o proprietário recebe o NIRE (Número de Identificação do Registro de Empresa) que é uma etiqueta ou carimbo contendo um número que é fixado no ato constitutivo. Com o NIRE em mãos, é hora de obter o CNPJ, ou seja, o registro da empresa como contribuinte.

CNPJ

O registro do CNPJ é feito exclusivamente pela internet, no site da Receita Federal por meio do download de um programa específico, o Documento Básico de Entrada. Para isso, é preciso preencher a solicitação e enviar os documentos necessários por Sedex ou pessoalmente para a Secretaria da Receita Federal. A resposta é dada pela internet.

Ainda no contrato social e na emissão do CNPJ, é preciso escolher a atividade que a empresa irá exercer. Essa classificação será utilizada não apenas na tributação, mas também na fiscalização das atividades da empresa. O ideal é que se tenha uma atividade principal e, no máximo, 14 secundárias.

A cada ocupação registrada será atribuído um código de Classificação Nacional de Atividades Econômicas (CNAE) (veja mais em Objeto Social).

Inscrição Estadual

Obrigatória para empresas dos setores do comércio, indústria e serviços de transporte intermunicipal e interestadual, de comunicação e de energia, é necessária para obtenção da inscrição no ICMS (Imposto sobre Circulação de Mercadorias e Serviços). O cadastro no sistema tributário estadual deve ser feito junto à Secretaria Estadual da Fazenda.

Esta solicitação deverá ser via internet. Para isso, é necessário ter um contador, e este deve estar pré-autorizado (ter senha de acesso), pois é ele quem fará a solicitação de inscrição.

Documentos

Em geral a documentação pedida para o cadastro é:

» DUC (Documento Único de Cadastro), em três vias

» DCC (Documento Complementar de Cadastro), em uma via

» Comprovante de endereços dos sócios, cópia autenticada ou original

» Cópia autenticada do documento que prove direito de uso do imóvel, como por exemplo o contrato de locação do imóvel ou escritura pública do imóvel

» Número do cadastro fiscal do contador

» Comprovante de contribuinte do ISS, para as prestadoras de serviços

» Certidão simplificada da Junta (para empresas constituídas há mais de três meses)

» Cópia do ato constitutivo

» Cópia do CNPJ

» Cópia do alvará de funcionamento

» RG e CPF dos sócios

Vale lembrar que alguns Estados a inscrição estadual pode ser solicitada depois do pedido do alvará de funcionamento.

Inscrição Municipal (CCM)

Para as empresas que trabalham com **prestação de serviços** é necessário o registro na prefeitura municipal. O requerimento do Cadastro de Contribuintes Mobiliários na Prefeitura, ou CCM. O cadastro é feito pela internet e a obtenção do registro é imediata ao ato do protocolo.

A documentação se resume em cópia do contrato social ou Formulário de Empresário Individual, cópia da documentação do(s) sócio(s), cópia do IPTU. Na maioria dos Estados esse registro sairá automaticamente após o registro da empresa na Junta Comercial. Para os demais, o processo varia de acordo com as regras de cada município.

Alvará de Funcionamento

Todos os estabelecimentos comerciais, industriais e/ou de prestação de serviços precisam de uma licença prévia do município para funcionar. Esta licença é o Alvará de Funcionamento e Localização. Este documento é feito na prefeitura, na administração regional ou na Secretaria Municipal da Fazenda de cada município. É importante saber que cada prefeitura determina sua regra que varia conforme a atividade da empresa.

As demais secretarias do município como as de Saúde, Meio Ambiente, Planejamento, Obras e Transportes, poderão estar envolvidas no processo de legalização de uma empresa, tudo vai depender da atividade desenvolvida. A informação das exigências legais municipais devem ser obtidas no momento que fizer a consulta de viabilidade.

A documentação necessária geralmente é:

- Formulário próprio da prefeitura
- Consulta prévia de endereço aprovada
- Cópia do CNPJ
- Cópia do Contrato Social
- Laudo dos órgãos de vistoria, quando necessário

Previdência Social

A empresa precisa fazer o cadastro na Previdência Social e pagar os respectivos tributos ainda que seja um único funcionário, ou apenas os sócios inicialmente. O prazo para cadastramento é de 30 dias após o início das atividades. É preciso dirigir-se à Agência da Previdência de sua jurisdição para solicitar o cadastramento da empresa e seus responsáveis legais.

A FORMALIZAÇÃO DO MICROEMPREENDEDOR INDIVIDUAL (MEI)

O Microempreendedor Individual pode fazer o cadastro no Portal do Empreendedor ou dirigir-se à secretaria condizente com o assunto em sua cidade. Ao cadastrar o MEI no portal, o Empresário Individual já fica com um Cadastro Nacional de Pessoas Jurídicas (CNPJ) à disposição para dar início às atividades comerciais.

As atividades que se enquadram no MEI são comércio e indústria em geral e serviços de natureza não intelectual sem regulamentação legal — como lavanderia, salão de beleza, lava jato, agência de viagens, entre outros.

O único custo da formalização é o pagamento mensal de 5% do salário mínimo vigente, mais R$5 se o empreendedor for um prestador de serviço e R$1 se for contribuinte do ICMS — pagos pelos profissionais que atuarem no comércio ou na indústria. Essas taxas serão destinadas à previdência social, ICMS ou INSS. O valor dessas taxas é alterado anualmente, de acordo com o salário mínimo.

Os valores são recolhidos em conjunto por meio de carnê emitido exclusivamente no Portal do Empreendedor e o vencimento dos impostos é até o dia 20 de cada mês. O MEI é enquadrado no Simples Nacional e fica isento dos tributos federais (Imposto de Renda, PIS, Cofins, IPI e CSLL).

Veja o guia do Empreendedor Individual:
`http://www.previdencia.gov.br/arquivos/office/3_110718-161510-655.pdf`

Roteiro para o Microempreendedor Individual:
`http://www.receita.pb.gov.br/Servicos/MEI/Roteiro_Empreendedor_Individual.pdf`

Portal do empreendedor:
`www.portaldoempreendedor.gov.br`

Aparato fiscal

Para que o empreendimento opere legalmente é preciso preparar o aparato fiscal, que é a autorização para impressão de notas fiscais e autenticação de livros fiscais. Agora que tudo é eletrônico, a maior parte das empresas emite a Nota Fiscal Eletrônica (NFe). Para isso, basta obter uma senha a partir de um protocolo do formulário assinado e com firma reconhecida, do responsável pela empresa. Quem emite a senha é a prefeitura de cada cidade. Empresas que pretendam dedicar-se às atividades de indústria e comércio deverão ir à Secretaria de Estado da Fazenda. No caso do Distrito Federal, independente do segmento de atuação da empresa, esta autorização é emitida pela Secretaria de Fazenda Estadual.

O Nome da Empresa

Para o empreendedor que tiver a empresa em forma de MEI, o nome empresarial se configura com o nome completo do titular (podendo ser abreviado parcialmente ou completo, exceto o sobrenome), seguido do CPF. No caso do Empresário Individual, apenas o nome completo do titular basta. MEI / EI podem adotar nome fantasia, mas é preciso tomar cuidado com proteção de INPI.

E Empresa Individual de Responsabilidade Limitada (Eireli), o nome empresarial se dará na soma da nomenclatura completa do titular, seguido da sigla "Eireli". E, por fim, uma Sociedade Limitada o nome precisa remeter à atividade exercida, seguido da sigla Ltda. Ambos também podem adotar nome fantasia.

Para não correr o risco de escolher um nome que já exista, caso mais comum para quem tem uma Sociedade Limitada, é possível fazer uma consulta gratuita na Junta Comercial do seu Estado para ver a viabilidade do nome empresarial. A busca pode ser feita online em diversas unidades federativas.

Nome Fantasia

O nome fantasia da empresa, principal forma como ela será reconhecida, é um bem industrial do empreendedor e através do registro de marca é possível garantir a proteção do mesmo. Ele não precisa ser igual ao nome empresarial.

Assim como o caso do nome empresarial, é possível fazer uma consulta prévia para saber a disponibilidade do mesmo. A pesquisa é realizada no INPI (Instituto Nacional da Propriedade Industrial). O empreendedor conseguirá até abrir a empresa com o nome pretendido, mas pode perdê-lo se outra empresa tiver a marca registrada e requerer o direito ao nome. Com isso, gasta-se mais dinheiro para poder corrigir.

Se nenhuma empresa utilizar o nome escolhido pelo empreendedor, ele pode fazer o registro da marca no próprio INPI (veja como fazer isso no Capítulo 18: Aspectos Jurídicos). O ideal é registrar a marca o quanto antes e ver também a disponibilidade de um domínio na internet e nas redes sociais. E embora este processo possa ser feito diretamente pelo empreendedor, é preciso ficar atento com os prazos.

Objeto Social

O Objeto Social da empresa indica com precisão as atividades que serão exercidas pelo empresário. De acordo com as orientações do site Portal do Empreendedor, o Objeto Social "não poderá ser ilícito, impossível, indeterminado ou indeterminável, ou contrário aos bons costumes, à ordem pública ou à moral" e em sua descrição está "vedada a inserção de termos estrangeiros, exceto quando não houver termo correspondente em português ou já incorporado ao vernáculo nacional".

O Objeto Social deve seguir uma regra de associação entre gênero e espécie na hora da descrição. Por exemplo, se o negócio aberto é uma oficina mecânica, deve ser descrito como "serviços", em gênero, e "de reparação de veículos automotores", em espécie.

São exemplos de gêneros e espécies:

Gêneros	Espécies
- Comércio	- de veículos automotores. - de tratores. - de artigos de armarinho. - de laticínios.
- Indústria	- de confecções.
- Serviços	- de reparação de veículos automotores. - de transporte rodoviário de cargas.

Após a descrição do objeto (texto livre) é que as atividades nele contidas são classificadas segundo a codificação CNAE.

O que é a CNAE

A CNAE (Classificação Nacional de Atividades Econômicas), é uma forma de padronizar, em todo o território nacional, os códigos de atividades econômicas e os critérios de enquadramento usados pelos mais diversos órgãos da administração tributária do Brasil.

A CNAE é aplicada a todos os agentes econômicos que se engajam na produção de bens e serviços. Isso inclui empresas e organismos públicos ou privados, estabelecimentos agrícolas, instituições sem fins lucrativos e até mesmo agentes autônomos (pessoa física).

Para saber o código exato da sua empresa, é preciso consultar a tabela CNAE da atividade econômica principal e, ainda, das atividades econômicas secundárias, caso elas existam. Para isso, basta acessar a CNAE-Fiscal pelo site `www.cnae.ibge.gov.br`

DICA

POR QUE REGISTRAR SUA MARCA?

Da mesma maneira que não existem duas pessoas iguais, também não podem existir no mercado duas marcas iguais. É esta exclusividade de uso e reconhecimento pelo consumidor que desejam os pequenos, médios e grandes empresários ao lançarem suas marcas.

O cuidado e preocupação com o desenvolvimento ou criação de uma marca passa pela escolha de um nome com personalidade e representa a identidade da empresa ou do produto. Uma marca comunicativa também possui a função de inibir a cópia e a pirataria, e o uso indevido por parte de terceiros sem a prévia autorização.

Para alcançar este objetivo, não basta ter somente criatividade e o conhecimento das ferramentas de comunicação. É necessário conhecer os meandros da proteção, suas técnicas e suas leis. É isto que na realidade garantirá a exclusividade de uso e a propriedade de uma marca registrada.

Para registrar uma marca é necessário entrar com o pedido de proteção no INPI. O trâmite normal de um pedido de registro de marca, sem que ocorram obstáculos administrativos, dura em média 24 a 36 meses. Durante o trâmite a marca é considerada protegida, e ao final sendo deferido e recolhida as taxas finais, o pedido será concedido, tornando-se assim uma marca registrada, cujo prazo de validade nacional é de 10 anos podendo ser renovado por períodos sucessivos.

PARA SABER COMO REGISTRAR SUA MARCA, VEJA O CAPÍTULO 15 — ASPECTOS JURÍDICOS.

Após descobrir qual é a CNAE da sua empresa, você pode verificar se ela permite ou impede a opção pelo Simples Nacional. Para tal, é preciso consultar a Resolução do Comitê Gestor do Simples Nacional por meio do site da Receita Federal. No Anexo I, da Resolução CGSN, estão os códigos previstos na CNAE que são impeditivos ao Simples Nacional.

Entre os exemplos de empresas que não podem ser enquadradas no modelo estão companhias que prestam serviço de transporte intermunicipal e interestadual de passageiros, as que exercem atividade de importação de combustíveis e as que realizam atividades de consultoria.

Lembre-se de que não podem optar pelo Simples Nacional as pequenas e microempresas que, apesar de exercerem algumas das atividades permitidas, pratiquem pelo menos uma das atividades vedadas. Independentemente de sua empresa exercer ou não a atividade impeditiva, se ela estiver no contrato social, não será permitido que ela entre no Simples Nacional.

Imóvel

Escolher o local onde será a sede da empresa é muito importante e requer cuidados específicos: escolha do ponto ideal, contrato de locação comercial, além dos detalhes de vistoria, licenças e alvará que serão exigidos para o funcionamento do estabelecimento. O endereço da empresa também será necessário na elaboração do Contrato Social.

Para liberar as certidões de uso do imóvel, a prefeitura solicita o IPTU. Aconselha-se ter em mãos esse documento antes de adquirir o imóvel ou fechar um contrato de locação. O porte da empresa ou sua atividade influencia diretamente no local em que ela será instalada. Em diversas cidades o empreendedor consegue conferir o zoneamento — e até retirar a certidão — através da internet. Quando este processo não for possível de ser feito online, é preciso ir presencialmente à prefeitura.

Veja as principais regras:

» Para o Empreendedor Individual

Ao realizar a inscrição no portal do empreendedor, será gerado o Alvará de Funcionamento Provisório. Esse documento é válido por até 180 dias e autoriza o funcionamento imediato do empreendimento. Porém, a concessão do Alvará de Localização depende da observância das normas contidas nos Códigos de Zoneamento Urbano e de Posturas Municipais.

A maioria dos municípios tem um serviço de consulta prévia para o empreendedor investigar se o local escolhido para estabelecer sua empresa está de acordo com as normas. Assim, antes de qualquer procedimento, o empreendedor deve saber se existe ou não restrição para exercer sua atividade no local escolhido.

Caso o empreendedor não seja fiel ao cumprimento das normas como declarou, estará sujeito a multas, apreensões e até mesmo ao fechamento do negócio e cancelamento de seus registros.

» Para micro e pequenas empresas

Para as empresas constituídas que estão fora do MEI, as exigências e licenças mais frequentes são:

- Alvará de Localização Municipal: Exigido no início das atividades da empresa e deve ser renovado periodicamente.
- Alvará Sanitário: É importante consultar a legislação específica do município e da vigilância sanitária para verificar a exigibilidade ou não do Alvará Sanitário.
- Corpo de Bombeiros: Toda empresa precisa estar dentro das regras de segurança. A adequação das instalações é verificada pelo Corpo de Bombeiros.

- Afixação de documentos em locais visíveis: Todos os Alvarás e Licenças devem ficar em locais visíveis por todos, assim como cartazes de avisos aos consumidores, exigidos pelas Prefeituras e Estado, e número do telefone e endereço do PROCON. Descumprir esta regra pode resultar em multa para o proprietário.

» Registro em outras instâncias

O último passo, uma vez feitos todos os devidos registros, é cadastrar o empreendimento no sindicato ou associação da categoria que está inserido e, se for o caso, no conselho de classe do ramo.

Tributação

Para escolher o regime de tributação mais adequado ao ritmo do seu negócio o empreendedor deve levar em consideração o faturamento previsto, a forma de atuação da empresa, os clientes e fornecedores, prazos de recebimentos e pagamentos, estrutura, entre outros.

Existem três formas previstas na legislação tributária brasileira para recolher os tributos: Simples Nacional, Lucro Presumido e Lucro Real.

Simples Nacional

O Simples Nacional é um regime tributário diferenciado que foi lançado em 2007 e reduz, em média, em 40% a carga tributária. Ele contempla empresas com receita bruta anual de até R$3,6 milhões (em 2018, este limite deve subir para R$4,8 milhões).

Neste regime tributário, estão inclusos oito impostos federais, municipais e estaduais e o pagamento é feito em um único boleto mediante uma única guia, o DAS (Documento de Arrecadação do Simples Nacional).

Sobre o Simples Nacional incide uma menor tributação do que em relação a outros regimes tributários (como Lucro Real ou Presumido), maior facilidade no atendimento da legislação tributária, previdenciária e trabalhista e a possibilidade de tributar as receitas à medida do recebimento das vendas.

O Simples Nacional também regulamenta o tratamento diferenciado nas contratações públicas de bens, serviços e obras e as microempresas e as empresas de pequeno porte que se encontrem sem movimento há mais de três anos poderão dar baixa nos registros dos órgãos públicos federais, estaduais e municipais, independentemente do pagamento de débitos tributários, taxas ou multas devidas pelo atraso na entrega das respectivas declarações nesses períodos.

Para aderir ao Simples Nacional, os empresários precisam atender alguns requisitos como:

- » O quadro societário não pode conter pessoas jurídicas, nem sócios estrangeiros
- » A empresa não pode ter débitos tributários em aberto
- » Os sócios não podem ter participação superior a 10% no capital social de outra pessoa jurídica, no caso da receita global das empresas ultrapassar R$3,6 milhões por ano
- » Algumas atividades não podem ser exercidas, nem constar do contrato social da empresa (ex: profissões regulamentadas, consultoria, intermediação de negócios, agência de publicidade, cessão de mão de obra).

Para os empreendedores que estiverem na categoria de MEI, o pagamento mensal consiste em um valor de imposto fixo de 5% do salário mínimo vigente, mais R$5 se o empreendedor for um prestador de serviço e R$1 se ele contribuir com o ICMS — pagos pelos profissionais que atuarem no comércio ou na indústria. Para quem se enquadra no ME ou EPP, as alíquotas variam de 4% a 22,9% do faturamento bruto da empresa, de acordo com o ramo em que as atividades são executadas.

LEMBRE-SE

No Simples estão unificados os seguintes impostos:

- » Imposto sobre a Renda da Pessoa Jurídica (IRPJ)
- » Imposto sobre Produtos Industrializados (IPI)
- » Contribuição Social sobre o Lucro Líquido (CSLL)
- » Contribuição para o Financiamento da Seguridade Social (Cofins)
- » Contribuição para o PIS/Pasep
- » Contribuição Patronal Previdenciária (CPP)
- » Imposto sobre Operações Relativas à Circulação de Mercadorias e Sobre Prestações de Serviços de Transporte Interestadual e Intermunicipal e de Comunicação (ICMS)
- » Imposto sobre Serviços de Qualquer Natureza (ISS).

Lucro Presumido

O Lucro Presumido é a tributação simplificada que abrange dois impostos: IRPJ e o CSLL.

O governo leva em conta a receita bruta da empresa, calcula separadamente esses tributos e estipula uma porcentagem pré-fixada a ser paga para cada um deles. Cada ramo de atuação possui um percentual padrão em que o governo estabeleceu uma porcentagem da alíquota. Neste regime não é preciso fazer o cálculo do lucro efetivamente acumulado pelo empreendimento. O pagamento é trimestral, ou seja, deve ser pago até o fim do mês seguinte ao término de cada trimestre.

O sistema de Lucro Presumido é indicado para as empresas que faturam mais do que a margem de faturamento presumida pelo governo em suas respectivas áreas de atuação. Por exemplo, o percentual de tributo previsto para empresas que trabalham exclusivamente com transporte de cargas é de 8% em cima do lucro bruto, média calculada pelo Governo para as empresas deste segmento. Se a sua empresa aufere um lucro bruto maior do que a média das demais na sua área, escolher este sistema tributário pode significar economia no pagamento de tributos. Na contramão, se seu negócio tem um lucro bruto menor do que o previsto e pré-fixado pelo governo, os tributos que precisam ser pagos não modificam.

Para o IRPJ, a alíquota estipulada pelo governo é de 15% para toda empresa que possua lucro de até R$20 mil por mês e um acréscimo de 10%, passando a ser 25%, para todo lucro que passar essa margem. Para a CSLL, a alíquota é sempre 9% sobre a base de cálculo.

Explicando: O empreendedor confere em qual categoria dos tributos pré-fixados pelo governo sua empresa se encaixa; tira o percentual do IRPJ e do CSLL do seu lucro bruto anual de acordo com os números explícitos na tabela; multiplica a porcentagem pelo valor do lucro e, posteriormente, pela alíquota vigente para os dois impostos.

O site da Endeavor ilustra com um exemplo de uma empresa que seja do ramo de prestação de serviço:

"Vamos considerar uma empresa de prestação de serviços que tenha um faturamento anual de R$3.600.000,00. A Base de cálculo, tanto para o IRPJ, quanto para a CSLL, é de 32%. Assim, a base de cálculo é de R$1.152.000,00. Esse é o lucro presumido pela Receita Federal que a empresa teve no ano.

Para calcular a CSLL, apenas multiplicamos esse valor por 9% (0,09):

CSLL = 1.152.000 x 0,09 = 103.680

De CSLL, a empresa terá que pagar R$103.680,00. Simples.

TABELA DE IMPOSTO NO SISTEMA DE LUCRO PRESUMIDO

A Receita Federal utiliza a seguinte tabela para determinar a taxa do Imposto sobre a Renda da Pessoa Jurídica (IRPJ) no sistema de Lucro Presumido:

- **1,6% — Revenda de combustíveis**
- **8,0% — Regra geral (toda empresa que não está explicitamente nas definições acima e abaixo)**
- **16,0% — Serviço de transporte que não seja de carga**
- **32,0% — Prestação de serviços em geral, intermediação de negócios e administração, locação ou cessão de bens móveis, imóveis ou direitos**

Para o imposto CSLL, os números são esses:

- **12,0% — Regra geral (toda empresa que não está na alíquota de 32%)**
- **32% — Prestação de serviços em geral, intermediação de negócios e administração, locação ou cessão de bens moveis, imóveis ou direitos**

O IRPJ dá um pouco mais de trabalho, mas também é fácil. O cálculo deve ser feito em duas partes, uma até R$240 mil, na qual se aplica uma alíquota de 15% (0,15), e outra com o valor da base de cálculo menos os R$240 mil, na qual se aplica uma alíquota de 25% (0,25).

Ou seja:

> IRPJ = (240.000 x 0,15) + (115.2000 - 240.000) x 0,25 IRPJ = 36.000 + 228.000 IRPJ = 264.000
>
> De IRPJ, a empresa terá que pagar R$264 mil.

O valor combinado dos dois impostos será de R$367.680,00 (aproximadamente 10,21% do faturamento da empresa).

Podem aderir a este tipo de tributação as empresas que tenham faturamento anual de até R$78 milhões ou no máximo R$6,5 milhões multiplicado pelo número de meses de atividade do ano-calendário anterior — quando o período de atividade do negócio for inferior a 12 meses.

O empreendedor tem que estar atento se seu negócio pode enquadrar-se neste regime tributário. Quem trabalha com operações financeiras, possua lucros que tenham origem de fora do País ou descontos fiscais aprovados nas leis sobre impostos, não pode optar pelo Lucro Presumido.

Lucro Real

No sistema de Lucro Real a pessoa jurídica presta contas ao governo ao determinar seu lucro a partir do balanço anual ou dos balancetes trimestrais. Se o empreendimento apresenta prejuízo fiscal após a realização do cálculo, não há imposto de renda e contribuição social a serem pagos.

O sistema acaba sendo vantajoso para os empreendimentos que operam com prejuízo ou margem mínima de lucro. É vantagem também para as empresas que estão com porcentagem de lucro inferior às presumidas pelo governo, pois, neste regime tributário, as taxas cobradas variam de acordo com o lucro obtido pelo negócio.

Apesar da existência dos três regimes tributários (Simples Nacional, Lucro Presumido e Lucro Real), algumas empresas são obrigadas a aderir diretamente ao Lucro Real, em razão da atividade que exercem — instituições financeiras, cooperativas de crédito, factoring, por exemplo — e por obter receita bruta anual superior a R$78 milhões. Pessoas jurídicas que tiverem lucros, rendimentos ou ganhos de capital provindos do exterior também se encaixam nessa categoria.[1]

No Lucro Real anual o sistema é similar ao Lucro Presumido: a empresa antecipa os tributos mensalmente, de acordo com o faturamento mensal, sobre o qual se aplicam percentuais pré-determinados. Esses percentuais variam de acordo com o enquadramento das atividades das empresas. Esse percentual gera uma margem de lucro estimada, sobre a qual recai os impostos de IRPJ e CSLL. É o sistema mais indicado para as empresas que possuem faturamentos sazonais, com picos de faturamento durante o ano.

O empresário consegue nesta modalidade reduzir ou até mesmo suspender o recolhimento do IRPJ e da CSLL com o levantamento de balanços ou balancetes mensais, caso neles conste que o lucro real efetivo é menor do que aquele estimado e que o negócio está operando com prejuízo fiscal. Ao fim do ano, o empreendedor faz o levantamento do balanço anual da empresa e confere o lucro real do exercício, calculando de forma concreta o IRPJ e a CSLL e descontando as antecipações mensais realizadas. Existe a possibilidade de as antecipações mensais serem superiores aos tributos devidos, o que ocasiona crédito a favor do contribuinte.

1 Informações do Portal Tributário: "Não confundir rendimentos ou ganhos de capital oriundos do exterior com receitas de exportação. As exportadoras podem optar pelo Lucro Presumido normalmente, desde que não estejam nas hipóteses de vedação. A restrição deste item alcança aquelas empresas que tenham lucros gerados no exterior (como empresas Offshore, filiais controladas e coligadas no exterior etc.). A prestação direta de serviços no exterior (sem a utilização de filiais, sucursais, agências, representações, coligadas, controladas e outras unidades descentralizadas da pessoa jurídica que lhes sejam assemelhadas) não obriga à tributação do Lucro Real."

O lucro real trimestral é indicado para os empreendimentos que possuem um faturamento mais linear no decorrer do ano. Os balanços são feitos a cada trimestre civil, de forma isolada, e a partir daí é calculado o IRPJ e a CSLL. Não há antecipação mensal nesta modalidade e nem uma apuração no final do ano, e sim quatro apurações definitivas — de lucros e prejuízos.

O Portal Tributário exemplifica a operação do lucro real trimestral: "Se a pessoa jurídica tiver um prejuízo fiscal de R$100 mil no primeiro trimestre e um lucro de também R$100 mil no segundo trimestre terá que tributar IRPJ e CSLL sobre a base de R$70 mil, pois não se pode compensar integralmente o prejuízo do trimestre anterior, ainda que dentro do mesmo ano-calendário. O prejuízo fiscal de um trimestre só poderá deduzir até o limite de 30% do lucro real dos trimestres seguintes."

No caso do cálculo de PIS e COFINS, os empreendimentos que adotarem o Lucro Real precisam calcular esses tributos pelo regime não-cumulativo.

Se o empresário puder optar pela escolha do regime tributário, é indicado que ele se enquadre no Simples Nacional e, após expandir o negócio, comece a pensar em um novo regime tributário, mais adequado à nova realidade do negócio. Lembrando que o planejamento tributário é feito por um advogado tributarista ou analista fiscal, que pode ser recomendado pelo contador da empresa. Quanto mais complexo for o tipo tributário, mais caro é o serviço desses profissionais.

NESTE CAPÍTULO

- » Entendendo a importância da gestão financeira para uma empresa
- » Como calcular lucro e rentabilidade
- » A contabilidade de uma empresa
- » Aprendendo a fazer um planejamento financeiro de longo prazo

Capítulo 14

Finanças

"Um homem de negócios é um cruzamento entre um dançarino e uma máquina de calcular."

PAUL VALÉRY

— Poeta francês

Imagine um mundo ideal onde sua empresa chegou ao ponto de equilíbrio, possui um bom fluxo de caixa e as vendas vão bem. Imaginou? Este é o mundo ideal dos empreendedores, mas para que isso aconteça é preciso estar atento ao controle financeiro.

Gestão Financeira

Os consultores de finanças são unânimes em afirmar que a gestão financeira é a principal arma estratégica dos empreendedores e responsável pelo sucesso ou fracasso de um negócio, seja qual for o porte ou natureza do empreendimento. Por isso, o ideal é que um controle cuidadoso das contas seja feito desde o primeiro momento da empresa.

Apesar de ser um dos tópicos mais importantes para uma empresa, as finanças muitas vezes são relegadas a segundo plano por empreendedores que fogem do tema e preferem focar sua atenção nas vendas ou na produção, deixando para o contador a análise financeira da empresa.

O conhecimento mínimo que o empreendedor deve ter para iniciar seu negócio é a gestão do fluxo de caixa. Ele é o carro-chefe do controle financeiro e também funciona como uma bússola para orientar os rumos da empresa.

O fluxo de caixa é uma planilha onde se insere todas as transações financeiras de uma empresa. Nela deverão ser registradas todas as entradas de capital na empresa (vendas à vista e recebimento de duplicatas, entre outros) e as saídas (compras à vista, pagamentos de duplicatas, pagamento de despesas e outros pagamentos).

Ao elaborar um fluxo de caixa, o empresário pode conferir transparência às operações e estará sempre pronto para eventuais fiscalizações e inspeções. Ele também terá a seu dispor uma ideia de como estará a situação financeira da sua empresa em um futuro próximo.

No longo prazo esta movimentação também permite ao empreendedor fazer um balanço financeiro e usar isso como parâmetro para a tomada de decisões. Por exemplo: analisando o período de 12 meses de entradas e saídas é possível fazer uma previsão para o próximo ano de qual mês será o de mais e o de menos vendas ou qual terá uma saída maior ou menor de recursos do caixa.

Mas antes é importante entender o que significa cada apontamento:

» **CUSTOS:** Representa o dinheiro aplicado em gastos com a fabricação de bens e serviços:

- **Custos Fixos:** São realizados pela empresa, independentemente da ação de produzir ou vender. Exemplos: aluguel, salários e encargos, água, luz, telefone, contador, pró-labore etc.
- **Custos Variáveis:** São despesas que aumentam ou diminuem conforme a produção e venda. Por exemplo: impostos sobre vendas e comissões sobre vendas, frete de entregas etc.

» **DESPESAS:** Valor gasto relativo à manutenção da empresa e às operações de comercialização.

As despesas também podem estar separadas em três categorias diferentes:

- **Administrativas:** Abrangem os gastos com salários, telefones e internet
- **Comerciais:** Estão presentes os gastos de comissões de venda e marketing
- **Financeiras:** Tributos, multas e juros

Como Fazer um Fluxo de Caixa

A melhor maneira de montar um fluxo de caixa é inserir detalhadamente todas as transações financeiras de sua empresa: tudo aquilo que entra e sai e o que é pago e recebido. Um formato básico de fluxo de caixa envolve cinco elementos: Saldo inicial, Entradas de Caixa, Saídas de Caixa, Saldo Operacional e Saldo Final de Caixa. Vamos ver cada um deles:

» **Saldo Inicial:** É o valor constante no caixa no início do período considerado para a elaboração do Fluxo. É composto pelo dinheiro na "gaveta" mais os saldos bancários disponíveis para saque.

» **Entradas de Caixa:** Correspondem às vendas realizadas à vista, bem como a outros recebimentos, tais como duplicatas, cheques pré-datados, faturas de cartão de crédito etc., disponíveis como "dinheiro" na respectiva data.

» **Saídas de Caixa:** Correspondem a pagamentos de fornecedores, pró-labore (retiradas dos sócios), aluguéis, impostos, folha de pagamento, água, luz, telefone e outros, entre eles alguns descritos em nosso modelo.

» **Saldo Operacional:** Representa o valor obtido de entradas menos as saídas de caixa na respectiva data. Possibilita avaliar como se comportam seus recebimentos e gastos periodicamente, sem a influência dos saldos de caixa anteriores.

» **Saldo Final de Caixa:** Representa o valor obtido da soma do Saldo Inicial com o Saldo Operacional. Permite constatar a real sobra ou falta de dinheiro em seu negócio no período considerado e passa a ser o Saldo Inicial do próximo período.

MOVIMENTOS FINANCEIROS - JANEIRO/2015							
CAIXA				BANCOS			
	SALDO ANTERIOR	100,00			SALDO ANTERIOR	400,00	
	ENTRADAS	200,00			ENTRADAS	100,00	
	SAÍDAS		100,00		SAÍDAS		50,00
	SALDO ATUAL		200,00		SALDO ATUAL		450,00
	CONFERÊNCIA	300,00	300,00		CONFERÊNCIA	500,00	500,00
DATA	DISCRIMINAÇÃO	ENTRADA	SAÍDA	DATA	DISCRIMINAÇÃO	ENTRADA	SAÍDA
02/01/15	Vendas à Vista	150,00		02/01/15	Depósito	100,00	
02/01/15	Depósito		100,00	02/01/15	Retirada		50,00
02/01/15	Retirada	50,00					

FIGURA 14-1: Exemplo de fluxo de caixa.

Receitas

Para ter receitas, a empresa precisa vender. Mais do que isso: é preciso vender e receber, já que só vender e não receber não ajuda no fluxo de caixa.

A primeira coisa para vender um produto ou serviço é definir o preço. E ele deve cobrir todos os lucros e as despesas da empresa. O preço precisa ser compensador para que a empresa se mantenha viável e lucrativa. A composição do preço deve levar em consideração muitos fatores. Tanto os objetivos como os subjetivos. O desafio constante do empreendedor é encontrar um preço ideal que não seja tão baixo a ponto de gerar prejuízo e nem tão alto a ponto de espantar a clientela.

Como fazer a precificação

Existe um método para chegar a um preço de um produto: o Markup. Trata-se de uma fórmula que levanta elementos como custos, despesas, impostos e lucro. Por meio deste índice é possível chegar a um preço que cubra todo o custo para desenvolver um produto ou serviço e garanta a porcentagem de lucro imaginada pelo empreendedor para manter a empresa em funcionamento.

A fórmula é executada em alguns passos. Primeiro é preciso estabelecer o preço de custo do produto. Depois aplica-se a fórmula: soma-se as porcentagens de gastos, como impostos e comissão, as chamadas despesas variáveis e despesas fixas, com a margem de lucro pretendido e subtrai esse valor somado de 100.

O resultado dessa equação serve como divisor de 100 e o número que resultar dessas duas contas será multiplicado pelo preço de custo do produto para se chegar ao preço de venda ideal que cubra todos as despesas fixas e variáveis e ainda garanta a margem de lucro prevista pelo empresário na venda daquela unidade de produto ou serviço.

Para simplificar e aplicar a fórmula, pegaremos um exemplo citado pelo site Endeavor para o cálculo do *markup*:

100/[100-(DV+DF+LP)]

Onde:

- » 100 representa o preço unitário total de venda em percentual
- » DV para Despesas Variáveis
- » DF para Despesas Fixas e
- » LP para Margem de Lucro Pretendida

Exemplo Prático 1:

Vamos considerar que seu produto ou serviço custa R$50, e que você tem os seguintes índices:

DV=10%, DF=10% e LP=10%

Aos cálculos:

Markup = 100/[100-(10+10+10)] *Markup* = 100/(100-30)

Markup = 100/70

Markup = 1,4286

Assim, no exemplo acima, para se obter o preço de venda, basta multiplicar o valor que representa o custo direto unitário da mercadoria pelo índice encontrado. Ou seja:

Preço de Venda = 50,00 x 1,4286 = 71,43

Existem outras formas de encontrar o preço para seu produto ou serviço. Segundo o consultor de empresas Antonio Carlos de Matos, uma gestão competente considera que a empresa tem dois preços de venda para todos os seus produtos e serviços.

O primeiro preço de venda é resultante da competência da empresa em atrair clientes e influenciar sua decisão de compra, portanto, é descoberto com permanente observação e compreensão do mercado e mais especificamente do cliente.

PLANILHAS ONLINE

Nem sempre é fácil assegurar que você está de posse de toda a informação possível, no entanto. Para isso existem ferramentas que ajudam a manter as contas arrumadas.

A quem quiser se aprofundar nos conceitos, a sugestão é que faça um curso de educação financeira. Diversas instituições voltadas a empreendedores oferecem esses cursos gratuitamente. O Sebrae e o Instituto Endeavor, entre os mais conhecidos, têm até cursos online, nos quais o aluno pode aprender a distância.

Talvez valha a pena o empreendedor se programar, tirar algumas horas por dia para aprender a lidar de maneira consistente com as finanças da empresa. Mesmo se for contratado um contador, convém que o proprietário do negócio tenha familiaridade com os números. Os cursos ajudam a desvendar os termos financeiros e contábeis, a interpretar contas e balanços.

Há também no mercado diversos aplicativos que ajudam no controle das contas, como Conta Azul, Sis Controle, Granatum Financeiro, entre outros. Alguns fazem relatórios e gráficos de resultados financeiros e até emitem boletos bancários para as vendas. Geralmente há as ferramentas básicas gratuitas e as operações mais intrincadas são cobradas. Todos possuem versões para testes. O empreendedor pode usar durante um tempo, ver se atende às suas necessidades e só depois contratar ou não. É importante buscar a ferramenta que melhor se encaixe à realidade da empresa: anotações em um caderno, por exemplo, podem atender ao que a empresa precisa, assim como contratar um sistema mega pode não trazer grandes resultados.

Ao contratar um sistema, é importante verificar se ele se integra com outros dados da empresa (não trabalhe isoladamente). Quem atua com varejo, veja se existe integração com estoque, pedidos, vendas online e offline, emissão de nota fiscal eletrônica, código de barras etc.

Caso você ache que precisa da ajuda mais de perto, considere a contratação de um consultor financeiro para a implantação ou ampliação de um negócio. O profissional vai ajudá-lo a estruturar o negócio, organizar o fluxo de caixa, pensar no manejo do capital de giro, agilizar os processos de contas a pagar e a receber. Acompanhando tudo, você poderá melhorar sua capacidade de fazer o planejamento financeiro e até a própria gestão do negócio. A partir daí, traçar planos mais certeiros de investimentos.

Mas o preço de venda que a empresa praticar será sempre aquele que o seu mercado aceitar. A questão, portanto, é saber se esse preço "imposto pelo mercado" é ou não compensador para a empresa considerando suas especificidades, fruto das decisões de seu gestor. Se não for compensador a empresa se inviabilizará. Sem vendas a empresa quebra, sem preço compensador, também quebra.

O segundo preço já é fruto de cálculo, considerando toda a estrutura montada para servir ao cliente, e é resultado de uma soma:

Custo de obtenção do produto ou execução do serviço + respectivas despesas comerciais + contribuição para cobrir as despesas fixas da empresa + margem de lucro que permite acumular o lucro que compense o investimento.

Este preço calculado, com base na realidade da empresa, serve de referência para saber se o preço de venda praticado é ou não compensador. Calcular esse segundo preço de venda significa determinar o valor mínimo que seja compensador para repor os custos de obtenção do produto ou da execução do serviço, as despesas comerciais inclusive impostos, contribuir com a cobertura das despesas fixas e com a geração de lucro.

No entanto, o preço de venda que praticar para produtos e serviços, que é sempre o que o mercado (clientes) aceita pagar, deveria ser sempre acima do preço referencial, quanto mais acima melhor, pois preço de venda tem seu "limite inferior" fixado pela empresa, mas o "limite superior" é fixado pelo mercado. Se o preço que o mercado aceita pagar for maior, a empresa é competitiva.

Ou seja, supondo que o preço compensador para um produto seja de R$100, mas o mercado pratica um preço de R$130 e os clientes da empresa aceitam pagar R$130, então a empresa é competitiva, pois poderia vender até por um preço menor que ainda seria compensador.

Se for igual, a empresa demonstra fragilidade, pois qualquer aumento de custo pode tirá-la do mercado. Se for maior, significa que a empresa está fora do mercado. Se insistir vai ter prejuízo. Precisa rever sua estrutura e seu modelo de negócio.

Há outra vantagem na definição deste preço "interno", do preço referencial: esta tarefa obriga conhecer e dominar aspectos importantes para a gestão do negócio.

Lucro e Rentabilidade

Lucro para uma empresa é como oxigênio para os seres vivos. Sem oxigênio o ser vivo morre, e sem lucro a empresa quebra. Existem empresas que faturam muito, mas não lucram. E existem empresas com faturamento menor, mas alta rentabilidade.

O conhecimento prévio desses indicadores permite saber se a empresa está trazendo retornos e se vale a pena continuar a operação. Para entender melhor, é importante saber primeiro a diferença entre lucratividade e rentabilidade.

LEMBRE-SE

O **Lucro** é dado pela receita de vendas menos as despesas, custos e impostos. Já a **Lucratividade** é o percentual que indica o ganho obtido sobre as vendas. Ela indica se as vendas são suficientes para pagar os custos e despesas e ainda gerar lucro. Para calculá-la, basta dividir o lucro pelo total das vendas e multiplicar por 100.

Já a **Rentabilidade** indica o percentual de retorno do investimento realizado na empresa. Para chegar a ela, basta dividir o lucro da empresa pelo valor do investimento inicial. Para exemplificar, imagine uma empresa montada há um ano no valor de R$100 mil, que gere lucro mensal de R$2 mil. Se dividirmos o lucro pelo investimento, chegaremos a 2%. A rentabilidade serve para medir o potencial que o negócio tem em se pagar.

PAPO DE ESPECIALISTA

PREÇO VERSUS VALOR

Um erro comum dos empreendedores é confundir as ideias de preço e valor. Preço é aquilo que você cobra e valor é aquilo que o cliente percebe, ou seja, quanto seu produto ou serviço pode trazer e agregar de benefícios ao cliente.

A concepção de valor é subjetiva, pois está estritamente ligada à percepção e satisfação do cliente, que analisará questões como a qualidade, funcionalidade, inovação, exclusividade e status.

Quanto maior for o valor do seu produto ou serviço, mais liberdade para definir uma margem de preço que será cobrada do cliente. É por isso que existem empresas que oferecem produtos muito similares, mas com diferenças de preços exorbitantes.

Podemos usar o exemplo de uma camiseta básica oferecida por uma loja de grife e uma de mesmo tecido, porém de uma loja de bairro. A peça da loja de marca agrega a questão do valor de status, por exemplo, enquanto a do pequeno empreendimento não conseguiu construir esse valor ainda.

A Contabilidade da Empresa

Nem sempre será fácil manter a contabilidade de uma empresa em dia. Por isso, muitos empresários optam por terceirizar as análises e registros contábeis. Como todas as empresas são obrigadas a manter um contador, este pode ser o profissional que irá executar balancetes mensais da sua empresa.

Assim, o empreendedor cuida das suas atividades principais e repassa ao contador as notas fiscais e outros comprovantes. Ao final de cada mês, o contador poderá fazer a análise da saúde do empreendimento e também refletir a situação patrimonial do empreendimento (ativo ou passivo).

Uma das razões para delegar essa importante função para o contador é justamente fazer uma gestão financeira mais apurada da empresa. E o outro motivo é ficar mais tranquilo em caso de fiscalizações. Eventualmente, você pode ter que comprovar a lisura e a fidedignidade da administração junto à Receita Federal, Ministério do Trabalho e outros órgãos. Ou então poderá querer entrar em concorrências governamentais, que exigem que todas as questões legais estejam resolvidas e planilhas 100% atualizadas, para atestar a transparência das operações dentro do negócio. Em alguns casos, será exigido o balanço patrimonial anual, que o contador fará ao final de cada ano e deve permanecer disponível para consulta sempre que solicitado.

A contabilidade, seja fiscal (a que é enviada para o governo) ou gerencial (o que de fato acontece na empresa), deve ser vista pelo empresário e seu contador como uma importante ferramenta de gestão, pois através dela conseguimos gerir o negócio e nos antecipar a alguns problemas.

Planejamento financeiro

Qualquer tomada de decisão gerencial deve se basear em informações atualizadas e seguras. Uma melhor alocação de recursos é consequência do controle financeiro para identificar oportunidades e traçar estratégias de otimização do seu custo-benefício.

É importante saber com precisão até onde ir em ações promocionais, controlar o fluxo de caixa, folha de pessoal, estoque, estatísticas de vendas, cadastro de clientes e fornecedores, lucratividade e inadimplência.

Existem três planilhas básicas para fazer a gestão e controlar a saúde financeira da empresa. São elas:

- **Fluxo de Caixa:** Acompanha o montante recebido e gasto em determinado período e ajuda a equilibrar as contas do dia a dia. Mas sozinha, esta planilha não é eficaz, pois pode passar a impressão errada de que as coisas vão bem e mascarar resultados importantes como um produto que não traz resultado, um cliente que traz prejuízo etc.
- **Demonstração de Resultado**: Acompanha o resultado do período, demonstra o quanto a empresa teve de lucro ou prejuízo. Sozinho não é eficaz porque também pode levar o empresário a cometer o erro em achar que a empresa tem dinheiro, os valores são demonstrados por competência, ou seja, posso ter tido um alto lucro, mas o valor em si, financeiramente, pode ser recebido somente no mês seguinte, o que faz toda a diferença.
- **Balanço Patrimonial:** Informa o que a empresa tem, seus bens e direitos, suas dívidas e principalmente o que foi feito do valor investido e o que foi feito do lucro da empresa. Sozinho não é eficaz porque é estático, o fato de se ter muitos ativos não quer dizer que a empresa tenha dinheiro para assumir seus compromissos.

Cada uma dessas planilhas tem uma função diferente e em conjunto elas permitem fazer um diagnóstico preciso da empresa, respondendo a perguntas primordiais:

1. **Posso cumprir minhas obrigações financeiras a qualquer momento? Veja a partir do Fluxo de Caixa**
2. **Sou rentável? Acompanhe a planilha de Demonstração de Resultado (DRE)**
3. **Onde meu capital foi investido e de onde ele vem? É possível avaliar a partir do Balanço Patrimonial**

Segundo a contadora Heloisa Motoki, muitos empresários controlam sua empresa somente pelo fluxo de caixa e quando se dão conta não sabem se o negócio é rentável ou não. Ela também dá a dica que para um sucesso duradouro: estar atento ao Balanço Patrimonial. É ele que indica a condição financeira de uma empresa, expondo seus lucros, dividendos e seu patrimônio líquido.

DRE — Demonstração do Resultado do Exercício

A DRE (Demonstração de Resultado de Exercício) é um resumo das operações financeiras da empresa em um determinado período de tempo para verificar se a empresa teve lucro ou prejuízo.

Tecnicamente, é um demonstrativo contábil que mostra como é formado o resultado líquido da empresa por meio da comparação entre receitas e despesas.

Apesar de ser um relatório contábil, a DRE faz um diagnóstico preciso da saúde financeira da empresa (normalmente no período de um ano) e permite ao empresário tomar decisões gerenciais e fazer intervenções necessárias para a solução de problemas.

Para as empresas brasileiras, a demonstração de resultado de exercício é obrigatória e sua estrutura é a seguinte:

- » Receita Bruta
- » (-) Deduções e abatimentos
- » (=) Receita Líquida
- » (-) CPV (Custo de produtos vendidos) ou CMV (Custos de mercadorias vendidas)
- » (=) Lucro Bruto
- » (-) Despesas com Vendas
- » (-) Despesas Administrativas
- » (-) Despesas Financeiras
- » (=) Resultado Antes IRPJ CSLL
- » (-) Provisões IRPJ E CSLL
- » (=) Resultado Líquido

BALANÇO PATRIMONIAL

Balanço Patrimonial é uma das principais ferramentas para avaliar a posição contábil e financeira da empresa, já que leva em conta não apenas o caixa, mas também propriedades, dívidas e pagamentos a receber.

O objetivo da análise do Balanço Patrimonial é ver o resultado econômico da empresa, de fato enxergar como ela está das pernas naquela determinada data. É um documento obrigatório para qualquer tipo de empresa no Brasil (menos o MEI) e o único tipo de profissional que pode fazer um balanço patrimonial é um contador (devidamente inscrito no Conselho Regional de Contabilidade, CRC).

Os principais elementos do Balanço Patrimonial são o Ativo, o Passivo e o Patrimônio Líquido.

- **Ativos:** Os ativos correspondem à parte positiva do patrimônio e também são chamados de "bens e direitos" ou "bens + direitos". Veja os tipos de ativos.
- **Ativo circulante:** São os valores que sua empresa tem disponível para operação no curto prazo. Quando o ativo circulante tem que esperar mais 1 ano contábil para ser recebido, recebe o nome de ativo realizável em longo prazo.
- **Ativo não-circulante:** São os ativos que não serão recebidos dentro do ano seguinte, de caráter permanente. Nessa categoria entram bens utilizados para a realização da atividade da empresa.

Alguns contadores separam imóveis (prédios, casas, terrenos) e máquinas em uma categoria diferente de ativos: em ativos fixos.

- **Passivos:** Correspondem à parte negativa do patrimônio e também são chamados de "obrigações".
- **Passivo circulante:** As classificações do passivo (circulante e não-circulante) funcionam do mesmo modo que os ativos.

Ou seja, passivo circulante é composto pelas dívidas que serão liquidadas dentro do prazo de 1 ano.

- **Passivo não-circulante:** São as dívidas de longo prazo, que serão quitadas depois de 1 ano.
- **Patrimônio Líquido:** É composto pelo capital investido pelos sócios no começo da empresa e pelos lucros que foram reinvestidos na empresa.

NESTE CAPÍTULO

» **Normas e padrões jurídicos de um negócio**

» **Compreendendo o conceito básico de Compliance**

» **Os principais aspectos jurídicos que o empreendedor deve estar atento**

» **Certificação digital**

Capítulo 15

Aspectos Jurídicos

"Toda pessoa de negócios precisa de pelo menos um bom advogado, um bom contador e um bom cardiologista. Para não precisar visitar com tanta frequência este último, um conselho: não menospreze a importância do primeiro."

AUTOR DESCONHECIDO

Padrões Legais nos Negócios

Empreender no Brasil não é fácil. Compreender a totalidade da burocracia jurídica que envolve a atividade, então, é ainda mais complicado. Mas é possível e, se você quer tocar seu próprio negócio, vai precisar encarar.

Nem todo empreendedor pode bancar desde o início uma assessoria jurídica. Mas ele precisa saber que ao crescer vai precisar dela. Ter uma empresa legalizada e regularizada em todas as instâncias é a evidência de que o empreendedor não é um aventureiro e também lhe garante uma série de seguranças legais.

Segundo o advogado e sócio-diretor da Andrade Minto Advogados Associados, Luciano Minto, dois aspectos levam o empreendedor minimamente inteligente a repensar a utilização de práticas heterodoxas. O primeiro deles é de fundo financeiro. Segundo o especialista, as punições impostas aos entes ou empresas transgressoras da lei são pesadíssimas. Independente de se tratar de violação nas relações de consumo, sanitária, trabalhista, ambiental, tributária ou a corrupção propriamente dita, o fato é que as multas são elevadíssimas.

O QUE É COMPLIANCE?

O termo compliance é da língua inglesa e em uma tradução literal seria "conformidade", significa estar de acordo com as regras, normas, regulamentos e leis. Assim, estar em compliance é estar em conformidade com regulamentos internos e externos à empresa.

Em sua base, a compliance protege os valores éticos, a obediência às leis e a transparência na gestão de um negócio e faz valer a missão, visão e valores da empresa, assegurando sua reputação. Isso faz com que a empresa seja reconhecida no mercado de forma positiva.

Enquanto ferramenta de gestão, a compliance deve estar nas mãos da alta administração da empresa e tem por finalidade certificar-se que as operações e os processos organizacionais estão sendo realizados obedecendo ao conjunto de regras internas e de mercado, bem como à legislação aplicável.

De forma prática, a compliance traz vantagem competitiva à empresa já que fornece credibilidade, mitiga os riscos do negócio, permite desconto em linhas de crédito e organização.

O segundo é de fundo restritivo da liberdade. Não há espaço para chicanas processuais como antigamente, cujos processos se arrastavam por anos e eram extintos em decorrência da prescrição. E se o ambiente empresarial brasileiro é hostil, hoje não funciona mais criar manobras tributárias para burlar o fisco mediante o argumento da excessiva carga tributária ou alternativas criticáveis nas relações trabalhistas com a desculpa do anacronismo da CLT.

O cerco está se fechando no Brasil também por força das exigências mundiais, pois tudo que se refere a *compliance* veio de fora, cujo objetivo maior é a criação de mecanismos capazes de evitar a corrupção fortalecendo igualmente os valores éticos.

Os Principais Aspectos Legais

Obrigatoriamente a atividade empresarial deverá se desenvolver mediante padrões éticos e cumprimento da lei. Para começar, evite problemas futuros, inicie sua empresa da forma certa e legal.

É muito comum as empresas menosprezarem as questões legais no início de suas atividades, para se dedicarem mais à estratégia de crescimento. Isso é um grande erro, porque pode dar origem a um monstro perigoso que, no futuro, vai fazer sua companhia tirar o foco do operacional para se dedicar a disputas jurídicas.

Por isso, o melhor é se precaver. Se você contratar pessoas, vai precisar tratar de aspectos trabalhistas na área jurídica. Se lida com relações de consumo, em algum momento vai precisar responder a algum questionamento. Enfim, não há área em que questões jurídicas não terão importância. Portanto, fique atento.

Aqui, elencamos alguns aspectos jurídicos que consideramos básicos e essenciais para todo empreendedor. Fique atento a eles.

Legislação tributária

Toda empresa está sujeita ao recolhimento e pagamento de tributos, que são específicos de acordo com a área de atuação (serviços, comércio, indústria etc.), tamanho (micro, pequena, média ou grande empresa), tipo de sociedade (limitada, anônima etc.), localização (cada cidade e estado tem seu próprio sistema de tributação) e outros fatores que definem e delimitam a empresa. Esse assunto pode ser um tanto complexo, devido à natureza burocrática do Brasil. Por isso, estude muito sobre ele e, principalmente, busque assessoria especializada logo que a estrutura financeira do seu negócio suportar.

Acionistas

Já existiu no Brasil um código específico para tratar de assuntos empresariais, mas hoje tudo que se relaciona a sociedades e temas correlatos está no Código Civil. Pesquise, leia e atualize-se.

» **CONTRATOS:** Verificar, ler e pedir auxílio antes de assinar, verificar cláusulas, multas e possibilidades de desistências;

» **ACORDO SOCIETÁRIO:** Uma prática ainda pouco executada no Brasil é este importante instrumento contratual, pois regula desde compromissos, ações e tarefas a serem desempenhadas no dia a dia, sucessões, dúvidas e age fundamentalmente como um grande preventivo; além de outros importantes fundamentos do direito dependendo do setor em que for atuar, como ambiental (empresas e ou prestadores de serviços de reciclagem água, saneamento), responsabilidade civil (médico, hospitais, clínicas), logística e direito marítimo e internacional (setores como importação e exportação, litoral, portos).

Direitos do consumidor

O brasileiro está cada vez mais consciente de seus direitos e aprendendo a exigi-los. Ninguém tolera mais empresas que infringem normas e as redes sociais potencializaram as vozes, que podem provocar grandes estragos a marcas quando se sentirem lesadas. É muito importante que você, enquanto empreendedor, domine bem essa área.

Fornecedores

Para conseguir maior segurança nas relações com fornecedores e clientes é recomendado utilizar um contrato de prestação de serviços, instrumento que traz garantias e funciona como um registro com validade jurídica sobre o que foi estabelecido.

A redação desse tipo de documento deve ser orientada pelo bem comum de ambas as partes e estabelecer os direitos e deveres de todos os envolvidos. Para evitar brechas, ele deve ser o mais simples possível. É importante, no entanto, a assessoria de um profissional da área jurídica, para evitar cláusulas que possam ser contestadas no futuro e acabem provocando uma situação de insegurança jurídica.

Direitos trabalhistas

Formalizar o empregado, arcar com todos os encargos que envolve a contratação de um funcionário de forma legal, não deixar de pagar adicionais, respeitar a quantidade de horas de trabalho; são muitos os pontos em que os empregadores deixam a desejar para com os empregados e isso pode resultar em um processo na justiça, que, além de ter a capacidade de causar um prejuízo ainda maior do que seria arcar com os valores corretos, pode manchar o nome da empresa.

Litígios trabalhistas lotam diariamente a justiça brasileira e, não raro, quebram algumas empresas. O alto custo da mão de obra no Brasil muitas vezes leva empreendedores a buscarem "jeitinhos" para minimizar a despesa nas contratações (veja mais no Capítulo 16 — Gestão de Pessoas).

Ética nas relações com o governo

Se uma empresa atua para órgãos governamentais, ela terá que se adaptar à lei 12.846/13 — conhecida como Lei Anticorrupção, que foi estabelecida no Brasil a partir de um compromisso assumido junto à OCDE — Organização de Cooperação e de Desenvolvimento Econômico, organismo multilateral, composto por 34 países e com Sede em Paris.

Esta lei fecha uma lacuna no ordenamento jurídico do país ao tratar diretamente da conduta dos corruptores e representa um avanço ao prever a responsabilização objetiva, no âmbito civil e administrativo, de empresas que praticam atos lesivos contra a administração pública nacional ou estrangeira.

Antes da regulamentação da lei, a cultura da legislação brasileira só punia quem recebesse propina, ou seja, o corrupto, porém, a Lei Anticorrupção ou Lei da Empresa Limpa determina que quem corrompe, o corruptor empresarial, também seja responsabilizado e punido.

TABELA 15-1 Legalidade do Negócio

Clientes	Sociedade	Meio Ambiente	Acionistas	Governo	Funcionários	Fornecedores
• Procon • Idec • Associações • Institutos	• Corpo de Bombeiros • Ministério da Agricultura (SIF) • INPI • Conselho Regional • Vigilância Sanitária	• Cetesb • Ibama	• Junta Comercial • Cartório de Registro	• Prefeitura Municipal • Secretaria do Estado • Receita Federal	• Sindicato • INSS • CEF • Ministério do Trabalho	• Bancos • Associações

Como Registrar Sua Marca

DICA

Da mesma maneira que não existem duas pessoas iguais, também não pode existir no mercado duas marcas iguais. É esta exclusividade de uso e reconhecimento pelo consumidor que desejam os pequenos, médios e grandes empresários ao lançarem suas marcas.

O cuidado e a preocupação com o desenvolvimento ou criação de uma marca passa pela escolha de um nome com personalidade que represente a identidade da empresa ou do produto. Uma marca comunicativa também possui a função de inibir a cópia e a pirataria, bem como o uso indevido por parte de terceiros sem a prévia autorização.

Para alcançar este objetivo, não basta ter somente criatividade e o conhecimento das ferramentas de comunicação. É necessário conhecer os meandros da proteção, suas técnicas e suas leis. É isto que na realidade garantirá a exclusividade de uso e a propriedade de uma marca registrada.

Para registrar uma marca é necessário entrar com o pedido de proteção no INPI. Para isso, é preciso o número do CNPJ da empresa, ou CPF caso seja pessoa física, dados pessoais do representante legal (nome completo, nacionalidade, estado civil, profissão, número do CPF e do RG), logotipo (se houver) no formato JPEG, procuração (impresso próprio enviado posteriormente ao envio das informações solicitadas, onde a mesma será apresentada devidamente preenchida com os dados fornecidos).

O trâmite normal de um pedido de registro de marca, sem que ocorram obstáculos administrativos, dura em média 24 a 36 meses. Durante o trâmite a marca é considerada uma marca protegida, e ao final, se deferido e recolhidas as taxas finais, o pedido será concedido, tornando-se assim uma marca registrada, cujo prazo de validade nacional é de dez anos, podendo ser renovado por períodos sucessivos.

As fases do processo sem obstáculos administrativos são as seguintes:

- » Requerimento do pedido de registro
- » Publicação do pedido na Revista da Propriedade Industrial, para conhecimento público, bem como para que terceiros apresentem suas oposições
- » Deferimento
- » Concessão (início do prazo de dez anos de proteção)

DICA

CERTIFICAÇÃO DIGITAL

O certificado digital é uma assinatura eletrônica que tem validade jurídica. O documento possibilita comprovar a identidade de uma pessoa, empresa ou site e assegurar as transações online. O certificado digital serve para assinar e enviar documentos remotamente, cumprir com as obrigações fiscais e acessórias, no caso de uma empresa, realizar transações bancárias online, entre outras funcionalidades.

A certificação fornece todos os dados do empreendedor ou do responsável pela empresa e garante a autenticidade, confidencialidade e integridade das informações. Ela permite abrir contas em bancos, assinar contratos, elaborar procurações, solicitar remotamente cópias de documentos como certidões ou escrituras de imóveis, movimentar o FGTS, retificar imposto de renda, entre outros serviços.

A certificação digital é obrigatória para empresas do Simples Nacional (SN) com mais de cinco funcionários. Empresas que emitem nota fiscal eletrônica (NF-e) e estão no regime de tributação de lucro real ou lucro presumido também precisam da certificação. Entre profissionais liberais e empreendedores, o uso da assinatura digital é recorrente.

Atualmente, existem milhares de certificados digitais válidos no Brasil que contém o nome, número de série, assinatura da entidade que assinou o arquivo, período de validade e uma identificação exclusiva denominada chave pública.

É possível obter a certificação digital para Pessoa Física (e-CPF), Pessoa Jurídica (e-CNPJ) ou PJ exclusivo para Microempresas ou Empresas de Pequeno Porte (e-CNPJ ME EPP). A certificação exige um pagamento que varia de acordo com o documento escolhido.

Para solicitar o certificado digital o cidadão ou a empresa deve fazer a solicitação pelo site da Receita Federal ou em alguma Autoridade Certificadora (AC) ou Autoridade de Registro (AR), como Correios e Caixa Econômica Federal.

Para pessoa física os documentos necessários são cédula de identidade ou passaporte, comprovante de residência e Cadastro de Pessoa Física (CPF), fotografia 3x4 e duas cópias do termo de titularidade, geradas durante a solicitação do certificado. Para empresas, é preciso apresentar o CNPJ, registro comercial, ato constitutivo e contrato social, além dos dados da pessoa jurídica.

NESTE CAPÍTULO

» Entendendo sobre gestão de pessoas

» Montando um organograma

» Contratação, avaliação e demissão de funcionários

» A importância do feedback

» Os benefícios do endomarketing

Capítulo 16
Gestão de Pessoas

"Porque eu sou do tamanho do que vejo e não do tamanho da minha altura."

FERNANDO PESSOA

— *Poeta português*

Um dos elementos mais importantes na operação de uma empresa é a gestão de pessoas. **Pessoas são um dos principais ativos para qualquer empreendimento.** Não importa o tamanho da empresa ou sua área de atuação. É a força de trabalho que gera os resultados do negócio e estão na linha de frente, interagindo com seus clientes.

A Formação de um Time

Ninguém faz uma empresa sozinho. Um negócio de sucesso é feito de pessoas comprometidas e motivadas. Os mais modernos estudos sobre gestão de pessoas mostram que quanto mais satisfeito estiver um profissional, mais produtivo e contributivo ele será para o crescimento da empresa em que trabalha.

Porém, formar uma equipe vencedora é um dos principais desafios dos empreendedores. Quando está iniciando o negócio, a tendência é que o empreendedor recrute pessoas e parentes que estejam disponíveis, mas esta não é a melhor solução. Isto pode resultar em um tempo precioso com a pessoa errada e prejudicar o futuro do seu negócio.

Formar uma equipe produtiva e coesa não é fácil. A primeira sugestão ao montar um time de colaboradores é conhecer muito bem a própria empresa e o ramo de atuação para poder escolher que tipo de organograma é mais adequado para o negócio. É necessário definir quais funções fazem parte desses processos e assim criar a estrutura organizacional, o chamado organograma.

O organograma é a estrutura em que está definida a divisão de cargos, áreas e funções. É de suma importância colocar as pessoas certas no lugar certo e o organograma auxilia não apenas os gestores, mas também clientes, parceiros e os próprios funcionários a entenderem como a empresa funciona de fato.

Ele pode ser construído em forma tradicional (vertical) e é mais comum em empresas cujas estruturas seguem uma linha mais hierárquica e conservadora. Ou pode ser feito em formato circular (horizontal), utilizado em instituições lineares onde a intenção é ressaltar o trabalho em equipe.

Em empresas mais tradicionais que optam por uma estrutura vertical, os cargos são bem definidos e existe uma diferença espacial entre a diretoria — que fica no topo da estrutura e com o poder centralizado — e a linha de frente da empresa. É um sistema mais engessado, mas que funciona bem. Os profissionais são treinados e escolhidos para funções determinadas dentro da empresa e sabem a quem respondem diretamente.

Algumas organizações de vários portes e países distintos já evoluiriam para novos modelos com estruturas mais ágeis, mais simples, mais inteligentes e que geram melhores resultados. São empresas que valorizam mais um ambiente colaborativo e optam por um sistema de organização mais linear. A ideia da "não existência" de um chefe absoluto cria um senso de pertencimento e de participação maior nos funcionários. Trata-se de uma estrutura mais maleável e flexível.

Da contratação à avaliação e demissão, passando pela gestão de pessoas, o empreendedor precisa estar atento para manter seu principal ativo em alta: a equipe de pessoas que o ajudarão a construir um sonho.

A Importância da Contratação

O processo de seleção e contratação de funcionários é algo que sempre requer atenção. Uma escolha errada pode afetar a produtividade da equipe inteira e comprometer toda uma empresa. Um erro comum entre empresas é sair desesperadamente atrás de novos funcionários.

O ideal é que a empresa saiba o porquê de estar contratando e qual a descrição da vaga para saber exatamente o que espera do candidato. É importante fazer uma descrição clara do que a vaga exige e ter clareza do que se espera de um funcionário. Saber apenas o título e descrição da vaga que será preenchida não é o suficiente. É preciso compreender que tipo de profissional e perfil a posição requer.

Defina exatamente quais as qualidades e habilidades que se encaixam com atividades diárias do cargo, as ambições e motivações que são compatíveis com as da empresa e da equipe, o tipo de experiência que será um diferencial. Com tudo isso em mente antes de admitir funcionários, as chances de errar são menores.

É importante que o contratado preencha todos os requisitos mínimos estipulados para exercer a função vaga, mas também que compartilhe os mesmos valores e visões de futuro. Para isso, a entrevista é um momento essencial. Com ela, é possível observar a postura do candidato, sua forma de interagir e de pensar — informações que definem a motivação do candidato.

A admissão não é um processo que vem com receita pronta. É preciso que a empresa elabore um processo seletivo que seja transparente e completo. Coloque as etapas práticas com o objetivo de identificar características do candidato e não somente as técnicas para a função.

Procure também, tornar essa seleção algo que propiciará muito aprendizado para os candidatos já no próprio processo, mostrando que a empresa está agregando valor a eles antes mesmo de virarem seus colaboradores. É importante que a **empresa mostre que tem condições de oferecer um ambiente de desenvolvimento contínuo e que há oportunidades de crescimento em seu dia a dia.**

Motivação, remuneração justa, cultura empresarial e definição de tarefas claras, desafios constantes e incentivo por parte dos gestores estão entre os requisitos mais procurados pelos funcionários na hora da contratação. Todos estes fatores colaboram para que se encontre o funcionário ideal — aquele que vai executar sua função com qualidade, se identifica com a empresa, é preocupado com o futuro da organização e traz ideias que favorecem o sucesso do negócio.

Para trazer comprometimento dos funcionários com a empresa é preciso oferecer perspectivas. Onde sua empresa pretende estar em 5 ou 10 anos? Essa questão está relacionada ao papel de liderança de definir diretrizes e estratégias para a empresa, relacionada à missão e à visão. Também é papel do empreendedor definir políticas (o que fazer) e normas (como fazer) e disseminá-las para que todos os colaboradores estejam conscientes e alinhados com os valores e regras da empresa.

Formalizar o empregado, arcar com todos os encargos que envolve a contratação de um funcionário de forma legal, não deixar de pagar adicionais, respeitar a quantidade de horas de trabalho; são muitos os pontos em que os empregadores deixam a desejar em relação aos empregados e isso pode resultar em um processo na justiça, que, além de ter a capacidade de causar um prejuízo ainda maior do que seria arcar com os valores corretos, pode manchar o nome da empresa.

Gestão

Feita a contratação, é hora de cuidar da manutenção da equipe para evitar a rotatividade do colaborador, prática que implica diretamente em altos e desnecessários gastos, como pagamento de tributos por demissões que não são justa causa até criação de processos, que veremos mais adiante.

Para gerir uma equipe, é necessário que o empreendedor primeiramente goste de pessoas e entenda quais processos compõem a cadeia de valor da empresa. É importante entender desde o início as motivações dos colaboradores da empresa e aprender a se comunicar de forma assertiva e transparente. Para se ter uma boa atuação com sua equipe de trabalho é necessário estruturá-la, estabelecendo seus propósitos, suas atividades e o nível de conhecimento e habilidade necessária e também remover os obstáculos para que as atividades possam ser desenvolvidas. Além disso, é bom nutrir a efetividade da equipe e fazer capacitações sempre que preciso.

Mas gerir pessoas não é das tarefas mais fáceis. Cada indivíduo tem sua personalidade e reage de diferentes maneiras aos estímulos em um ambiente profissional. Um gestor deve estar atento a isso e assumir um papel de liderança fazendo com que cada membro esteja motivado e que contribua com o que sabe fazer melhor.

Na gestão do dia a dia a palavra-chave é reconhecimento, que podem ser financeiros (bônus ou aumento de salário) ou emocionais (agradecimento público). Seja como for, o reconhecimento é um dos principais ativos de uma relação promissora entre empresa e colaborador. Quando isso ocorre, significa que o sucesso do funcionário e o sucesso da empresa estão alinhados.

LEMBRE-SE

A IMPORTÂNCIA DO FEEDBACK

Para o crescimento e o aperfeiçoamento de uma empresa, o feedback tornou-se uma ferramenta essencial de comunicação entre gestores e funcionários e um recurso valioso para alinhar expectativas, unir as pontas soltas e fazer com que todos aprendam e cresçam juntos como profissionais, conquistando melhores resultados para a empresa.

No entanto, a ausência do feedback ou sua incorreta realização faz com que muitas empresas percam seus colaboradores. Pesquisa realizada pela agência de educação corporativa Insperiência indica que mais de 50% dos gestores não sabem a forma correta de dar feedback à sua equipe.

Para Sofia Esteves, fundadora e presidente do Conselho do Grupo DMRH, uma das maiores empresas de recrutamento e seleção de pessoas da América Latina, o feedback é uma das iniciativas mais importantes que um gestor deve ter com sua equipe. Em sua coluna na rede social profissional LinkedIn (`https://www.linkedin.com/pulse/hora-do-feedback-sofia-esteves`), Sofia dá dicas práticas de como os gestores podem dar feedback a seus funcionários. Veja algumas delas a seguir:

- **Escolha um momento e local livre de interrupções e reservado.**
- **Comece citando e valorizando os pontos positivos e seus impactos.**
- **Ao falar sobre os pontos negativos e seus impactos, mencione situações específicas.**
- **Seja descritivo, direto e específico — foque no comportamento e não na pessoa (não faça julgamento de valor).**
- **Direcione o feedback para comportamentos que o profissional possa modificar, e sugira como.**
- **Coloque-se à disposição para uma conversa futura, se necessário. Às vezes um feedback pode demorar para ser assimilado.**

Avaliação

Para saber se os colaboradores da empresa estão produzindo o quanto podem ou, caso contrário, entender o que está acontecendo que impossibilita uma melhor produção dos mesmos, é preciso realizar avaliações. Por meio delas é possível tomar decisões que visem o melhor funcionamento do conjunto chefia, funcionários e negócio.

A **autoavaliação** é um método em que o próprio colaborador é o responsável por apontar os erros e acertos que têm cometido em seu cargo. A desvantagem desse processo é que, até por uma questão de instinto de proteção, o funcionário pode não se sentir à vontade para apontar seus próprios defeitos ou erros, com medo de que isso indique um desprestígio de sua imagem em relação aos gestores e chefes.

Existe também a **avaliação por competências** que foca em duas frentes, ambas complementares: comportamentais e técnicas.

Na avaliação das competências comportamentais do funcionário, serão analisados elementos como trabalho em equipe, atitude, visão, proatividade, postura, relacionamento interpessoal e comprometimento, por exemplo. Já no aspecto técnico entra em cena como o funcionário está capacitado para desempenhar aquela função, quais cursos realizou ou está realizando, conhecimento do sistema, softwares e de equipamentos utilizados por ele no dia a dia do trabalho.

A **avaliação do gestor** é feita sob a ótica do líder ou chefe ante o desempenho de seus subordinados, sem nenhuma intermediação de terceiros. O chefe coleta no decorrer de um espaço de tempo os dados e as informações sobre o colaborador e passa um feedback de como está a performance dele e o que precisa ser melhorado para chegar no que o gestor considera o ideal para nível de excelência da empresa.

Já a **avaliação 360º** é mais complexa — e também completa — e vem sendo adotada com frequência. Envolve todos que estão relacionados direta ou indiretamente com o colaborador. Serão ouvidos líderes, gestores, colegas, subordinados e, dependendo do caso, até indivíduos que não integram a empresa, como fornecedores e clientes. Cria-se dessa forma um banco de dados e informações mais rico a respeito daquele colaborador, facilitando assim o reconhecimento de pontos a serem trabalhados e melhorados.

Demissão

Não há uma maneira agradável de demitir alguém. Antes de tudo, é preciso ter sensibilidade. Nunca pegue o funcionário completamente de surpresa. Antes de demitir, ofereça oportunidades para que ele se redima da sua falta e repare aquilo que você considera inapropriado. Faça reuniões para expor suas insatisfações e esclarecer o que espera do funcionário. Se ele não atender suas demandas no prazo estipulado, então você pode partir para a demissão, de fato.

Trate o funcionário a ser demitido da mesma forma que gostaria de ser tratado. Esclareça que, apesar das diferenças entre as atitudes como profissional e as demandas da empresa, você o respeita. Não é necessário tratar o outro com aspereza, mas com brandura para que a pessoa absorva a notícia — que, lembre-se, nunca é boa — de sua demissão com suavidade e não como uma queda de um penhasco.

Deixe claro que a contribuição daquele funcionário foi importante para os resultados da empresa. Mesmo demitido, sentir que teve seu valor reconhecido pode ser importante para que aquele profissional siga sua carreira.

Por último, siga todas as regras e procedimentos previamente estabelecidos pela empresa para o desligamento do funcionário. Independentemente do porte da companhia, você deve passar por algumas etapas burocráticas para oficializar o pedido de demissão.

Algumas empresas optam por contratar um profissional especializado em demissões para realizar essa missão que, ao que parece, é temida tanto pelos chefes quanto por quem vai ser demitido.

Direitos trabalhistas

O alto custo da mão de obra no Brasil muitas vezes leva empreendedores a buscarem "jeitinhos" para minimizar a despesa nas contratações. Mas esse comportamento pode resultar em um processo na justiça. Litígios trabalhistas lotam diariamente a justiça brasileira e, não raro, quebram algumas empresas. As principais causas que geram processos trabalhistas são:

» **PJ como CLT:** Inúmeras empresas veem na pessoa jurídica uma forma de contar com um funcionário que trabalha como contratado, mas que "rende" uma economia de tributos na folha ao fim do mês.

Ter um funcionário que está registrado como pessoa jurídica significa uma economia nos pagamentos de férias, 13º salário, DSR, FGTS, por exemplo. É vantajoso para a empresa no primeiro momento, pensando em economia imediata de encargos e tributos.

Para o funcionário, muitas vezes é a única opção e, além da ausência desses direitos trabalhistas, ele fica sem vale-transporte, vale-alimentação, plano de saúde, e sem o respaldo da previdência em caso de acidente de trabalho, além do FGTS e Seguro Desemprego em caso de rescisão do contrato — demissão.

O empregado pode entrar na justiça e buscar esses direitos alegando que tinha um vínculo empregatício com a empresa, independente de ter assinado contrato de prestação de serviço de livre e espontânea vontade.

O Artigo 3º da CLT define o empregado como: "Toda pessoa física que prestar serviços de natureza não eventual a empregador, sob a dependência deste e mediante salário." Logo, se um funcionário é contratado como pessoa jurídica, mas cumpre essa definição prevista na CLT, tem grandes chances de buscar seus direitos na justiça comprovando o vínculo empregatício.

» **Pagamento:** A realização de pagamentos de salários de forma extraoficial é uma prática comum e ilegal, cometida por muitas empresas. É uma forma de fazer com que os valores não transitem na folha de pagamentos e não sejam considerados nos pagamentos os reflexos de trabalho e encargos básicos do trabalhador, como recolhimento previdenciário.

A negligência do pagamento ou o atraso do mesmo pode gerar processos por parte dos trabalhadores. As empresas possuem até o 5º dia útil do mês para realizar o pagamento de salários dos empregados.

A ausência de outros pagamentos como o adicional de periculosidade e insalubridade, também são motivo de ações trabalhistas.

» **Carteira de trabalho:** A carteira de trabalho é o documento que garante a identificação profissional de um trabalhador. Erros de registro de informações nesse documento pode acarretar em ações trabalhistas.

Entre os mais comuns está o registro de valor de salário inferior ao que o funcionário recebe de fato; anotações desabonadoras ou discriminatórias, que possam causar dificuldade ao funcionário em obter um novo trabalho — como indicar uma demissão por justa causa neste documento; e erros de registro em geral na data de admissão, de saída, função, férias e afastamentos, por exemplo.

Além disso, o empregador pode reter a carteira de trabalho do empregado por no máximo dois dias para realizar eventuais alterações. A partir do estouro desse prazo ele é punido com uma multa de um dia de salário por dia de atraso na devolução do documento.

O registro do período de experiência precisa ser feito também na carteira de trabalho e não pode ser superior a 90 dias. Nesse período o funcionário tem direito ao salário, 13º, férias e depósitos de FGTS.

» **Horas extras:** Muitas empresas não respeitam a política de pagamento de horas extras trabalhadas pelos funcionários e, em certos casos, chegam a buscar métodos para manipular a forma de registrar a entrada e a saída do empregado ou até mesmo não contam com nenhuma ferramenta para fazer esse registro. Porém, o empregado pode reunir todos os tipos de prova de que realizou trabalho extra além do horário laboral estipulado no contrato e ir buscar na justiça seu direito pelo recebimento desse ônus.

Ainda na questão das horas extras laboradas, existem empresas que remuneram parte desse encargo em dinheiro ou por meio de transferência para contas bancárias, sem registrar assim os valores que deveriam estar transitando em folha e que seriam objeto de tributações e reflexos trabalhistas.

» **Danos morais:** Ainda que seja uma obviedade, um empregador deve tratar seus empregados de maneira zelosa e respeitosa. Colocar o funcionário em situações constrangedoras ou que lhe cause humilhação pode configurar um cenário de assédio moral. O mesmo vale para as agressões verbais, que devem ser evitadas. Caso o empregado sinta-se prejudicado por sofrer algum dos itens citados acima, pode entrar na justiça com uma ação por dano moral.

» **Abusos na jornada de trabalho:** De acordo com a Consolidação das Leis Trabalhistas (CLT) o limite diário de horas extras que um funcionário pode fazer durante sua jornada de trabalho é de duas (02) horas. Não é incomum esse período ser extrapolado, sem uma supervisão ou orientação por parte do empregador para que isso não ocorra.

Além do mais, a prática de exceder a quantidade máxima de horas extras diárias pode acarretar em outra infração: ausência de intervalo entre jornadas. Entre um dia laboral e o seguinte é preciso haver no mínimo um intervalo de 11 horas de descanso. Dependendo da quantidade de horas que o funcionário exceder em seu horário de trabalho, se entrar no horário normal no outro dia, pode ter uma diferença menor à recomendada pela CLT entre dois dias laborais.

Ainda sobre horários, a ausência de horário de intervalo de descanso de uma hora precisa ser paga como hora extra, independente se o funcionário usar apenas uma fração dessa hora para o descanso.

Observação: Excesso de horas extras pelos funcionários pode significar uma revisão no planejamento operário da empresa ou até mesmo na quantidade do quadro de funcionários, que pode ser inferior ao ideal para não recorrer a esta prática.

» **Terceirizados:** Mesmo se a empresa andar dentro dos limites legais com seus funcionários diretos, ainda pode sofrer ações trabalhistas de funcionários das empresas terceirizadas pelo empreendimento.

A orientação para se respaldar de todos exemplos dados acima é de, sempre que possível, consultar profissionais especializados na área trabalhista e previdenciária. Eles o ajudarão a minimizar as chances de sofrer com um processo judiciário.

Endomarketing

Endomarketing é um conjunto de estratégias e ações de marketing voltado para o público interno.

Realizar ações para as pessoas que trabalham na empresa, desde a ponta, no balcão, até o chão da fábrica e os escritórios, não traz apenas ganhos de produtividade, mas também de vendas. Afinal, os colaboradores, seus familiares e amigos também são clientes e nada melhor do que eles para chancelar os produtos e serviços de uma instituição.

O endomarketing é uma área importantíssima para o bom funcionamento da empresa e uma forma de incentivar a criatividade e amenizar a pressão do dia a dia, criando uma sensação de relaxamento, capaz de aumentar a produtividade do trabalhador.

AS MELHORES EMPRESAS PARA SE TRABALHAR

Estudos do Great Place to Work®, empresa criadora da tradicional pesquisa "Melhores Empresas para Trabalhar", comprovam que locais com bons ambientes de trabalho são mais produtivos do que suas concorrentes e entregam melhores resultados.

Para a instituição, qualquer empresa, de qualquer tamanho, em qualquer lugar e em qualquer época, pode se tornar um excelente lugar para trabalhar. Para isso, é preciso observar 3 princípios:

- **Orgulho do que faz e da empresa**
- **Espírito de equipe e colaboração**
- **Confiança nas pessoas e nas decisões da empresa**

Segundo Ruy Shiozawa, CEO da instituição, a felicidade dos funcionários gera produtividade na empresa. Para ele, esta não é uma tarefa impossível e qualquer porte de empresa pode chegar lá. Basta dar prioridade à gestão de pessoas e ter uma preocupação genuína com os trabalhadores.

A Great Place to Work® é uma empresa de consultoria e treinamento que em 1997 começou a fazer as listas das Melhores Empresas para se Trabalhar. Seu principal objetivo é divulgar bons exemplos e estimular outras empresas a melhorar seu ambiente de trabalho.

Saiba mais em: `http://www.greatplacetowork.com.br`

Ao contrário do marketing direcionado ao cliente, que traz ganhos de fora para dentro, o endomarketing faz o caminho inverso e a empresa começa a ter bons resultados internamente que, por consequência, refletirão externamente.

Entre as principais vantagens do endomarketing destacam-se a presença de maior motivação e lealdade de funcionários à empresa, menor rotatividade de colaboradores, aumento da produtividade individual e coletiva, criação de um ambiente de trabalho saudável e agradável. Fideliza-se primeiro o empregado, para depois fidelizar o cliente. O nível de realização e compromisso dos funcionários estão diretamente relacionados com os resultados de uma organização.

Vale a pena sempre ponderar se é viável criar algum benefício ou solução para os funcionários, que possam melhorar o desempenho, a motivação e evitar uma saída do empreendimento. Às vezes uma ação que indique um gasto maior, como por exemplo a implementação de um novo benefício, pode solucionar o problema do colaborador e, por sua vez, sair mais barato do que os encargos com a saída do mesmo.

Outra questão importante do endomarketing é a preocupação da empresa em escutar e entender as necessidades e sugestões dos seus funcionários. Trata-se de uma questão de valorização do material humano que é a engrenagem mais importante em uma corporação. Estar aberto ao diálogo e dar esse espaço cria um senso de pertencimento ao funcionário, o que é fundamental para a motivação e o bom rendimento do mesmo. Cria-se a seguinte identidade: se o funcionário se esforçar pela empresa, estará se esforçando por ele mesmo.

A prática do endomarketing traz vários benefícios para a empresa, entre elas:

- » Redução da rotatividade e turnover
- » Melhoria do clima organizacional e da motivação
- » Melhoria da percepção da empresa pelos colaboradores
- » Potencial incremento do marketing boca a boca, dada a influência dos funcionários junto aos familiares e amigos
- » Aumento da eficácia da comunicação interna
- » Aumento da produtividade
- » Alinhamento dos funcionários ao core business
- » Otimização do valor da marca.

[illegible] do endomarketing [illegible] ao cliente, que traz ganhos [illegible] para dentro [illegible] a empresa como [illegible] [illegible] que [illegible] por consequência [illegible] [illegible].

Entre as principais vantagens do endomarketing [illegible] de [illegible] [illegible] da [illegible] [illegible] dos funcionários e empresa [illegible] aumento da produtividade [illegible] [illegible] [illegible] [illegible] cliente [illegible] de [illegible] compromisso [illegible] [illegible].

[illegible] [illegible] [illegible] [illegible] [illegible] [illegible] [illegible] [illegible] [illegible] [illegible] [illegible] [illegible].

[illegible] questão [illegible] [illegible] [illegible] [illegible] [illegible] [illegible] [illegible] [illegible] [illegible] [illegible] [illegible] funcionário [illegible] [illegible] [illegible] [illegible] [illegible] [illegible].

A [illegible] do endomarketing [illegible] [illegible] [illegible]:

» Redução da rotatividade e turnover

» Melhoria do clima organizacional e da motivação

» Melhoria da percepção do processo pelos colaboradores

» Potencialização do endomarketing boca a boca, dada a influência [illegible]

» Alinhamento [illegible] da empresa

» Crescimento da eficácia da comunicação interna

» Aumento da produtividade

» Alinhamento dos funcionários ao [illegible]

» Otimização do nível de [illegible]

NESTE CAPÍTULO

» Marketing e vendas: o coração de um negócio

» Os fundamentos da ciência do marketing & vendas

» Como executar um plano de marketing

» As etapas do processo de vendas

» A importância de fidelizar clientes

Capítulo 17
Marketing e Vendas

"Uma empresa que não vende, quebra!"

FLÁVIO AUGUSTO DA SILVA

— *Empreendedor*

O papa da administração Peter Drucker tem uma frase que resume a verdadeira razão da existência de uma empresa: criar um cliente. Mas o que isso quer dizer? Significa que para ter perenidade, uma empresa precisa de alguém que compre seu produto ou serviço.

O Coração de uma Empresa

Infelizmente, muitos empreendedores quando iniciam um negócio cuidam do espaço físico, de detalhes do produto, da contratação de funcionários, fazem festa de inauguração, mas na hora da venda não encontram o cliente. Por isso, voltando ao mestre Peter Drucker, entendemos o que ele diz quando afirma: "Primeiro cria-se o cliente, depois a estrutura para melhor servi-lo."

Como já vimos anteriormente, a razão de ser de um negócio é criar valor para o cliente com um produto ou serviço que ele esteja disposto a pagar. Neste sentido, podemos concluir que a VENDA é o coração da empresa, o que faz ela pulsar e estar viva no mercado. E para que ela aconteça é preciso compreender muito bem o consumidor, suas preferências e comportamento para atendê-lo em suas necessidades. E isso só ocorre por meio de uma atividade-chave chamada Marketing.

Em seu livro histórico *A Prática da Administração*, Peter Drucker já afirmava que o marketing é a ponte entre empresa e consumidor. Para o mestre, o sentido do marketing em uma empresa é compreender o cliente de tal maneira que produtos e serviços sejam comprados, e não vendidos.

E é disso que iremos tratar neste capítulo. Dessas duas forças fundamentais dentro de uma organização: o Marketing e as Vendas, que já até está sendo chamado de Vendarketing (no inglês, Smarketing = Sales + Marketing), um conceito que permite que as equipes de vendas e marketing passem a perceber um ao outro como áreas complementares e indissociáveis. E se um não vive sem o outro, também podemos afirmar que uma empresa não sobrevive sem ambos.

Fundamentos do Marketing

Na definição da American Marketing Association, Marketing é uma função organizacional que visa a criação, comunicação e entrega de valor aos clientes e a administração dos relacionamentos de maneira que beneficie a organização e seus stakeholders. Em outras palavras, marketing é a espinha dorsal que envolve todas as áreas de um negócio e engloba o planejamento estratégico de um produto da sua concepção até as vendas.

Segundo o guru da administração, Philip Kotler, o marketing é a arte de explorar, criar e entregar valor para satisfazer as necessidades de um mercado-alvo com lucro. Ou seja, o marketing identifica necessidades e desejos não realizados do consumidor, mede e quantifica o tamanho do mercado, aponta quais os segmentos que a empresa é capaz de servir e promove produtos e serviços adequados. Para fazer isso tudo é necessário unir muito conhecimento e pesquisa com arte e inspiração e implementar um processo de trabalho adequado à sua empresa.

Marketing — evolução do conceito

1995 — "É o processo de planejamento e execução da concepção, preço, promoção e distribuição das ideias, bens e serviços para criar trocas que satisfaçam metas individuais e organizacionais."

1998 — "Marketing é um campo do conhecimento administrativo que tem como foco facilitar as trocas entre dois agentes econômicos que percebem valor no objeto da troca, sejam elas ideias, bens ou serviços."

2004 — "Marketing é uma função organizacional e um conjunto de processos de criação, comunicação e entrega de valor aos clientes e de administração dos relacionamentos com os clientes, de maneira que beneficie a organização e seus stakeholders."

Processos de Marketing

Antes de falar dos processos de Marketing, é importante diferenciar Planejamento e Plano de Marketing. Enquanto o planejamento trata de um processo em que os profissionais antecipam condições futuras para determinar caminhos de ação necessários para alcançar objetivos de negócio (veja detalhamento disso no Capítulo 13 sobre Plano de negócios), o Plano de Marketing — é a concretização do que foi dito acima ou seja, um documento que retrata os resultados de um processo de planejamento de marketing.

Apesar de ter uma estrutura básica que pode ser usada por todas as empresas, o Plano de Marketing é único para cada organização. Em sua essência, o documento apresenta onde a empresa está e aonde ela quer chegar, evidenciando as estratégias para atingir seu objetivo. Em um esquema clássico, o Plano de Marketing contém:

1. **Pesquisa de mercado**
2. **Objetivos de marketing**
3. **Segmentação de mercado**
4. **Definição de mercado-alvo**
5. **Posicionamento**
6. **Mix de Marketing**
7. **Implementação e/ou Divulgação**
8. **Controle**

Muitos empreendedores tentam copiar modelos de grandes empresas e isso é um equívoco. Não existem fórmulas de sucesso que possam ser copiadas. Cada negócio tem sua peculiaridade e realidade.

Mas desenvolver um plano de marketing também não é tão difícil quanto parece. Basta fazer uma pesquisa de mercado, procurar entender seu cliente e definir claramente os seus objetivos de negócio. Não precisa fazer um plano completo e detalhado. Se não tem disposição ou conhecimento para tanto, pelo menos resuma em poucas páginas o que deseja alcançar. Esta será a sua bússola para agir no mercado.

Pesquisa de mercado

A pesquisa de mercado auxilia tanto no entendimento do cenário atual como das projeções futuras e também avalia a concorrência e as demandas dos clientes. Ela sustenta todas as informações que possam ser úteis para o Plano de Marketing.

Para a American Marketing Association, a pesquisa de marketing utiliza as informações para identificar e definir oportunidades e problemas de marketing e deve ser considerada um processo sistemático de construção do conhecimento. Para isso, ela passa por vários processos que vão desde a definição do problema até a apresentação dos resultados. Veja no esquema abaixo todas as etapas de uma pesquisa de marketing:

TABELA 17-1 Etapas de uma Pesquisa de Mercado

1) Problema da pesquisa	2) Metodologia da pesquisa	3) Coleta de dados	4) Análise	5) Apresentação dos resultados
Briefing Objetivos	Definição do tipo de pesquisa	Trabalho de campo	Interpretação dos dados	Elaboração do relatório
	Definição dos métodos de coleta de dados	Coleta das informações		Conclusão da pesquisa
	Elaboração do questionário	Tabulação		Apresentações de ações
	Tipos de perguntas e tempo de entrevista	Criação dos gráficos		
	Estudos e definição de amostragem			

Objetivo de marketing

Após a pesquisa é hora de definir a estratégia de marketing, de acordo com a intenção da empresa. O objetivo é aumentar as vendas? Ampliar o mercado? Lançar um novo produto? Fidelizar clientes? Aqui o que importa é que o objetivo esteja alinhado às estratégias gerais da companhia.

Para ajudar os empreendedores, existe uma ferramenta muito útil que pode ser usada na definição do objetivo de marketing.

Trata-se da meta SMART (Specific, Measurable, Achievable, Relevant, Time-based), uma ferramenta eficiente para orientar o empreendedor a traçar metas pessoais e para a empresa. O acrônimo significa Específica, Mensurável, Atingível, Realista e Temporal. Veja mais detalhes e como aplicar a meta SMART no Capítulo 29

> **Exemplo de um objetivo de marketing:** Aumentar as vendas em 50% e fidelizar a base de clientes com 70% na renovação de assinaturas até o dia 30 de setembro de 2017.

Segmentação de mercado

A segmentação de mercado é a primeira parte estratégica do Plano de Marketing e se baseia na identificação de grupos de clientes potenciais com características e necessidades similares entre si, mas diferentes em relação a outros grupos.

Independentemente do público-alvo que se quer atingir, ele nunca será homogêneo. Será na verdade composto por milhares de indivíduos, com hábitos, gostos e exigências diferentes. Por isso, a segmentação de mercado divide o público-alvo por vários estratos.

POR TIPO DE SEGMENTAÇÃO:

- » **Segmentação geográfica:** Consiste em dividir o mercado em diferentes unidades, como países, estados, cidades ou ainda mais específicos como bairros. Sabendo disso, a empresa pode ajustar um produto de acordo com costumes, valores e locais e atender suas necessidades específicas respeitando comportamentos e necessidades regionais.
- » **Segmentação demográfica:** Baseada em idade, sexo, tamanho da família, ciclo de vida da família, renda, ocupação, formação educacional, religião, raça e nacionalidade. Estas variáveis são mais fáceis de serem identificadas e mensuradas.
- » **Segmentação psicográfica:** Permite dividir os clientes de acordo com seu estilo de vida, atitudes, valores, hábitos e opiniões. Esta segmentação contribui para decodificar elementos emocionais que influenciam na hora da compra.

» **Segmentação comportamental:** Revela a maneira com que os clientes se relacionam com a sua marca ou serviço, por exemplo, onde compram e com qual frequência. Podem também ser identificados de acordo com o momento em que sente uma necessidade.

» **Segmentação por benefício:** Estabelecida em função dos diversos benefícios que o consumidor deseja encontrar no produto.

» **Segmentação por volume:** O mercado é dividido entre consumidores de pequeno, médio e grande porte. Este tipo de segmentação é usado nas indústrias e distribuidores para buscar seus clientes.

Definição de mercado-alvo

A definição do mercado-alvo é feita após a segmentação e se baseia na escolha mais adequada do público que deverá ser atingido pelas ações de marketing da empresa. A definição do mercado-alvo facilita o desenvolvimento e comercialização dos produtos e serviços de uma empresa. Afinal, nenhum produto ou serviço seria capaz de atender às necessidades e desejos de todos os consumidores ao mesmo tempo, certo?!

Posicionamento

O posicionamento é uma parte crucial do plano de marketing. Ela define a identidade e a personalidade da marca e destaca os atributos que a tornam única e superior perante à concorrência.

Para conquistar o público é preciso oferecer um diferencial. A empresa sempre deve ter em mente aquilo que é importante para quem vai comprar o seu produto ou serviço e não o que ela acha. Os diferenciais de um produto devem estar sempre de acordo com as demandas de mercado e congruentes com os valores das empresas.

No final, o posicionamento de uma empresa é sempre obtido pela fórmula: Segmentação + Diferenciação = Posicionamento.

Uma excelente ferramenta para definir o posicionamento de seu produto é o mapa de percepção. Ele consiste em um diagrama que ilustra a percepção dos consumidores em relação a produtos concorrentes em um mesmo setor. Veja um exemplo:

Mapa de Percepção

Permite identificar oportunidades através das variáveis do mix de marketing, auxiliando na definição do posicionamento.

Exemplo: QUALIDADE versus PREÇO

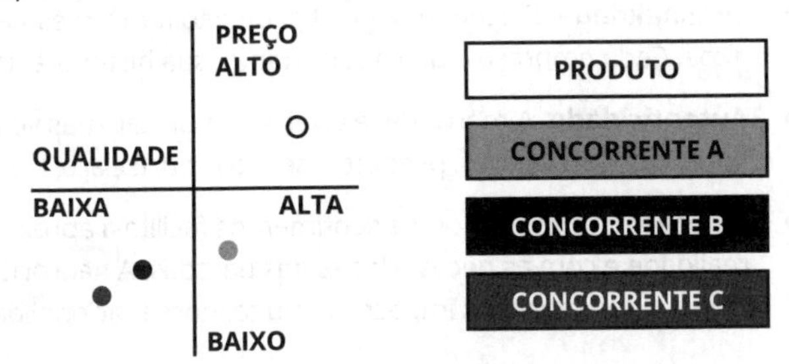

FIGURA 17-1: Mapa de Percepção.

É no posicionamento da identidade da sua marca que a empresa define sua proposição de valor de seus produtos e/ou serviços, ou seja, o que está entregando como um "presente para o seu público-alvo". A proposição de valor equivale à missão de uma empresa e contém:

- » A definição do público-alvo
- » O benefício do produto
- » As justificativas para o benefício comunicado
- » A descrição da personalidade construída pela marca (branding)

A importância da marca

Antes de qualquer coisa, é fundamental focarmos na definição de MARCA. E o que é uma marca? Marca é um nome, um sinal, um símbolo ou uma combinação de todos estes elementos que servem para identificar uma empresa. A marca é fundamental para qualquer organização porque é o próprio DNA do negócio ou, em outras palavras, aquilo que a gente sente sobre uma empresa a partir das experiências que tivemos com ela.

Marca é uma coisa séria, destina-se não apenas a dar nome a um produto, mas sobretudo a fazê-lo dar certo, ser sucesso, e assim gerar riqueza e valorização do patrimônio ativo da empresa como um bem intangível.

Seja no momento de compra, na utilização do produto, no pós-venda, no ambiente da loja ou na campanha de comunicação, a construção de uma marca é um processo de criação complexo, que leva tempo. Ela traduz os valores e as crenças de uma organização. Por isso, no início de uma empresa a marca é confundida com o próprio dono. Quando a empresa cresce, a marca precisa continuar a transmitir o propósito da organização.

No geral, uma marca possui um nome fantasia, o design, o logotipo e o slogan da empresa. A identidade visual reflete todos os significados da empresa.

Os principais patrimônios de uma marca, que são:

- **Originalidade:** Origem e originalidade não tem a mesma raiz etimológica à toa. Cada empresa é única e, portanto, sua história é "incopiável".
- **Autenticidade:** A marca deve viver e comunicar suas verdades em seus fatos, crenças, valores, produtos, serviços ou, é claro, histórias.
- **Emoção:** Transmitir nossos sentimentos facilita a aproximação com a realidade e com as necessidades das pessoas. A neurociência prova que nosso lado emocional impacta, e muito, nossa racionalidade.

DICA

No blog Mundo das Marcas, o publicitário Kadu Dias conta desde 2006 a história de mais de 1.700 marcas. O blog fala de marcas, cases de marketing e branding, design, logos e slogans. `http://mundodasmarcas.blogspot.com.br/`

Branding

Para gerenciar todo esse processo de construção existe o branding, que pode ser definido como o ato de administrar a marca de uma empresa. Em outras palavras, o branding é o responsável por atrair o consumidor e fortalecer a imagem de uma marca. Para isso, ele combina estratégias de marketing, planejamento, comunicação e design.

O branding é o que diz aos consumidores o que eles podem esperar de seus produtos e serviços, e o que os diferencia de seus competidores. A formulação do branding deve responder a algumas perguntas básicas:

- Qual a missão da sua empresa?
- Quais os benefícios de seus produtos e serviços?
- Quais as perspectivas de seus clientes em relação à sua companhia?
- O que os consumidores e prováveis consumidores já pensam em relação à sua empresa?
- Quais qualidades podem ser associadas à sua companhia?

O *brand management* é o gerenciamento de marca, o setor responsável por definir pontos de venda, posicionamento mercadológico, estrutura de pessoas, extensão de linhas de produtos e o lançamento de novas marcas.

O objetivo final do branding é, entre outros, aumentar o valor monetário da marca e assim aumentar o valor da empresa em si. Especialistas apontam o branding como o maior responsável pelo retorno sobre investimentos na área do marketing.

O branding faz uso de uma série de ferramentas e metodologias para poder ser cada vez mais efetivo. Isso significa identificar e empregar formatos que possam difundir e fortalecer a mensagem da sua marca. Uma dessas ferramentas é o storytelling.

Storytelling

Storytelling vem de "narrar (telling) histórias (story)" e é um termo usado para explicar uma forma de comunicar capaz de explorar uma mensagem fazendo com que ela fique muito mais fácil de ser consumida. O storyelling traz elementos e técnicas que ajudam a capturar a atenção do público e engajar as pessoas pela emoção. E, em um mundo tão competitivo como o de hoje, capturar a atenção do público é um grande desafio.

Empresas inovadoras de sucesso têm suas histórias muito bem tramadas. Apple, Natura, Disney e Pixar contam suas histórias para criarem valor e se diferenciarem, já que é cada vez mais difícil obter vantagem competitiva em todos os mercados.

O modelo de storytelling utiliza atributos de uma estrutura de narração tradicional e tem como pilar principal a construção da credibilidade, uma vez que compramos um propósito, e não produtos, soluções ou apenas uma ideia. Compramos autenticidade da história que permeia uma marca.

As grandes marcas descobriram há anos o poder de engajamento por meio da arte de contar histórias. A Disney é o melhor exemplo de um storytelling bem-sucedido ao conectar sua marca com fantasia. Impossível não se emocionar só de pensar na identidade visual da marca Disney.

No Brasil, também temos casos bem-sucedidos de narrativas que explicam uma marca e conectam toda uma temática em torno de uma só identidade. É o caso da Havaianas e sua narrativa ligada à brasilidade. A marca, um dos cases mais bem-sucedidos do mundo no que se refere ao tema, saiu de um produto voltado para classe baixa e se reposicionou como um produto nacional vendido no exterior por um alto preço porque é a própria expressão de Brasil.

Se, por um lado, a empresa consegue lucrar mais com essa estratégia, por outro, o consumidor tende a se sentir mais satisfeito ao consumir, por saber que, por trás daquele produto/serviço, tem algo que transcende a simples transação, fazendo com que o cliente praticamente se veja no objeto comprado/serviço recebido.

STORYTELLING: A INOVAÇÃO NO MARKETING

Quem precisa transmitir uma ideia sabe o poder que tem uma boa história. Das parábolas de Jesus Cristo aos contos de fadas infantis, as narrativas são a melhor forma de fixar uma mensagem na mente das pessoas. E esta técnica é tão antiga quanto a própria descoberta da linguagem.

Uma boa história não tem preço. Criar personagens, sagas, narrativas bem construídas sobre uma marca podem trazer resultados surpreendentes para sua empresa e ajudar a vender produtos e serviços. Mas como usar esta técnica inovadora no marketing que tem conquistado empresas do peso de Coca-Cola, Apple etc.?

O "storytelling transmídia" é a técnica que transforma a capacidade de reunir fatos e narrá-los em histórias que serão compartilhadas em diferentes plataformas de mídias. Este é o pulo do gato para empresas que tem o objetivo de encantar seus consumidores.

A prática do storytelling envolve pontos fundamentais. Veja os cinco elementos que ajudarão no desenvolvimento de uma boa história:

- **Personagens, lugares ou artefatos representativos: pode ser uma joia (lembra da saga do "Senhor dos Anéis" em torno do anel do Frodo?), um lugar (a floresta brasileira utilizada pela Natura) ou uma pessoa (a biografia de Steve Jobs e a marca Apple).**
- **Conte a origem daquela história: como surgiu a narrativa, quais os elementos principais, lugares, motivação.**
- **Verdades humanas: uma boa história trata de sentimentos, conflitos, resoluções e superações. É isto que vai dar identificação para seu público.**
- **Um formato que tenha aderência: pode ser quadrinhos, histórias textuais, esquetes teatrais, curtas-metragens ou até apresentações em ppt. O que vale é uma história bem contada que tenha a ver com o público que irá recebê-la.**
- **Uma moral embutida na narrativa: a Natura fala da sustentabilidade, a Apple foca na inovação, a Nestlé, na confiança do brasileiro com seus produtos. Enfim, toda história precisa ter um elemento catalisador que identifique a marca logo de cara.**

A novidade é que este recurso tem sido cada vez mais utilizado para vender produtos e serviços, engajar pessoas em projetos e causas e construir marcas. Para as empresas, esta não é apenas uma inovação, mas um caminho para se diferenciar em mercados competitivos e com excesso de informação fragmentada que encontramos em folhetos, comerciais, sites, redes sociais, eventos etc.

Mix de marketing

Após a definição do posicionamento, o profissional de marketing precisa transformar sua estratégia em ações táticas, ou seja, quais medidas serão adotadas para alcançar os resultados esperados. Para isso, usamos o chamado Mix de Marketing ou Composto de Marketing que divide as ações em "Ps" do marketing, sendo eles:

» **Produto:** Ponto de partida de qualquer negócio. É uma oferta que deve ser definida levando em conta a orientação da empresa e as necessidades e desejos do público-alvo. O processo de criação de um produto deve priorizar o benefício que o consumidor está adquirindo, qualidade em relação ao design, marca e embalagem.

» **Preço:** Tem a função de gerar valor e, consequentemente, satisfazer (ou não) o cliente. Ao profissional de marketing cabe trabalhar o grau de satisfação com estratégias focadas na percepção do custo-benefício pelo cliente.

» **Praça (ou canais de distribuição):** Para praticamente todos os tipos de negócio, este elemento é um dos mais vitais de todo o mix, pois funciona como ponte entre o produto e o consumidor. Ele pode ser feito por canais comerciais (PDV, web, fone etc.) e tem que ter boa infraestrutura de acordo com o público-alvo.

» **Promoção (ou comunicação):** Cobre todas aquelas ferramentas de comunicação que fazem chegar uma mensagem ao público-alvo. Este elemento pode ser traduzido em ações publicitárias, utilização massiva das redes sociais, descontos para clientes que assinarem newsletter da empresa etc.

Mas com a evolução social e tecnológica que estamos vivendo (veja mais no Capítulo 5) vimos que os 4 Ps não dão conta de explicar todo o composto de marketing necessário para atingir os consumidores. Por isso, alguns especialistas evoluíram o conceito para:

Os 8 Ps, que inclui, além dos já citados, mais quatro elementos:

» **Processo:** Estão envolvidos nesta variável os procedimentos, os fluxos e as metodologias de trabalho realizados para que o produto seja fabricado ou o serviço prestado.

» **Palpabilidade:** É relativa à percepção que o cliente tem do ambiente que está fornecendo o serviço ou oferecendo o produto. Também chamada de evidência física refere-se à apresentação dos funcionários, aos cartões de visita, à usabilidade, se for um e-commerce etc.

» **Pessoas:** É qualquer mão de obra que esteja envolvida com o processo de produção ou fornecimento do produto ou serviço. Refere-se desde os funcionários internos até colaboradores externos, terceirizados e parceiros.

» **Produtividade:** Estas variáveis são fundamentais para qualquer empresa, independentemente do porte ou do segmento de atuação. No caso da prestação de serviços é ainda mais relevante, porque pode ser a chave que determina o fracasso ou o sucesso do empreendedor.

Implementação e divulgação

Para ativar o Plano de Marketing, é necessário iniciar o processo de divulgação. Tem sido muito comum hoje em dia o uso do processo de Comunicação Integrada de Marketing (CIM), que é uma matriz capaz de organizar e sistematizar as frentes do mix de comunicação de forma que a mensagem seja única e componha um conjunto articulado de esforços, ações, estratégias e produtos de comunicação.

Comunicação Integrada DE Marketing — CIM

Comunicação integrada de marketing (CIM) é uma maneira de ver todo o processo de marketing do ponto de vista do receptor da comunicação. Para isso ela foca principalmente nos consumidores, ou seja, todos os sujeitos que fazem parte do processo de comercialização do bem ou serviço e também todos que podem influenciar na mensagem, como intermediários, influenciadores, entre outros.

A CIM foi criada para transmitir uma única mensagem que provocasse o maior impacto possível no mercado nas várias formas de comunicação utilizadas. Suas ferramentas estão divididas em: tradicionais, complementares e inovadoras. Esta divisão indica que quanto mais ao alto estiver na tabela a ferramenta de comunicação mais massificada será, e quanto mais abaixo na escala mais segmentada e nas áreas centrais podem ser aplicadas nas duas formas. O conhecimento das ferramentas de comunicação e de suas estratégias de utilização é fundamental para se diferenciar no mercado onde a oferta de produtos e serviços cresce exponencialmente.

O mix de Comunicação Integrada de Marketing (CIM) é composto por diversas formas de comunicação e devem ser integradas a fim de comunicarem a mesma coisa a todos os envolvidos. Veja no quadro abaixo os tipos de comunicação para cada fim:

TABELA 17-1 O Mix de Comunicação Integrada

COMUNICAÇÃO INTEGRADA		
Comunicação Institucional	Comunicação Mercadológica	Comunicação Interna
Relações Públicas	Propaganda	A comunicação administrativa envolve fluxos, redes formais e informais e veículos internos de comunicação, como jornal mural etc.
Assessoria de Imprensa	Promoção	
Marketing Social	Força de vendas	
Marketing Cultural	Venda Direta	
Jornalismo	Feiras e Exposições	
Identidade Corporativa	Merchandising	
Propaganda Institucional	Marketing Digital	
	Boca a boca planejado	
	Marketing de Guerrilha	
	Marketing Viral	
	Pós-venda	

Controle de marketing

O controle de marketing é feito para mensurar o desempenho das ações de divulgação. O marketing não é uma ciência exata, mas existem cálculos e fórmulas capazes de monitorar e melhorar a compreensão das iniciativas implementadas.

Para isso, podemos utilizar o ROI (Return on Investment) ou Retorno sobre o Investimento. Por meio desse indicador, é possível saber quanto dinheiro a empresa está ganhando (ou perdendo) com cada investimento realizado. Isso inclui tudo o que for feito visando algum lucro futuro, como campanhas de marketing, treinamentos de vendas, aquisição de ferramentas de gestão, novas estratégias de retenção de clientes etc.

Segundo a Endeavor, o cálculo do ROI é utilizado para ajudar na decisão de investimentos em novos negócios e projetos, por exemplo, uma vez que indica o potencial de retorno sobre o aporte realizado. No caso do Marketing, a ideia é medir os resultados financeiros em cada ação de marketing e responder a perguntas como: quais são os canais de comunicação mais eficazes? O desempenho das campanhas de marketing está de acordo com o esperado? O atendimento ao cliente está contribuindo para a fidelização ou deixa a desejar?

A forma mais simples de se calcular o ROI das estratégias de marketing consiste em pegar o número de vendas geradas por cada ação promocional (como produção de folders, ações de panfletagem, anúncios em jornal etc.), subtrair deste valor os custos de marketing e depois dividir o resultado pelo custo de marketing. A fórmula poderia ser vista da seguinte forma:

$$ROI = \frac{\text{(Lucro do Investimento - Custo de Investimento)}}{\text{Custo do Investimento}}$$

FIGURA 17-2: Fórmula do ROI.

Algo importante a observar é que o lucro do investimento não é o ganho total em vendas, e sim a margem de lucro sobre cada venda.

Vamos supor que a empresa tenha obtido R$50 mil de vendas, com uma margem de lucro de 10%. Nesse caso, o valor que deve ser incluído no cálculo é R$5 mil (os 10% de lucro) e não os R$50 mil (o valor total das vendas).

Seguindo esse raciocínio, se você gastar R$1 mil com uma campanha de marketing e receber R$5 mil de lucro, a conta ficaria assim:

ROI = 5.000 (lucro) - 1.000 (custo)/1.000 (custo)

ROI = 4.000/1.000

ROI = 4

Em outras palavras, você teria ganho 4 vezes o valor investido, ou seja, teria 400% de lucro.

Como algumas ações de marketing visam o longo prazo, elas podem envolver muitos processos até levarem à conclusão de venda. Cada ação deve ser acompanhada em tempo real para identificar quais ações estão produzindo resultados e quais ações precisam ser repensadas, não perdendo o foco que é a geração de mais negócios para sua empresa. Está é uma tarefa que exige dedicação e que costuma dar muito trabalho, mas é indispensável para aumentar a taxa de retorno sobre o investimento.

Vendas

Uma empresa que não vende, quebra! Esta é uma máxima ensinada por muitos gurus de negócios e empreendedores de sucesso. Quer saber por que a prática mostra que a teoria é verdadeira? Imagine uma empresa sensacional com produtos incríveis, ótima localização e um controle de estoque de última geração. Você poderia imaginar que esta empresa é um sucesso, não é?! Agora imagine esta mesma empresa sem clientes. Por que mesmo ela existe?

DICA

QUANDO PERDER NÃO É UMA OPÇÃO

O setor de vendas é uma guerra constante, onde muitas vezes seus colegas de empresa são também seus adversários. No filme O Sucesso a Qualquer Preço, de 1992, que se passa durante a recessão de 1991 nos EUA, os tempos estão difíceis para os corretores e eles são pressionados a vender mais. A chefia promete um Cadillac Eldorado para o melhor vendedor, um conjunto de seis facas para churrasco para o segundo colocado, e a demissão para o terceiro colocado. Nessa empresa, ou você tem sucesso ou não faz parte dela. No mundo real, muitas vezes os funcionários do setor comercial e de vendas sofrem pressões semelhantes para bater metas e ganhar prêmios.

De fato, se ninguém quiser adquirir os produtos e serviços de uma empresa, é muito difícil que ela tenha uma razão de ser. Até um negócio social precisa vender uma ideia ou uma causa para sobreviver. Por isso, a área de vendas é o pilar que sustenta qualquer empresa no mercado.

Enquanto marketing trabalha para pesquisar o público-alvo, em termos de necessidades, desejos e hábitos de consumo, a área de vendas entra em cena para transformar um lead em cliente e converter desejo em vendas. Quando trabalham em sinergia, as duas áreas têm um único objetivo: manter o coração da empresa pulsando.

Fundamentos da venda

Em geral, o processo de vendas acontece na atração de clientes e na influência na decisão de compra. Enquanto a atração influenciada pela forma como a empresa se comunica com os possíveis consumidores, a influência converte a intenção em um negócio concreto.

Existem algumas etapas pelas quais o consumidor passa para realizar um processo de compra. Conhecer bem esse ciclo é fundamental para vendedores e empreendedores. Vamos a eles:

1. **PROSPECÇÃO**

   Prospectar é desenvolver estratégias que façam com que mais e possíveis clientes (pessoas, empresas, organizações etc.), conheçam o vendedor, sua empresa e seu produto. Este é um trabalho que todo vendedor deve dominar e para isso, nada melhor do que conhecer o perfil do cliente. E isso pode ser feito bem antes, quando o cliente é apenas um lead sob a responsabilidade do marketing.

Para elaborar ações efetivas de vendas, investigue também a concorrência: procure saber quem são os líderes de mercado, quais são as técnicas de abordagem que eles utilizam, como se diferenciam etc. Tente se manter atualizado e acompanhar o mercado. A partir dessas informações, monte um plano de ação para agir assertivamente.

2. APRESENTAÇÃO

Uma venda bem feita começa no primeiro contato com o cliente. Por isso, é importante estar sempre disponível, ser facilmente encontrado e responder às primeiras perguntas de forma rápida e efetiva.

Encontre maneiras eficazes de manter contato com sua base de clientes. Estabeleça uma comunicação direta e faça uma apresentação encantadora. Afinal, a primeira impressão é a que fica.

Na apresentação, tente sondar mais informações do cliente, entendendo suas dúvidas, necessidades ou problemas. Evite fazer longas apresentações de seu produto logo de cara. Um bom vendedor é aquele que consegue descobrir oportunidades a partir da primeira interação com o consumidor.

3. ABORDAGEM

Agora é a fase de explicação e venda do produto. Primeira lição: conheça muito bem seu produto, saber o que está oferecendo aumenta a confiança e torna seu discurso mais crível. Conhecer as vantagens e desvantagens do produto ou serviço oferecido fará uma grande diferença. Se você não sabe o que está oferecendo, também não saberá qual a melhor forma de oferecê-lo.

Concentre-se em fornecer informações interessantes e ajude a resolver o problema do seu consumidor. Envolva o cliente com soluções e esclareça todas as dúvidas. Vender não é empurrar um produto ou serviço, mas solucionar problemas.

Um dos maiores segredos das vendas é o bom atendimento. Produtos podem ser copiados ou substituídos, atendimento não! E, por fim, seja resiliente e nunca desista, mesmo se receber negativas durante o processo. O bom vendedor aceita o NÃO de forma amistosa e procura mudar de abordagem de acordo com o humor do cliente até chegar ao esperado SIM.

4. FECHAMENTO

Aqui está o momento da negociação, em que o objetivo final precisa ser cumprido: a realização da transação. Nesta fase entra em jogo a negociação com apresentação de proposta e exposição de benefícios do produto.

Se isso não acontecer, há um sério risco do comprador sentir-se desestimulado e procurar a concorrência. Por isso, procurar maneiras de gerar esse valor o mais rápido possível e faça o consumidor sentir-se realizado com os benefícios oferecidos.

E, ao invés de fechar, abra um campo de relacionamento com o cliente. Bons vendedores entendem que o processo de vendas não acaba no fechamento do negócio. Este é apenas o início de uma relação duradoura.

5. PÓS-VENDA

Não adianta o vendedor fazer um excelente serviço se no pós-venda os consumidores ficarem insatisfeitos. Um dos grandes gargalos das empresas está exatamente na fase posterior da compra. Portanto, para garantir a reincidência entre os clientes, demonstre que sua empresa está atenta a ele.

Acolha sugestões e procure esclarecer dúvidas ou solucionar rapidamente qualquer problema que venha a ocorrer. Faça pesquisas para que os clientes possam sugerir melhorias e chame-os para demonstrações de novas versões ou novos produtos. Faça com que o cliente se sinta valorizado pelo negócio e trabalhe a retenção com cartões de fidelidade ou modelos de assinatura, por exemplo.

CRM e a Fidelização de Clientes

Em tempos de aumento da competitividade e excesso de oferta, fidelizar clientes é um dos principais objetivos das empresas, já que adquirir novos consumidores custa caro e dá trabalho. Uma das principais estratégias para reter e fidelizar clientes é o CRM (Customer Relationship Management), que em português significa Gestão de Relacionamento com o Cliente.

Na prática, o CRM é uma ferramenta que armazena e centraliza em um mesmo lugar informações de clientes — nome, endereço, número de telefone —, e um histórico de interações, incluindo visitas a sites, ligações telefônicas, e-mails e preferência de compras.

Mas, engana-se quem pensa que o CRM é apenas um software. Na verdade, ele é muito mais que uma lista de contatos elaborada e organizada. É uma verdadeira estratégia de relacionamento com cliente e é imprescindível para a empresa que quer fidelizar clientes.

Com tudo reunido em um único lugar e em softwares que podem ser gerenciados na nuvem, o CRM é acessível de qualquer lugar a qualquer momento e ajuda a simplificar processos e colaboração da equipe. *Com isso, funcionários de diferentes áreas terão informações pertinentes no momento mais propício.* Com o CRM é possível criar o máximo de possibilidades de comunicação e manter um contato constante com o cliente por meio de e-mails com promoções ou descontos, por exemplo.

O que torna a solução de CRM uma das tecnologias corporativas mais importantes é o modo como ela pode ajudar a **gerenciar contas de clientes, criar oportunidades de vendas** e fazer o suporte na área de atendimento. Hoje em dia, esta é uma questão de sobrevivência para as empresas, que precisam criar uma relação eficiente, assertiva e duradoura com seus clientes.

DICA

A BÍBLIA DE VENDAS

Consagrado como o melhor livro de vendas já publicado, A Bíblia de Vendas tornou-se um clássico no mercado editorial mundial e tem ajudado centenas de milhares de pessoas a enfrentar e resolver os desafios de vendas.

Baseado nos princípios da educação e treinamento em vendas, o livro fornece de forma objetiva técnicas e métodos que proporcionam aumento nas vendas e fidelização de clientes. Além disso, traz ferramentas e técnicas que já auxiliam os empreendedores a vender e alcançar o sucesso. A obra inclui os 10,5 Mandamentos do Sucesso em Vendas de Jeffrey Gitomer, uma autoridade global em vendas.

NESTE CAPÍTULO

» Empreendedorismo online no Brasil

» O comportamento do consumidor da era digital

» Marketing digital e a fragmentação de canais

» Aprenda a fazer um funil de vendas

» A importância do monitoramento

» Marketing de Afiliados

Capítulo 18
Estruturando Negócios Online

"Um site não é uma empresa. Uma ideia não é uma empresa. Uma vontade não é uma empresa. Uma empresa é fluxo de caixa positivo."

THIAGO DE CARVALHO

— *Especialista em empreendedorismo*

Hoje em dia é impossível falarmos de negócio sem nos aprofundarmos no empreendedorismo digital. Este assunto merecia não apenas um capítulo à parte, mas um livro inteiro de reflexões. E para isso existem muitas obras que se dedicam exclusivamente a esta tarefa. Neste livro, vamos focar nos principais aspectos relacionados à estruturação de uma empresa digital. O que de fato as diferenciam, o novo consumidor, o marketing digital, a interação nas redes sociais etc.

Empreendedorismo Online no Brasil

No Brasil, já são mais de 100 milhões de pessoas online, segundo dados do IBGE (Instituto Brasileiro de Geografia e Estatística). Os brasileiros também estão entre os consumidores mais engajados na internet, 4 entre 10 dos consumidores brasileiros afirmam que usam as redes sociais para recomendar uma marca para amigos e parentes.

Já sabemos (e falamos sobre isso no Capítulo 2) que com o advento da tecnologia digital, o mundo dos negócios se abriu para uma infinidade de oportunidades. Só no Brasil, o comércio eletrônico cresceu cerca de 30% ao ano na última década. Grandes lojas virtuais viraram referência no varejo como a Amazon (a maior do mundo) e no Brasil, a Netshoes ou Submarino, por exemplo.

O MOBILE NOS NEGÓCIOS

De acordo com pesquisas feitas pelo IBGE desde 2014, o celular é o principal meio de acesso à internet da população brasileira. Seis em cada dez espectadores usam o mobile ao mesmo tempo que assistem TV; 86% dos usuários pesquisam produtos para comprar através do mobile e 2 bilhões de views do YouTube são feitos a partir do celular diariamente, o que equivale à metade dos views no site.

Esses números têm uma explicação: as pessoas vivem ocupadas e em constante correria em suas vidas, os celulares facilitam o uso de serviços em qualquer lugar que estejam. E os smartphones fazem mais parte da vida das pessoas do que seus computadores.

Portanto, é muito importante para qualquer negócio estar também nos smartphones de seus clientes. Além de todas as vantagens que um aplicativo pode trazer para os usuários, investir em mobile também pode significar boas reduções de custos.

Mas ao tomar a decisão de investir em mobile, o empreendedor deve ter consciência de que não é algo a ser feito da noite para o dia. É de extrema importância conhecer bem seus usuários, mercado e traçar de forma correta seus objetivos.

Quem quer criar um app não pode pensar em apenas resolver um problema. É necessário ter uma experiência mais fluída possível, fazendo que com que o usuário utilize o aplicativo na forma mais fácil e rápida. De acordo com o especialista em Estratégias em Arquitetura de Software Marcílio Júnior é recomendável lançar apps sempre começando com MVPs (Produto Mínimo Viável) para conhecer bem seus consumidores e aprender durante o processo de desenvolvimento da sua ideia.

O varejo online representa mais de 5% do mercado brasileiro e de acordo com uma pesquisa do Google em conjunto com a revista Forrester Research, nos próximos 5 anos, aproximadamente 27 milhões de pessoas farão a primeira compra na internet. Estes novos consumidores irão alavancar o número de compradores online a 67,4 milhões, quantia que representará em 2021 a porcentagem de 44% dos internautas no país. Nesse período, será atingido as cifras de R$85 bilhões em vendas.

Há muito tempo a internet se provou uma ferramenta poderosa para todos os tipos de empresa: das multinacionais às pequenas instituições, das ONGs a profissionais independentes que podem se valer das plataformas digitais para vender uma ideia, um propósito, um benefício, a resolução de um problema. E ela continua a atrair empreendedores dispostos a investir nos negócios digitais e no cada vez mais onipresente mercado mobile.

Novos Consumidores, Novos Comportamentos

Mas a evolução do uso de tecnologia nos negócios dá uma falsa sensação de que empreender ficou fácil. Criar e gerenciar uma empresa na internet é uma tarefa tão complexa quanto dispendiosa e exige empreendedores bem preparados e dispostos a assumir riscos.

O empreendedor precisa estar ciente que mesmo trabalhando em uma plataforma digital, o negócio não escapa de obrigações tradicionais em negócios offlines, como emissão de nota fiscal, fechamento de caixa, controle do fluxo, registro de vendas e controle de estoque. Além disso, é preciso cuidar da logística, marketing, tecnologia, distribuição etc.

DICIONÁRIO (VEJA OUTROS TERMOS NO APÊNDICE)

Omnichannel: Literalmente, significa "todos os canais". Ou seja, uma união de loja física, televendas, venda de porta em porta, e-commerce, mobile commerce e outros para que o cliente tenha uma única experiência de compra.

Enfim, não faz mais sentido a separação entre o online e o offline. Ambos são canais de um mesmo negócio: o varejo. E as empresas devem ser omnichannel e atender as demandas dos consumidores com novas estratégias de comunicação e negócios.

Um levantamento da Ernest & Young (EY) revelou que o Brasil possui um péssimo desempenho em alguns temas sobre empreendedorismo online em relação a países do G20. O país ocupa as penúltimas posições quando o assunto é ambiente — que inclui as questões burocráticas, como regularização e tributação — e conhecimento digital na área; e está na última posição no quesito educação empreendedora e habilidades digitais no setor.

Para trabalhar neste setor, o empreendedor deve estar preparado, ter planejamento, metas e objetivos concretos. Por tratar-se de um meio efêmero e volátil, é preciso estar atento à dinâmica de mercado e observar as constantes mudanças e inovações que acontecem em espaços de tempo cada vez mais curtos.

Os empreendedores digitais também precisam focar seu olhar nos novos consumidores que, diferente do passado, já não são mais indivíduos isolados e têm muito mais força e poder. Conectados em rede, eles demandam um maior engajamento, querem partilhar suas experiências, ajudar a criar valor aos produtos e serviços que utilizam, ter voz ativa. Suas decisões são fundamentadas em informações e suas opiniões são expressas para um número exponencial de pessoas em sites, blogs e redes sociais em tempo real.

Apesar de parecer fácil, vender pela internet é muito mais do que entregar produtos. Com o excesso de informações, ofertas e demandas e clientes cada vez mais exigentes, se saem melhor as empresas que apostam em uma experiência relevante e encantadora com seu cliente. E só consegue isso aquela que tem a capacidade de interagir com seu consumidor e promover um relacionamento de qualidade.

Se até a década de 1980 os veículos de massa, como TV, rádio e mídia impressa, dominavam uma comunicação unidirecional, hoje, a comunicação se dá de maneira horizontal, em múltiplos canais e de diferentes formas. Agora não há mais diferenças entre lojas físicas ou virtuais. Tudo deve estar conectado e interligado, no conhecido conceito de **omnichannel**.

As empresas precisam estar preparadas para atender um consumidor que começa sua jornada em uma loja virtual para pesquisar preços e conclua a compra em uma loja física ou vice-versa. Depois, ele pode querer tirar dúvidas e interagir com a empresa pelas redes sociais e tudo isso com uma comunicação instantânea e eficiente, independente do meio.

Marketing Digital

O marketing digital é a ferramenta usada pelas empresas para promover uma experiência cada vez mais personalizada e próxima do seu cliente. Usando os mesmos conceitos do marketing tradicional (veja mais no Capítulo 20), o marketing digital também tem como meta estreitar o relacionamento com o consumidor. Afinal, o cliente quer ser bem atendido independente do canal em que interage com a empresa: seja no quiosque do shopping, na loja de rua, no site ou nas redes sociais.

Por isso, esta diferenciação entre o marketing online e offline está caducando. Uma das maiores especialistas do tema no Brasil, Martha Gabriel diz que não existe divisão do mundo offline e online, o que existe é apenas o ONELINE, ou seja, um caminho único para que a empresa crie vínculos fortes com os consumidores.

E neste terreno, as plataformas digitais vieram não apenas para aproximar mais a empresa do cliente, mas também para democratizar o marketing de forma que empreendedores dos mais variados perfis e capacidade financeira pudessem entrar no jogo e criar ações de baixo custo, agilizar vendas e fidelizar clientes.

Mas tudo depende do objetivo do empreendedor e da necessidade da empresa. Muitos empreendedores têm se deslumbrado com as infinitas possibilidades do mundo digital e esquecido de se perguntar qual é a meta: conquistar novos clientes? Aumentar as vendas? Incrementar o faturamento? Ou fortalecer a marca? Independente do objetivo, no mundo digital, o empreendedor precisa ter conhecimento profundo do seu público-alvo.

E no mundo digital é possível mapear o público com detalhes, descobrir qual a sua dor, ou seja, quais seus desejos e necessidades, para oferecer a solução ideal e divulgar a proposta de valor em uma rede que atingirá milhares de prováveis consumidores.

Falando assim, parece fácil, não é?! Nem tanto. Todos estes passos exigem um planejamento rigoroso, metas claras e profissionais qualificados e especializados. É importante destacar que até por ser um universo com infinitas possibilidades que atinge um contingente infinito de pessoas, as ações precisam ser assertivas e até cirúrgicas. O pulo do gato é FALAR A COISA CERTA PARA A PESSOA CERTA NA HORA CERTA!

Funil de Vendas

Estudos realizados por Chet Holmes, autor do livro "The Ultimate Sales Machine", mostram que 90% dos consumidores que estão pesquisando um fornecedor não têm interesse de compra imediato, 7% deles querem conhecer mais sobre a empresa e o produto/serviço e apenas 3% estão dispostos a fechar uma venda. E é este número pequeno que merece a atenção da equipe comercial.

A jornada do cliente virou uma verdadeira obsessão para os empreendedores digitais. Isto porque ela conduz o público-alvo desde o momento em que ele toma conhecimento do produto ou serviço até a concretização da venda. É o que os especialistas chamam de "funil de vendas", conforme figura abaixo:

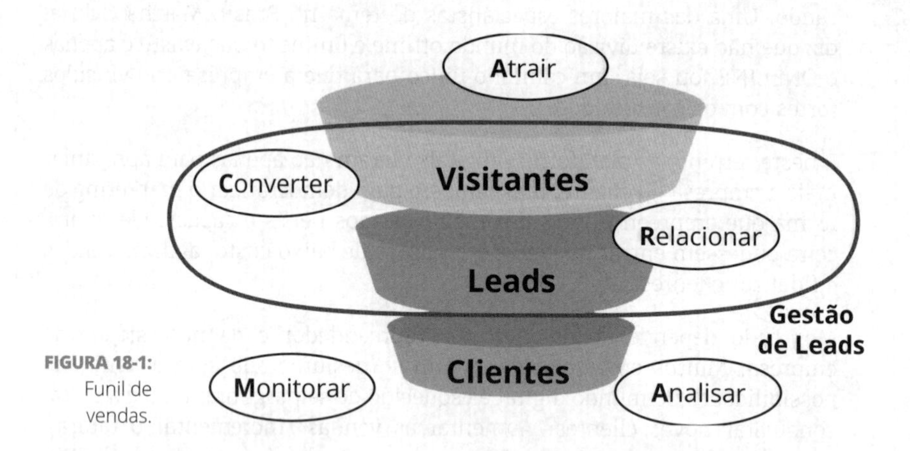

FIGURA 18-1: Funil de vendas.

O funil de vendas é retratado na forma de um funil de um topo largo para uma base curta porque a atração e entrada de usuários sempre será maior que a conversão feita. O procedimento é denominado funil porque sempre há uma diferença muito grande entre o número de pessoas que aparecem interessadas no seu produto e os que realmente compram ao final do processo.

O primeiro passo, dentro do processo de funil, é identificar a parcela do grande público na qual você deve concentrar seus esforços. Para isso, é necessário segmentar. O empreendedor precisa saber em detalhes quem são seus clientes, suas necessidades e anseios e, principalmente, seus hábitos de consumo.

FIGURA 18-2: As etapas do funil.

Para isso, criou-se uma estratégia conhecida como Persona ou BUYER PERSONA, que pode ser traduzida como o perfil ideal do seu cliente. É para esse personagem fictício (que tem nome, idade, preferências, desejos, necessidades etc.) que sua empresa desenvolverá a comunicação, o atendimento, o produto, a marca. Isso irá ajudar a determinar onde focar seu tempo e guiar no planejamento do funil.

Topo do funil

Na primeira etapa do funil, a finalidade é **atrair pessoas e gerar tráfego** para o site da sua empresa, captando os clientes que tenham interesse em sua área de atuação. Para isso, é usado amplamente o marketing de conteúdo como estratégia.

Nesta fase, é preciso elaborar materiais que realmente irão agregar valor. É o chamado inbound marketing. Notícias, vídeos, e-books, posts, artigos, imagens e infográficos, entre outros. Isso porque através de boas informações sua empresa conseguirá atrair a atenção dos usuários na internet, transformá-los em leads, ou seja, potenciais consumidores.

De fato, 98% dos estrategistas entrevistados em uma pesquisa feita com empresas B2B, que oferecem serviços/produtos para outras empresas afirmaram que o conteúdo é o instrumento mais vital de seu marketing.

No marketing de conteúdo, a empresa compartilha seu conhecimento de mercado sem intenção de venda. Conteúdo para cliente também deve ser uma das práticas do negócio e ajuda a fidelizar os próprios clientes, além de poder estimular que ele compartilhe isso com conhecidos. Simples ações como essa podem trazer mais público de uma maneira muito mais fácil e menos custosa.

Meio do funil

O usuário aqui já não é um mero visitante recém-chegado ao seu site/blog, mas sim um indivíduo que sabe que possui um problema e gostaria de encontrar possíveis soluções e saber quais são suas opções para resolvê-lo. É aqui que o "desconhecido" se torna um lead e se aproxima ainda mais da venda final.

O meio do funil é parte do encantamento, ou seja, quando a empresa demonstra, de forma prática, por que seu negócio pode ajudar seus clientes. O que eles ganham com isso o que perdem ao não fazer parte. Isso pode ser demonstrado de forma indireta, não necessariamente com uma linguagem vendedora. Neste momento é hora de se aprofundar no conteúdo produzido e identificar as necessidades e possibilidades dos prospects (clientes em potencial).

BUYER PERSONAS: QUEM SÃO E COMO CRIÁ-LAS?

Personas são representações fictícias dos seus clientes ideais, tem o objetivo de definir quem é precisamente o cliente. Essa ferramenta auxiliará na tomada de decisões para ações de marketing e lançamento de novos serviços e produtos.

Muito mais do que a descrição de um público-alvo, ela é como se fosse o próprio cliente. Quem é ele, o que ele faz, do que ele gosta, do que ele não gosta. Buyer personas são criadas através de pesquisas, questionários e entrevistas feitas com seu público-alvo. Isso inclui um misto entre clientes (tanto "bons" quanto "ruins"), prospectos e todo o tipo de pessoa que pode ser enquadrada como seu público-alvo. Você coletará dados que serão qualitativos e quantitativos para criar a imagem do seu cliente ideal, o que eles valorizam e qual a solução perfeita para eles.

Para construir esta Persona o ideal é criar pessoas quase reais, com nome, idade, profissão e rotinas, e histórias pessoais, motivações, objetivos, desafios e preocupações.

Existem seis perguntas básicas para começar a identificar as buyer personas da sua empresa. São elas:

- **Quem são os decisores de compras dos seus produtos e serviços?**
  Qualifique o perfil daqueles que batem o martelo e fazem a compra. Qual cargo eles ocupam dentro da empresa (caso seu negócio seja B2B), qual sua posição social (B2C) etc.

- **O que seus clientes estão tentando realizar?**
  Entenda quais necessidades os clientes estão buscando sanar, quais problemas eles querem resolver ao adquirir um produto ou serviço seu — ou mesmo um similar, da concorrência.

- **Quais metas eles estão tentando alcançar?**
  As metas dos seus clientes podem ser pessoais ou profissionais. Esta é uma pergunta importante, pois nada mexe mais com uma pessoa do que suas metas, seus sonhos.

- **Como seus clientes pensam?**
  Aqui, a ideia é identificar os chamados modelos mentais: um padrão coletivo de atitudes, crenças, percepções, motivações e princípios orientadores. Isso tudo pode ajudar a entender as razões ocultas pelas quais os clientes decidem ou não comprar.

- **Como seus clientes compram?**
  Você deve tentar entender qual é o processo de compra de seu cliente. É rápido, é longo, exige reuniões com outras pessoas (influenciadores)? Entenda as políticas de compras desse cliente.

- **Onde preferem comprar?**
  A quantidade de canais de compras à disposição das pessoas é imensa. Especialmente no ambiente digital. Por isso, é importante entender quais as preferências do cliente (loja virtual, aplicativo, presencial etc.).

Caso queira saber mais sobre como criar buyer personas, acesse o site `http://contentools.com.br/marketing-de-conteudo/o-que-e-e-como-definir-uma-persona/`

Nesta etapa, ofereça materiais mais robustos, como um e-book, por exemplo, e crie pontos de conversão, ou seja, formulários ou Landing Pages que transformem seus visitantes em contatos, ou Leads. Capture informações dos visitantes: e-mail, área de atuação, nome da empresa, solicitação de orçamento etc. Isso permite que você classifique os visitantes e encontre aqueles que possuem um maior alinhamento com seu produto.

Neste momento, mencione sua empresa e mostre que ela possui a solução para o problema do seu *lead*. Mas isso deve ser feito com sutileza. Ainda não chegamos na etapa da venda.

Fundo do funil

Agora que o seu prospect já passou pelo início e meio do funil, ele já conhece um pouco sobre a sua empresa, área de atuação, provavelmente o segue nas redes sociais e até recebe suas newsletters. Agora você já pode adotar uma abordagem mais direta, falar abertamente de seu produto, do que faz e das vantagens disso para o cliente. Uma linguagem mais promocional já pode ser adotada aqui.

Neste estágio, o cliente já tomou a decisão de comprar. É preciso apenas converter, ou seja, finalizar o negócio. *Leads* qualificados devem ser abordados por vendedores que já irão fechar o negócio e encaminhar questões de forma de pagamento, contrato etc.

Depois de concretizar um negócio, é importante acompanhar seus clientes e dar toda a assistência possível no pós-venda.

INBOUND MARKETING VERSUS OUTBOUND MARKETING

Existem dois conceitos fundamentais para quem quer entender e aplicar o marketing digital na sua empresa: o inbound marketing e o outbound marketing.

O inbound é o marketing de permissão (ou não intrusivo), no qual a empresa gera valor para um provável cliente, atraindo-o para uma jornada de compra. Baseando-se no conceito de fidelização, as empresas fornecem informações valiosas ao público. Neste processo, a intenção não é vender, mas conseguir mais informações a respeito de um prospect. Seu comportamento e preferências para que quando o consumidor entre no processo de vendas, a empresa já conheça seu problema e ofereça as soluções certas, facilitando o fechamento e a conquista do cliente.

Nos últimos tempos, o inbound marketing se destacou como a forma mais eficaz e barata de gerar vendas, já que os prováveis clientes já chegam qualificados com um processo de nutrição de conteúdo que pode ser automatizado.

Já o outbound marketing se opõe ao inbound porque ele é feito de maneira tradicional. A ideia é ir atrás do cliente ativamente com propagandas em rádio e TV, flyers, prospecção ativa por telemarketing, cartazes, patrocínio de eventos, mídia paga na web e anúncios em rede sociais como banners, e-mails em massa e pop-ups.

O importante a saber é que uma estratégia não anula a outra, e é possível mesclar as duas metodologias de acordo com a intenção, o retorno esperado, o perfil do público que se quer atingir e o modelo de gestão da empresa. As duas estratégias juntas podem se complementar em um plano de marketing robusto e completo.

Monitoramento — o ROI no Digital

Quando falamos do marketing digital, uma das principais vantagens desse universo é poder calcular o ROI (Retorno sobre Investimento) com mais precisão. Assim como já vimos no capítulo anterior, o monitoramento é essencial para saber se ações de marketing estão dando certo. Mas, enquanto o investimento em marketing digital é mais fácil de ser medido por meio de conversões e vendas, a mídia offline é mais complexa. Como medir o impacto de um outdoor, por exemplo? No digital, a vantagem é que o ROI pode ser feito em tempo real e as mudanças de percurso são muito mais rápidas, economizando tempo e dinheiro.

Por exemplo, suponha que uma campanha no Google Adwords tenha custado R$100 e gerou no final R$2 mil em vendas. Aplicando a fórmula, podemos concluir que o ROI desta estratégia de marketing foi:

ROI = (Ganho obtido – Investimento inicial) / Investimento inicial

ROI = ((R$2.000 – R$100) / R$100) = 19%

Métricas e KPIs

Como dissemos, no universo digital o trabalho de monitoramento é muito mais preciso e veloz. Existem milhares de ferramentas para este fim que podem medir todas as ações dos usuários e clientes no seu site ou loja virtual, mas é preciso dizer desde já que estes números sozinhos não significam nada. A facilidade de se captar números é inversamente proporcional à dificuldade de organizá-los e gerenciá-los. É preciso inteligência para analisá-los e interpretá-los.

A primeira coisa a fazer é entender as nomenclaturas. Existem duas medidas essenciais:

» **As métricas:** Costumam ser indicadores nativos de sistemas de monitoramento como o Google Analytics. Indicam informações e comportamentos dos usuários em sites, e-commerce, blogs etc. Pode ser feito por meio da medição de visitas, taxa de rejeição do site, visitantes únicos etc.

» **Os KPIs — Key Performance Indicators** (em português, indicadores-chave de performance): São indicadores definidos para analisar o desempenho. Estão associados a metas de conversão, como tempo de permanência no site, número de assinantes da newsletter ou taxa de conversão de vendas.

É importante para os gestores entenderem (e quase ninguém se dá conta disso) que métricas e KPIs são coisas diferentes. Enquanto as Métricas refletem o comportamento dos visitantes no site, os KPIs refletem o desempenho do negócio em si. Métricas são informações e KPIs são resultados.

Com isso esclarecido, o empreendedor deve cuidar de estabelecer os KPIs ainda no planejamento. Como o marketing digital promove muitas informações, com seus KPIs conseguimos entender quais ações têm melhor resultado e investir o budget de forma mais inteligente e equilibrada. Para cada KPI analisado ou sugerido, sempre existe uma meta de conversão associada a ele. Por exemplo: tempo de navegação x profundidade da visita, usuários cadastrados, comentários em posts (muito comum em blogues), visualização de vídeos, downloads de conteúdos e aplicações, compartilhamento de conteúdo nas redes sociais.

E uma vez que eles foram escolhidos, precisam ser divulgados e divididos para cada área da equipe (conteúdo, planejamento, atendimento, design) e entre as pessoas-chaves da corporação que poderão entender que tipo de conteúdo está trazendo mais engajamento ou se precisa fazer uma adequação de rota.

Não se esqueça, a velocidade de reação no mundo digital é muito importante. Mensure todo o processo em tempo real e use os resultados para gerar insights e tomar decisões de negócios.

Marketing de Afiliados

É impossível falar de marketing digital, sem citar os programas de afiliados. Hoje, este é um dos mercados mais fortes no empreendedorismo online. Nos Estados Unidos, ele representa até 30% do investimento publicitário dos anunciantes. O Brasil ainda está longe de atingir este nível, mas é um mercado que vem crescendo 100% ao ano, independente das crises econômicas.

O Marketing de Afiliados nasceu nos Estados Unidos com o conceito de revenue sharing (em português, partilha de receita) e surgiu a partir da necessidade de escalar vendas e criar estratégias para favorecer a divulgação de produtos. Mas só ganhou repercussão mesmo quando foi adotado pela Amazon, a maior loja de e-commerce do mundo.

Por definição, o marketing de afiliados é um serviço de publicidade online que usa o processo de vender produtos de terceiros, através de um blog ou site. O modelo de negócios é bastante simples e por isso, tem se consolidado no mercado. Existem três grandes atores nesse mercado: publishers, anunciantes e tecnologia.

- O publisher é o blogueiro ou site com boa audiência que divulga produtos ou serviços de uma empresa em troca de comissão.
- O anunciante ou merchants são empresas ou pessoas que querem vender algo e para isso precisam aparecer para uma audiência qualificada e cada vez maior.
- A tecnologia são as plataformas responsáveis pelo traqueamento (geração de códigos, links que rastrearão um anúncio e contabilizam as vendas) de sites e blogs.

Atualmente é muito comum que a afiliação seja focada em divulgar produtos digitais (os chamados infoprodutos, como e-books, videoaulas, webseminários ou cursos online), mas o marketing de afiliados também envolve produtos físicos, vendidos em e-commerces.

Entre as vantagens do marketing de afiliados está o grande alcance que ele é capaz de atingir e o custo reduzido para a empresa lançar produtos e implementar estratégias de divulgação. Para os publishers também é uma boa forma de rentabilizar conteúdo e monetizar seu site, ganhando comissão através da promoção de produtos que outras pessoas produziram.

Ainda pouco conhecido do público em geral e de alguns setores da economia formal, o marketing de afiliados brasileiro movimenta centenas de milhões de reais no Brasil. Segmentos como varejo, shoppings, indústria, operadores de viagem e turismo, serviços financeiros e telecomunicações utilizam os programas de afiliação para terem mais resultados em suas vendas pela web. Algumas empresas estão estruturadas somente sobre seus Programas de Afiliação.

Mas, diferente do que parece, esta estratégia envolve mais do que apenas a venda de produtos. Ela requer desenvolvimento de um forte relacionamento com os blogueiros e destes com seu público-alvo. Trata-se de passar a mensagem certa no momento adequado. É preciso também entender os diferentes tipos de programas para decidir qual deles se ajusta tanto para o criador de conteúdo quanto para a empresa que vende seus produtos online.

Afiliados Brasil

O Afiliados Brasil é um Congresso Brasileiro de Afiliados e uma organização que tem como objetivo reunir blogueiros, webmasters, empresas, agências, publicitários e todo o tipo de usuários que estejam direta ou indiretamente ligados ao desenvolvimento de projetos comerciais e à rentabilização de sites na internet.

Saiba mais em: `https://www.afiliadosbrasil.com.br/`

COMO FUNCIONA A MONETIZAÇÃO DE CONTEÚDOS

Para se iniciar no marketing de afiliados, o publisher precisa compreender como funciona cada uma das formas de partilha de receitas e conhecer os termos e condições de cada formato.

De acordo com a Afiliados Brasil, instituição que reúne todos os agentes do mercado nacional, existem diversas ações possíveis para remunerar que pode ser por clique, ação, lead, mil impressões, formulário ou venda.

Na prática, todo site/empresa que oferece o serviço de programa de afiliados, gera um link diferenciado para o usuário que fará a divulgação daquele produto, e através de um código, consegue identificar toda compra que foi realizada através daquele link, proporcionando uma comissão por venda concluída.

Veja como funciona detalhadamente cada uma das modalidades:

- **CPC (Custo por Clique):** É um tipo de formato no qual o Publisher é recompensado pela quantidade de cliques que o anúncio obter independente de haver conversão (venda sobre o produto divulgado). Ou seja, independentemente do formato de anúncios que você decidir utilizar em seus sites ou blogs (links de texto, banners publicitários, e-mail marketing etc.), você será sempre remunerado de acordo com os cliques que a campanha receber. Sempre que um usuário clicar em um dos seus meios de publicidade, você receberá um valor fixo por clique, que pode variar de anunciante para anunciante.
- **CPA (Custo por Ação):** O custo por ação é uma métrica que a própria empresa/anunciante decide e passa para o afiliado. Neste formato, toda vez em que o anúncio promovido fizer com que o internauta realize uma ação (que poderá ser um cadastro, um depósito em dinheiro, ou, efetive uma compra) haverá um comissionamento para o mesmo.
- **CPL (Custo por Lead válida):** O CPL é parecido com CPA, porém com uma pequena diferença: a validação ou aprovação dos leads. No CPL, o afiliado não é remunerado pela ação, mas sim pelo fato de a ação ser validada. No caso do CPL, muitos usuários têm tendência para reclamar com as empresas de afiliados, porque haviam realizado XXX leads, e a empresa apenas validou YYY leads. Mas a verdade é que a empresa está no seu direito de revogar todos e quaisquer leads que considere não ter qualidade e/ou que não cumpram o pressuposto do programa de afiliados.

- **CPV (Custo por Venda):** Os programas de afiliados em CPV têm como base as vendas. São normalmente programas de afiliados de lojas de e-commerce em que o objetivo do publisher é converter usuários para comprar produtos em uma determinada loja online, independentemente do nicho. Por norma, os programas de afiliados por CPV pagam um valor percentual (%) sobre as vendas realizadas, ou seja, ao enviar um usuário para a loja de e-commerce, se ele comprar XX produtos, o blogueiro recebe YY% de comissão sobre o valor da compra do usuário.
- **CPM (Custo por Mil Impressões):** O formato CPM é apenas utilizado em banners de publicidade, e é um valor pago pela empresa/anunciante para cada 1.000 impressões. O número de impressões do banner pode ser calculado pelo número de pageviews do site. Sempre que um usuário acessa o site, ele gera 1 (um) pageview e, consequentemente, 1 (uma) impressão do banner publicitário. Isto significa que, ao navegar pelo site, os usuários estão imprimindo o banner publicitário, e o afiliado é remunerado em um valor fixo para cada 1.000 impressões, independentemente do número de cliques que ele recebe.
- **CPF (Custo por Formulário):** O CPF é a ação pretendida ao promover este tipo de programa de afiliados e a inscrição do usuário em um determinado formulário. Por norma, os valores pagos por CPF são fixos e os formulários poderão ser simples ou complexos. O objetivo neste tipo de campanhas é que os usuários se inscrevam no formulário presente na página, e nada mais do que isso. Todas as outras atividades que o usuário realizar junto da empresa já não serão contabilizadas nos seus ganhos. Seus ganhos dependem única e exclusivamente do preenchimento do formulário.

5

Diferenciais de uma Empresa

NESTA PARTE . . .

Nesta parte, você irá aprender conceitos para gerir uma empresa no século XXI, alinhada com a nova economia e com a revolução tecnológica. Também vai descobrir os principais modelos de crescimento para sua empresa. Será que vale a pena apostar em franquias ou fazer fusões com outras empresas? Quais os fundamentos do marketing em rede e como fazer um planejamento estratégico condizente com a realidade do seu negócio e com suas ambições como empreendedor. A importância da inovação e do desenvolvimento sustentável para a perenidade das empresas atuais e como o capitalismo consciente está mudando a forma de ver e fazer negócios em todo o mundo.

NESTE CAPÍTULO

» O que é Governança Corporativa

» Como criar uma cultura corporativa

» O iceberg organizacional

» Definindo missão, visão, valores

» Como criar uma cultura de satisfação dentro e fora da empresa

» Entendendo a Governança Corporativa

Capítulo 19

Cultura Corporativa

"A cultura corporativa é um conjunto de valores compartilhados pelas pessoas que constroem uma empresa."

DIEGO GOMES

— Empreendedor

Cultura Corporativa

Um bom empreendedor precisa desde cedo pensar na cultura corporativa de seu negócio. É ela que vai ser um dos principais diferenciais entre o sucesso e o fracasso de uma empresa. Mas o que significa isso? A cultura corporativa nada mais é do que um conjunto de crenças e valores disseminado pela organização e praticado por seus integrantes. Ou seja, a cultura corporativa é a forma como se cultiva o trabalho no dia a dia. Isso ajuda a manter um ambiente transparente e produtivo de trabalho, além de atrair e reter talentos. E uma empresa com cultura forte cresce com consistência e toma atitudes alinhadas com seus propósitos.

Os especialistas costumam dizer que a cultura corporativa é como se fosse um iceberg, cuja parte visível representa o sistema de gestão, os procedimentos e avaliações. Já a parte submersa, a maior porção de gelo, representa o conjunto de valores, crenças, rituais e normas adotadas que contribuem para a identidade de uma empresa.

FIGURA 19-1: A metáfora do iceberg da cultura corporativa.

Os dias atuais mostram que a cultura corporativa deve ser pensada ainda no planejamento da empresa. Desde cedo, os empreendedores e sua equipe devem se perguntar: como é a empresa que queremos construir? Quais são as atitudes valorizadas? Qual o código de condutas e valores a serem seguidos?

A cultura de uma empresa não é algo imposto, escrito em livros e processos que são seguidos à risca, mas sim a capacidade da equipe se identificar com a missão, visão e valores adotados dentro da organização.

Missão, Visão, Valores

Definir a Missão, Visão e Valores é uma das ações mais importantes para uma empresa. Essa declaração define a identidade da instituição e responde o que a organização se propõe a fazer e para quem. Um resumo simples e prático do que é o negócio apresentado de maneira objetiva e sucinta.

A missão de uma empresa é basicamente a razão de ser do negócio. A visão é a situação em que a empresa deseja chegar no futuro. Ela é basicamente um conjunto de objetivos a conquistar e precisa de metas para se concretizar. Já os valores são os ideais de atitude e comportamento que devem estar presentes nos funcionários e nas relações da empresa com clientes, fornecedores e parceiros.

Muito usada nas assinaturas de e-mails, nas atividades de integração dos funcionários ou nos quadros pendurados na parede do escritório, a declaração de Missão, Visão e Valores não pode ser apenas um enfeite decorativo. Ela tem que ser dinâmica, vivenciada no dia a dia de toda empresa e estar clara para todos os envolvidos de forma que funcione como um farol para todas as ações.

Ela também deve inspirar, engajar e encantar funcionários, clientes e colaboradores. Veja o exemplo deste e-mail enviado pelo fundador e CEO do aplicativo Cabify para os usuários da empresa:

> "Há cinco anos, a Cabify começou com a missão de converter cidades em lugares melhores para se viver. Desde então, crescemos e aprendemos mais sobre o que nos valoriza como marca e quem somos como comunidade.
>
> Acreditamos que uma viagem de um ponto ao outro não se trata somente de eficiência, mas também de uma experiência incomparável. Por isso, queremos garantir que nossa relação seja a mais segura e confiável possível.
>
> Com essa mudança esperamos refletir através de nossa imagem o que somos realmente por dentro.
>
> Bem-vindo à nova Cabify.
>
> Juan
>
> *Juan de Antonio — Founder & CEO, Cabify*

DICA

A FELICIDADE GERA LUCRO

O livro **Delivering Happiness — Satisfação Garantida** traz a história do autor Tony Hsieh e conta sua trajetória como CEO da Zappos e sua busca por uma cultura focada na felicidade, tanto de seus funcionários quanto dos clientes.

O livro é um manual de como ser um empreendedor apaixonado e mostra como a excelência no relacionamento ao cliente pode trazer grandes lucros para as empresas.

Interessante, não?! Mas não tão simples de se chegar lá. Por isso, é preciso que o empreendedor reserve um tempo para refletir sobre o papel do SEU negócio na sociedade e também sobre o futuro da sua empresa. Mesmo que você já tenha uma empresa há mais tempo, é importante voltar aos questionamentos, criá-los e documentá-los. Vamos lá?

Missão

Empreendedores de sucesso transformam sua paixão pessoal na declaração de missão do seu negócio. Para criar a missão é preciso ter claro o propósito da empresa, explicar o porquê da sua existência e para quem vai dedicar seu tempo.

Para definir a missão da empresa, o empreendedor deverá responder as seguintes perguntas:

- » Qual é seu negócio?
- » Quem é o consumidor?
- » O que é valor para o consumidor?
- » O que é importante para funcionários, fornecedores, sócios e comunidade?

Veja um exemplo de missão da loja de chocolate *Kopenhagen*:

> *A Kopenhagen, tradicional grife de chocolates finos, tem como missão: fabricar produtos de altíssima qualidade, preservando seu sabor com sofisticação e originalidade.*
>
> *Preocupada em proporcionar felicidade através de seus chocolates, está sempre atenta às mudanças do mercado para inovar e ir ao encontro das preferências de seus consumidores, oferecendo as melhores lojas, o melhor atendimento e o melhor produto para consumir e presentear.*
>
> *Trabalhando com prazer e emoção, visamos atender com excelência o interesse do investidor, a motivação do colaborador e a satisfação do consumidor.*

Visão

Este ponto é sobre as perspectivas da empresa. Ele deve apontar aonde ela quer chegar e, ao mesmo tempo, inspirar as pessoas que embarcaram com o fundador nessa jornada. Ela deve mostrar um cenário futuro, respondendo questões como: "Aonde chegar?"; "Como seremos?"; "O que teremos ajudado a construir?".

Exemplo da marca Kopenhagen:

> *Ser um grupo competitivo que atue de forma abrangente no segmento alimentício, através de um portfólio de produtos com qualidade, representado por marcas fortes, com características e propostas únicas.*

Valores

Os valores são responsáveis por construir a identidade da marca com o cliente. São eles que vão orientar o posicionamento da organização e instruir a forma como seus colaboradores vão se colocar diante do público.

Um empreendimento precisa estabelecer valores bem definidos e que dificilmente sofrerão mutação com o decorrer dos anos. Esses valores devem estar carregados de ética, confiabilidade e comprometimento com o cliente.

Veja o exemplo da Zappos, uma loja online americana que vende sapatos e roupas pela internet:

1. **Entregue um "UAU" através dos serviços**
2. **Abrace e conduza mudanças**
3. **Crie diversão e um pouco de maluquice**
4. **Seja aventureiro, criativo e cabeça aberta**

5. **Procure sempre por crescimento e aprendizagem**
6. **Crie relacionamentos abertos e honestos através da comunicação**
7. **Crie um time positivo e um espírito de família**
8. **Faça mais, usando menos**
9. **Seja apaixonado e determinado**
10. **Seja humilde**

A Zappos não é famosa no Brasil, mas nos EUA é líder em vendas online de calçados (foi vendida para a gigante Amazon por US$1,2 bilhão em 2009) e um dos cases mais surpreendentes de branding e cultura corporativa.

Seu líder Tony Hsieh destaca a importância dos valores da empresa: "Grandes marcas não se definem por seus produtos, mas por como fazem as pessoas se sentirem." Tudo o que ele faz em termos de gerenciamento da Zappos é cuidadosamente pensado para atender à felicidade dos empregados e dos clientes e isso alavanca resultados diretos em inovação e lucratividade.

Agora que já está inspirado, apresento abaixo algumas instruções e perguntas-chave para você criar sua Missão, Visão, Valores:

Missão: O Propósito da Organização

Qual a finalidade do seu negócio? Por que ele existe? Qual problema ele pretende solucionar no mercado ou na vida dos seus futuros clientes?

» **VISÃO:** ASPIRAÇÕES A RESPEITO DO FUTURO

Onde você deseja chegar? Quando pensou na empresa, qual era o seu objetivo para ela?

» **VALORES:** OS PRINCÍPIOS QUE GUIAM SUA EMPRESA

Como você pretende chegar? Quais são os princípios primordiais para que você alcance os resultados do seu negócio?

Governança Corporativa

A Governança Corporativa é um conjunto de regras, métodos e processos que regem a gestão de uma organização a fim de prevenir abuso de poder, erros estratégicos e fraude. Segundo o Instituto Brasileiro de Governança Corporativa (IBGC) a governança corporativa é o sistema pelo qual as empresas são dirigidas, monitoradas e incentivadas, envolvendo os relacionamentos entre sócios, conselho de administração, diretoria, órgãos de fiscalização e controle e demais *stakeholders*.

Quanto maior a empresa, maiores os desafios para instalar códigos de ética, conduta e políticas. Por isso, é preciso que a governança esteja alinhada com o nível superior da organização. A área de RH terá a responsabilidade de garantir que estejam perfeitamente aplicáveis às pessoas e à realidade daquela organização, mas o grupo responsável pela governança é composto pelos membros do Conselho de Administração, instância máxima das empresas.

A Governança Corporativa tem como finalidade principal contribuir para a longevidade de uma empresa. Para atingir esse objetivo, as empresas usam meios como:

- O Planejamento Estratégico, ou seja, a definição e visão de futuro do negócio a partir de ferramentas específicas (veja mais no Capítulo 25).
- A sucessão, considerando a necessidade de ter mais de um líder capaz de gerir os negócios da organização (veja mais no Capítulo 15).
- Compliance, que significa cumprir as normas e regras pelas quais a organização é governada (veja mais no Capítulo 18).

Mas o estabelecimento de uma estrutura de governança corporativa só alcança seus propósitos se houver um trabalho de alinhamento organizacional e com a cultura corporativa da organização.

NESTE CAPÍTULO

» **Entendendo o conceito de inovação e como ela pode ser útil para as empresas**

» **Os diferentes tipos de inovação**

» **Dicas práticas para inovar na sua empresa**

» **As tendências que geram inovações na sociedade**

Capítulo 20
Gestão da Inovação

"Inovação é emitir mais e melhores notas fiscais"

SILVIO MEIRA

— Cientista

"Inovar", do latim INNOVARE: "tornar novo, renovar". No mundo dos negócios, envolve a criação de produtos, processos e sistemas organizacionais para atender novas demandas da sociedade de forma que as empresas se tornem mais competitivas no mercado. Mais do que questão de crescimento, a inovação se coloca hoje como uma questão de sobrevivência para as empresas. Quem não se lembra das gigantes Blockbuster e Kodak que perderam seu mercado por causa de novos padrões de comportamento na sociedade?

Inovar É Preciso

Imagine no futuro quando os historiadores tentarem entender a evolução que a humanidade passou na virada do século XX para o século XXI. Com certeza, estes profissionais se deparariam com a palavra "inovação", um dos principais referenciais desta época histórica. A palavra inovação estaria impregnada na ciência, nos negócios, nas organizações e nos países em geral e suas definições estariam disponíveis na web e também em livros, vídeos e arquivo acadêmicos.

Inovar é preciso e deve fazer parte da cultura de uma empresa que quer se perpetuar no mercado. E seu uso não deve se limitar apenas ao QUE se vende, mas COMO se vende: canais de entrega, formas de pagamento, logística de distribuição, processos e gestão da empresa e a relação com os fornecedores e clientes. Tudo pode ser motivo para inovar.

INOVAÇÃO NO BRASIL

Pode ser nas grandes e complexas organizações ou também nas micro e pequenas empresas, a inovação passou a ser uma questão de sobrevivência para as empresas. Infelizmente, ela não faz parte da realidade brasileira. Por estarem sempre preocupadas com a saúde financeira, a infraestrutura e o desafio de conquistar novos clientes, muitas empresas esquecem esta lição e deixam a inovação de lado.

Segundo a pesquisa GEM, apenas 11% dos empreendedores brasileiros iniciantes dizem que o produto ou serviço que oferecem é inovador. E cerca de 90% dos novos negócios no Brasil são réplicas de negócios já existentes e apenas 10% das empresas criam novos mercados. Se comparadas às empresas de outros países, as brasileiras estão atrás quando o quesito é pesquisa e desenvolvimento. Isso porque os investimentos se destinam em sua maior parte para máquinas e equipamentos.

Para o empreendedor que não quer fazer parte desta estatística é bom refletir sobre como as transformações podem afetar a realidade da sua empresa. Pense: há tecnologias em curso que podem afetar meu negócio? Há tempo de reagir? Estou preparado para enfrentar os desafios futuros? Como tornar a inovação uma constante em minha empresa?

Para facilitar este caminho, vamos recorrer ao pensamento de um dos especialistas mais renomados no Brasil, o cientista Silvio Meira. Para ele, inovação é "emitir mais e melhores notas fiscais", ou seja, fazer mais com menos. Simples não é?! Então, mãos à obra!

Tipos de Inovação

Mais do que pela ineficiência, atualmente as empresas morrem por obsolescência, ou seja, por não inovar. E isso não significa apenas criar um produto diferenciado, mas pensar em maneiras diferentes de solucionar problemas e estar preparado para acompanhar as transformações aceleradas da sociedade e o mutável ambiente de mercado.

Existem diferentes tipos de inovação que podem ser implementadas pelas empresas. São elas:

- **A inovação radical ou disruptiva:** Aquela que introduz produtos, serviços, processos ou práticas de gestão inteiramente novas. Dela pode surgir um novo conceito de negócios que altere o paradigma gerando uma ruptura no mercado e no comportamento do consumidor.
- **Inovação incremental:** Quando um produto, serviço ou processo existe, mas é modificado e aprimorado. Em alguns momentos, a modificação e a melhoria são tão grandes que não podem ser classificadas assim e, então, são chamadas de inovação radical.
- **Inovação organizacional:** Implementação de um novo método organizacional nas práticas de negócios da empresa, na organização do seu local de trabalho ou em suas relações externas.
- **Inovação de marketing:** Mudanças significativas na concepção do produto ou em sua embalagem, no posicionamento do produto, em sua promoção ou na fixação de preços.
- **Inovação mercadológica:** Um processo de construção de valor a partir da aplicação bem-sucedida e uma nova ideia ou invenção. Isso implica a criação, implantação e adoção de algum produto, serviço, processo ou modelo de negócio novo.
- **Inovação aberta:** É um processo pelo qual produtos, serviços e experiências são desenvolvidos pelas empresas em conjunto com consumidores, comunidade, colaboradores, acionistas, fornecedores, com o objetivo de gerar inovação para a criação de valor.
- **Coinovação (ou cocriação):** Arrisca ainda mais fundo na onda da colaboração como forma de inovar. O modelo faz referência à participação ativa de clientes, funcionários, parceiros e outros stakeholders para a criação de produtos, serviços e experiências. A enciclopédia digital Wikipédia, redigida por milhares de pessoas ao redor do mundo, é um dos casos mais emblemáticos.

Como Implementar uma Estratégia de Inovação

Uma empresa inovadora é imbuída de um espírito renovador que busca continuamente a diferenciação. Ela é capaz de enxergar e resolver lacunas ainda não vistas pelo mercado. Mas isso só acontece em um ambiente propício com colaboradores motivados.

A empresa deve formar em seu ambiente uma equipe criativa e comprometida com novos resultados, mas também profissionais de apurado senso prático, já que a mistura entre criatividade e pragmatismo é muito favorável à inovação. Para colocar isso em prática, o primeiro passo é entender que as ideias são a matéria-prima da inovação e elas só brotam com pessoas inspiradas e engajadas.

Para que isso aconteça, siga este passo a passo:

1. **Faça perguntas: E se? Por que não? O que será necessário para fazer este trabalho? Quem vai fazer isso? Quanto tempo e orçamento são necessários? Você pode melhorar? Em que sentido?**
2. **Tenha foco: Seja muito claro sobre o que a empresa quer e como você vai chegar lá. Obstáculos são as coisas que você vê quando perde de vista seu objetivo.**
3. **Maximize a diversidade: Criar oportunidades para "colisões humanas positivas". Conectar pessoas com culturas e pensamentos diversos proporciona mais chance de ideias inovadoras.**
4. **Desenvolva modelos de trabalho que incentivem a troca de conhecimentos entre funcionários e colaboradores diretos e indiretos, além de stakeholders.**
5. **Selecione e recrute pessoas com espírito inovador, dispostas a arriscar, experimentar e tentar.**
6. **Incentive o compartilhamento de ideias e a coletividade. O trabalho colaborativo também cria um ambiente adequado para a inovação.**
7. **Celebre e premie ideias: Crie um ambiente que estimule e premie atitudes inovadoras. Mas, lembre-se: as ideias devem ser implementadas. Sem execução, perde-se o estímulo.**
8. **Aceite as falhas: Na maioria das empresas, as pessoas têm tanto medo de cometer erros que nem tentam. Aceite as falhas como parte do processo.**

9. **Seja flexível: Esteja preparado para mudar o rumo de acordo com as circunstâncias e necessidades dos consumidores. É de suma importância conseguir lidar e ter flexibilidade com erros. Para empresas menores, um único erro pode ser fatal. Porém, é necessário correr riscos para se alcançar algo inovador.**

10. **Estimule um ambiente criativo: O local de trabalho deve ser alegre e muitas vezes informal, ajudando as pessoas a não terem medo de inovar.**

Etapas do Processo de Inovação

Para inovar, uma empresa precisa criar uma cultura organizacional voltada para a mudança. E esta pode ser uma tarefa ainda mais simples se dosada em atitudes diárias que incentivem a criatividade, tanto do empreendedor quanto de todos os outros envolvidos no negócio. A inovação não deve se limitar a somente um grupo ou a um departamento. O envolvimento de toda empresa, das equipes, do estagiário ao gestor, é essencial para que se desenvolva uma cultura inovadora.

Felizmente, a ideia daquele gênio solitário criando uma invenção mágica já é passado e o que temos agora é uma visão pragmática de inovação feita de forma objetiva e sistemática que passa por algumas importantes etapas, sendo elas:

1. **Levantamento de oportunidades: Identifica as necessidades e expectativas atuais do mercado e antecipa tendências de novos produtos e processos, observando sinais de mudança no ambiente competitivo.**

2. **Seleção das oportunidades: Nesta etapa, a empresa deve entender os parâmetros de competitividade do setor (preço, qualidade, velocidade, regulamentação) para escolher aquela que melhor harmonize com as competências da própria empresa.**

3. **Definição de recursos: Define os recursos humanos, financeiros, infraestrutura e tecnologia necessários para implementar as oportunidades de inovação selecionadas, identificando as formas de acesso a financiamento, compra, desenvolvimento interno etc.**

4. **Implementação da inovação: É a parte de execução dos projetos por meio de acompanhamento de seu desenvolvimento em termos de prazo, custo e qualidade alinhados com as necessidades de outros setores da empresa.**

5. **Avaliação: É o momento de reflexão e aprendizagem do processo de inovação, revisando etapas, ações, ferramentas e registrando os dados e lições aprendidas.**

É importante destacar que todas estas etapas são cíclicas e devem acontecer continuamente na empresa para que ela esteja sempre à frente da concorrência lançando novos produtos, serviços, processos, estratégias, modelos de negócios, canais de distribuição e mercados.

Tendências

Acompanhar as tendências é uma das principais inspirações para as empresas que querem inovar. É preciso manter olhos e ouvidos abertos para traçar uma estratégia inovadora. Veja algumas tendências que devem estar no seu radar:

» **Internet das coisas:** Ela já está presente em áreas como indústria, varejo e saúde. A "Internet das Coisas" se refere a uma revolução tecnológica que tem como objetivo conectar os itens usados do dia a dia à rede mundial de computadores. Cada vez mais surgem eletrodomésticos, meios de transporte e até mesmo tênis, roupas e maçanetas conectadas à internet e a outros dispositivos, como computadores e smartphones.

» **Inteligência artificial:** Por muito tempo, a inteligência artificial foi exclusividade de grandes empresas de tecnologia. Mas o cenário ficou mais acessível e as startups também passaram a fazer parte desse mercado. O principal objetivo dos sistemas de IA, é executar funções que, caso um ser humano fosse executar, seriam consideradas inteligentes. A inteligência artificial já está presente no cotidiano de todas as pessoas. Por exemplo, no desenvolvimento de videogames que utilizam esse tipo de estudo para criar jogos cada vez mais complexos.

» **Social commerce:** Transformar as redes sociais na versão digital da divulgação boca a boca é a principal tendência do comércio eletrônico há alguns anos. Mas, para estimular as vendas por meio da recomendação social, é preciso engajar o público.

» **Economia compartilhada:** Em vez de gastar dinheiro com pequenos e grandes luxos, os consumidores começam a valorizar a experiência de compartilhar produtos variados — de um par de sapatos assinados até um passeio de helicóptero. Usar é mais interessante do que ter — além de ser mais barato, existe a conveniência de não precisar fazer a manutenção.

» **Big Data:** O conjunto de softwares que fazem coleta de informações de várias fontes e análises complexas a partir de grandes bases de dados, está cada vez mais se consolidando em todas as áreas do conhecimento e da economia. Mesmo que, o big data ainda não tenha apresentado todo seu potencial, o recurso continua sendo uma grande aposta como ideia de negócio. De acordo com um relatório apresentado pela Fundacity Investments, 70% das aceleradoras tiveram e ainda têm a intenção de investir no mercado de Big Data Analytics em 2016 e 2017.

» **Experiência e personalização:** O futuro será das personalizações que puderem gerar uma experiência incrível e individualizada para cada consumidor, que, por sua vez, terá cada vez mais acesso às tecnologias vestíveis, internet das coisas, drones, robôs, impressoras 3D, carros autodirigíveis e adaptações do próprio DNA.

» **Impressão 3D:** Tecnologia de impressão de objetos em três dimensões nos faz lembrar de brinquedos. Em alguns casos, é isso mesmo que ela faz — como a 3D Mini, empresa que produz bonecos muito fiéis de seus clientes e nos mínimos detalhes, como cores, fisionomia e roupas. Mas a mesma técnica também pode ser usada para outras ideias de negócios e startups nesse setor.

» **Gestão na nuvem:** A cloud computing vem tomando conta das ideias de negócios baseadas na internet: aplicativos como ZeroPaper, ContaAzul, Nibo e muitos outro prometem facilidade de uso e baixo custo, e, por serem voltados para micro e pequenas empresas, têm grande potencial de crescimento, dado o número potencial de clientes.

» **Robótica:** É o momento em que o computador sai da mesa. Os robôs são tendência porque vão chegar não apenas para realizar trabalhos manuais ou que ponham o ser humano em risco, mas também para fazer companhia às pessoas.

INOVAÇÃO: DUAS FACES DA MESMA MOEDA

Aqui vão duas dicas de livros bem diferentes, mas que tocam no mesmo tema com paixão: a inovação de empresas. Em **Pense Simples**, o autor Gustavo Caetano, fundador da empresa de tecnologia Samba Tech e considerado pela imprensa norte-americana o Zuckerberg brasileiro, compartilha conhecimentos e experiências à frente de uma das empresas mais inovadoras do país.

Para ele, ao contrário do que a maioria pensa, inovar é simples. Basta ser ágil e leve e adotar a simplicidade para manter uma empresa com alto potencial inovador.

Já a obra **Desafio da Inovação**, organizada pelo jornalista Renato Cruz, trata com profundidade o conceito de inovação a partir das histórias de empresas nacionais e estrangeiras que mudaram os rumos da economia. Para isso, o autor falou com alguns dos principais dirigentes e pesquisadores de empresas inovadoras do mundo. A definição mais clara veio do cientista Geoff Nicholson, ex-vice-presidente da 3M e criador do Post-it: "Pesquisa é transformar dinheiro em conhecimento; inovação é transformar conhecimento em dinheiro."

NESTE CAPÍTULO

» **O desenvolvimento sustentável para as empresas do século XXI**

» **Como tornar sua empresa sustentável**

» **O movimento do capitalismo consciente**

Capítulo 21
Empresas Sustentáveis

"A empresa sustentável é capaz de responder ao desafio do nosso tempo."

RICARDO VOLTOLINI

— *Especialista em sustentabilidade*

Parece contraditório uma empresa crescer economicamente e, ao mesmo tempo, assumir responsabilidade socioambiental? Apesar de parecer utopia, esta já é uma realidade. Mas para entender essa mudança de paradigma é preciso voltar no tempo.

A Consciência do Propósito

Até a metade dos anos 1980, as grandes empresas brasileiras e estrangeiras só se preocupavam em gerar lucro aos acionistas. Sua consciência se limitava ao cumprimento da legislação e exigências regulatórias dos governos e na cobrança de consumidores e ONGs quando reclamavam dos danos causados ao meio ambiente.

Mas o esgotamento de recursos naturais, o fantasma do aquecimento global e as evidências claras de que o planeta não pode suportar a produção e consumo desenfreado da sociedade, mostrou que era hora de reavaliar um modelo de produção e consumo que colocava em risco a própria sobrevivência da espécie humana.

Em 1987, a Organização das Nações Unidas elaborou um documento chamado *Nosso Futuro Comum* em que salientou a importância do "atendimento das necessidades das gerações atuais sem comprometer a possibilidade de satisfação das gerações futuras". Na ocasião, a ONU deu seu recado às empresas: os ganhos econômicos não podiam gerar danos ao futuro do planeta.

Nesta época, a ênfase era dada às questões de meio ambiente. Tanto que sustentabilidade era chamada de desenvolvimento sustentável. Mas a partir da Eco-92, as dimensões sociais e econômicas integraram-se à preocupação ambiental, dando uma noção mais sistêmica ao modelo sustentável.

Muitas corporações decidiram embarcar neste novo paradigma que rompia os tradicionais modelos de gestão e negócios. E a sociedade passou a diferenciar a empresa que só explora e extrai recursos daquela que combina crescimento econômico com responsabilidade socioambiental. Assim, elas passaram a seguir a cartilha do tripé da sustentabilidade, ou seja, People, Planet, Profit (em português, Pessoas, Planeta, Lucro).

Cunhado pelo estudioso norte-americano John Elkington, o termo Triple Bottom Line passou a ser referência para as corporações que medem seus resultados além dos lucros e promovem a interligação de toda a cadeia de valor para atingir metas de maneira justa e equilibrada, focando a governança corporativa, o investimento social privado, a transparência, a ética empresarial e o relacionamento equilibrado com os *stakeholders*.

A lista de *stakeholders* também cresceu, incluindo governos, organizações da sociedade civil, parceiros da cadeia produtiva e toda a sociedade. Os chamados "pactos empresariais" passaram a ser comuns entre empresas de toda a cadeia de valor assinando códigos de conduta e uma atitude proativa em relação à sustentabilidade, ao consumo consciente, ao comércio justo, ao meio ambiente e ao trabalho infantil. Até as comunidades começaram a ser vistas como protagonistas do mesmo processo de desenvolvimento.

Fazer o Bem se Tornou um Bom Negócio

A necessidade de refletir sobre o novo papel das empresas em uma era de transição teve duas motivações importantes. De um lado, e como já salientamos, cresceu a consciência de que o bem-estar do planeta afeta diretamente a sobrevivência das empresas. Por outro lado, percebeu-se também que o conceito de sustentabilidade poderia ser tratado como uma oportunidade de negócio e um fator de diferenciação em um mercado cada vez mais competitivo.

COMO SER UMA EMPRESA SUSTENTÁVEL

As práticas sustentáveis vêm se mostrando extremamente positivas ara as empresas. Empresas sustentáveis lucram e ao mesmo tempo economizam. E as ações que configuram uma empresa sustentável vão das mais imples possíveis (como a reutilização de folhas de papel no escritório; uso de documentos descartados como folhas de rascunho; utilização de equipamentos em modo econômico; desligamento de aparelhos que não estão sendo utilizados naquele momento) até atitudes mais complexas, como a criação de programas e projetos de causas ambientais que, além de protegerem o meio ambiente, costumam trazer benefícios fiscais para a empresa.

Ela também é cada vez mais avaliada em seus processos produtivos, desde a economia de energia até a redução de desperdício e o planejamento eficiente da produção. Para dominar os processos que envolvem sua empresa, desde a obtenção de matérias-primas até o ponto de venda — ou até mesmo descarte do produto pelo consumidor —, são necessárias cinco medidas iniciais, segundo o Instituto Ethos:

- **Descubra quais são as regulamentações ambientais: Começar pelo âmbito jurídico evitará qualquer problema no futuro para a companhia. Entenda como funcionam as leis ambientais da cidade onde sua empresa está e adeque suas instalações e funcionamento.**
- **Busque formar parcerias: A ação de iniciar um projeto para a coleta seletiva e reciclagem do lixo produzido na sua empresa pode ter um impacto muito maior se estiver associada com outra, na hora de contratar o serviço de reciclagem, além de reduzir os custos para ambos os lados.**

(continua)

(continuação)

- **Utilize os recursos naturais de maneira consciente:** No primeiro momento, pode parecer, aos funcionários, que o dono da empresa está só querendo economizar na conta de água e luz. Portanto, é indispensável que haja uma comunicação sobre os objetivos da ação. Mas é claro que sabemos que, além de ajudar o meio ambiente, os gastos da empresa vão ser reduzidos consideravelmente.
- **Descarte correto dos resíduos:** Não custa nada coletar e descartar corretamente todos os resíduos produzidos na sua empresa. Óbvio que depende do tipo de lixo do local, mas essa prática pode, inclusive, gerar receita para a companhia.
- **Não jogue fora, conserte e aprimore:** Tente utilizar os equipamentos de escritório pelo maior tempo possível. Além de reduzir os gastos para comprar máquinas novas, reduzirá a quantidade de lixo tecnológico. Em vez de descartar o computador desktop ultrapassado, tente conversar com um técnico para aprimorar a máquina — pode sair muito mais barato do que comprar uma inteiramente nova.

Graças a essa ideia, o tema entrou na agenda dos presidentes de empresas e virou assunto de planejamento estratégico. Passaram a integrar o discurso dos líderes empresariais discussões como inclusão, geração de renda, redução de desigualdades e desenvolvimento sustentável. Os acionistas passaram a ser informados por meio de balanços socioambientais, os consumidores ganharam ouvidorias, os colaboradores receberam ambientes melhores de trabalho, códigos de ética, políticas de valorização da diversidade (gênero, étnica, etária e por deficiência).

E apesar dos custos iniciais com equipamentos e novas tecnologias, as empresas que tratam de sustentabilidade percebem redução do uso de energia, insumos e materiais já no curto prazo. Pesquisa divulgada pelo Boston Consulting Group, junto com a MIT Sloan Management Review, no estudo denominado *The Innovation Bottom Line*, mostra que para 26% dos gestores o conceito favorece a percepção de boa gestão; para 22% reduz custos de energia; e também para 22% aumenta a competitividade. São cada vez mais claras, portanto, as evidências de que sustentabilidade gera dividendos econômico-financeiros.

E aquelas que tratam estes custos como investimento em inovação e não despesas operacionais tendem a ser mais bem vistas pela sociedade, pelos jovens profissionais e pelos colaboradores, entre outras razões porque são percebidas como mais conectivas, sólidas e prósperas.

Capitalismo Consciente

O Capitalismo Consciente é um movimento que começou em 2008 nos Estados Unidos e se espalhou rapidamente por outros países. Trata-se de uma forma diferente de olhar o Capitalismo que une o lucro associado à responsabilidade social. Ou seja, sua medida de desempenho visa agregar as expectativas financeiras com a percepção positiva da sociedade e dos consumidores.

A tese do capitalismo consciente — descrita por John Mackey, cofundador e CEO da Whole Foods, e pelo professor Raj Sisodia, apresenta uma evolução dos modelos de gestão que se deu ao longo dos anos, em que o cruzamento dos benefícios socioambientais com os benefícios econômicos resulta em um valor compartilhado por toda a cadeia do abastecimento.

Adotar esses conceitos não é renegar um dos pilares do sistema capitalista, já que sem lucro não há empresa, porém, muitos empreendedores estão descobrindo que a lucratividade, pura e simples, não pode ser o único objetivo de uma companhia.

É preciso repensar o papel e o alcance do mercado nas práticas sociais, nas relações humanas e na vida cotidiana. O lucro constitui um elemento importante do capitalismo e tem de ser um objetivo, contudo, existe um propósito além deste, que é gerar valor para todos. Para isso, é preciso ter compromisso com as pessoas e com o meio ambiente, buscando uma nova maneira de pensar a cadeia de consumo, com produtos que tragam benefícios ao consumidor, ao negócio, aos parceiros e ao planeta. Se o consumidor não entra na loja ou o fornecedor não entrega as roupas, toda a cadeia perde. Mas existe a possibilidade de todos crescerem juntos: o consumidor, o fornecedor, o funcionário e o varejista, quando todos estão preocupados com os outros.

Empresas conscientes maximizam retornos para todos os envolvidos em seu negócio — colaboradores, consumidores, comunidade, governo e investidores — e entendem que, tendo todos envolvidos e engajados, é possível formar uma empresa forte, saudável e sustentável.

O Capitalismo Consciente se baseia em quatro pilares que são: propósito, cultura, liderança e público-chave:

- **Propósito:** Visa criar valores que vão além do lucro e inspirar o empresário, os funcionários e até mesmo os consumidores.
- **Cultura consciente:** Baseada em confiança, integridade e transparência. Desenvolve uma relação de confiança entre os membros da equipe da empresa e seus investidores.
- **Liderança:** O papel do líder consciente é servir ao propósito da organização para buscar o que há de melhor em seus colaboradores, promovendo transformações positivas e agregando valor para consumidores e investidores.

Público-chave — colaboradores, consumidores, comunidade, governo e investidores —, pelos quais a empresa deve zelar e trabalhar para maximizar os retornos. Esta orientação, mantém todos os envolvidos no negócio informados de seus resultados para que estejam engajados no mesmo objetivo. Assim, a junção desses quatro elementos proporciona uma nova maneira de pensar os negócios, por meio de um sistema centrado nas relações humanas.

As empresas que praticam esses pilares estabelecem relações de ganha-ganha com todos os *stakeholders*, o que resulta em experiências excepcionais para os consumidores. Os resultados têm sido excelentes: menor *turnover*, custos menores, lucros maiores e crescimento sustentado.

Companhias como Whole Foods praticam nos Estados Unidos as ideias divulgadas pelo Movimento Capitalismo Consciente. John Mackey, da Whole Foods, varejista de alimentos naturais e orgânicos norte-americana, diz que o propósito deles é ajudar as pessoas a ingerirem alimentos mais saudáveis, educá-los sobre dieta saudável e estilo de vida, ajudá-los a viver mais tempo livres de doença e a terem mais vitalidade. Tal atitude eleva o engajamento dos colaboradores e os faz criar um ambiente de trabalho positivo e otimista em que todos sentem que seu trabalho tem um forte significado.

NESTE CAPÍTULO

» Entendendo a importância do planejamento estratégico

» Como fazer um planejamento adequado para sua empresa

» Compreendendo a arte da estratégia

Capítulo 22

Planejamento Estratégico

"A cultura come a estratégia todo dia no café da manhã."

RONY MEISLER

— *Empreendedor*

A Importância do Planejamento

Uma das coisas mais importantes para a boa condução de um empreendimento é seu Planejamento Estratégico. Ele facilita tanto na gestão do negócio quanto no monitoramento de resultados. Também auxilia na tomada de decisões e na escolha de caminhos futuros.

O Planejamento Estratégico ajuda as empresas a entenderem aonde querem chegar, contribui na otimização do uso dos recursos e no ganho de competitividade. Segundo Peter Drucker, o Planejamento Estratégico é o processo contínuo de, sistematicamente e com o maior conhecimento possível do futuro, tomar decisões atuais que envolvam riscos; organizar sistematicamente as atividades necessárias à execução dessas decisões; e, através de uma retroalimentação organizada e sistemática, medir o resultado dessas decisões em confronto com as expectativas alimentadas.

Mas apesar de ser fundamental, muitas vezes ele é subestimado. É muito comum dizer no meio empresarial que a "cultura engole a estratégia". Isso significa que os problemas acabam absorvendo a estratégia e o planejamento é deixado de lado.

Por isso é importante ter ciência de que o Planejamento Estratégico, quando bem elaborado e executado, pode significar o sucesso de um empreendimento e auxiliar em cenários difíceis e também no aproveitamento de oportunidades para a organização.

Com um planejamento estratégico bem estruturado é mais fácil avançar sem grandes percalços. É claro que o risco e a imprevisibilidade fazem parte dos negócios, mas quanto mais o empreendedor estiver preparado, melhor ele enfrentará as situações inesperadas.

É claro que a estratégia precisa ser reavaliada e atualizada constantemente, pois o processo de implementação sempre sofre interferências principalmente das pessoas que as executam. Por isso, engajar os colaboradores e parceiros é um dos principais desafios enfrentados pelas organizações nesse processo.

O sucesso de um bom Planejamento Estratégico depende do quão as pessoas estão envolvidas. Por isso, além de motivar pessoas é preciso definir metas claras e alcançáveis em curto, médio e longo prazos, que podem e devem ser revisadas de tempos em tempos para garantir o alinhamento da estratégia.

Como Fazer um Planejamento Estratégico

Executar o Planejamento Estratégico em uma empresa pressupõe uma dinâmica permanente de planejamento, execução, monitoramento, avaliação, ajustes e reajustes. Ele tem como meta criar e estabelecer objetivos para a organização como um todo e desdobrados pelas equipes; definir linhas de ação; executar e acompanhar os planos de ação; delinear recursos necessários para se atingir os objetivos estabelecidos; favorecer a implementação de mudanças nos diferentes subsistemas e como um todo.

Mas antes de fazer o Planejamento Estratégico, a empresa precisa ter uma declaração clara de sua **Missão**, **Visão**, **Valores** (veja mais no Capítulo 19). A Estratégia tem que ser aderente aos valores da organização. Quem somos? Onde queremos chegar? Como iremos atingir nossos objetivos de curto, médio e longo prazos? Quais são os fatores que interferem no desenvolvimento da empresa?

A ideia principal do Planejamento Estratégico é saber o que a empresa tem e como alcançar seus objetivos. Ele atua como um mapa do caminho em direção à visão da organização, que geralmente tem um horizonte de 3 a 5 anos.

Normalmente, o plano é desenhado em um workshop fora da empresa (em um hotel ou centro de convenções) com a presença de uma parcela significativa da liderança da empresa.

Mas é preciso ir preparado. Para isso, é preciso levantar todas informações disponíveis sobre a empresa, fazer uma análise geral do contexto, como história, a estrutura organizacional e todos os aspectos relacionados à produção e desempenho. Também é preciso verificar a organização no seu ambiente interno e externo e a relação da empresa com o mercado. Com uma análise aprofundada, é possível simular situações e possíveis cenários, tanto os mais otimistas, quanto os mais pessimistas e, a partir daí, definir onde a empresa quer chegar.

Uma ferramenta bacana nesta etapa é a Análise de Matriz SWOT (Strenghts, Weeknesses, Oportunities and Threats), em português FOFA (Forças, Oportunidades, Fraquezas e Ameaças) é uma ferramenta que facilita esta etapa.

A técnica ajuda a compreender o cenário em que a empresa se encontra, assim como os pontos fortes e fracos, a situação do mercado e a posição da empresa comparada a seus concorrentes, conferindo mais confiança e segurança para lidar com os imprevistos e situações desafiadoras.

PASSO A PASSO PARA FAZER UMA ANÁLISE SWOT (F.O.F.A.)

	AJUDA	ATRAPALHA
INTERNA (ORGANIZAÇÃO)	S Forças	W Fraquezas
EXTERNA (AMBIENTE)	O Oportunidades	T Ameaças

1. Divida o campo de análise

Para compreender de maneira mais clara e objetiva o cenário em que a empresa está inserida, é necessário dividi-lo em:

- **Ambiente externo (variáveis que afetam a empresa de fora para dentro)**
- **Ambiente interno (variáveis que partem da companhia, de dentro para fora)**

2. Caracterize o ambiente interno

Determine as forças e fraquezas de sua empresa em comparação com outras do mesmo ramo. Elas podem ser medidas diante da quantidade e qualidade de recursos de uma empresa em face aos concorrentes, como mão de obra qualificada e receita, por exemplo.

3. Caracterize o ambiente externo

É aqui que estão as oportunidades e ameaças, que podem mudar de acordo com o mercado em que o empreendimento está inserido. Por exemplo, uma oportunidade para uma empresa é o crescimento do setor do qual faz parte e o surgimento de novos nichos de consumidores. Já as ameaças podem ser a expansão ou o lançamento de novas tecnologias por uma concorrente do mesmo segmento.

4. Diagrame os dados

Coloque as informações em uma tabela 2x2, com duas colunas e duas linhas. Em um quadrante da primeira linha insira as forças e no outro as fraquezas. Na linha de baixo, coloque as oportunidades em um quadrante e as ameaças no outro.

5. Analise o cenário encontrado

Com base nos dados levantados, verifique em que situação sua empresa está com relação ao cenário atual e verifique de que maneira você pode antecipar as oportunidades e se precaver de ameaças.

A matriz F.O.F.A. é sempre feita em quadrantes, ou seja, em quatro quadrados iguais. Em cada quadrado são registrados fatores positivos e negativos para a implantação do negócio. A tarefa principal é levantar o maior número possível de itens para cada área. Quanto mais completo for esse levantamento, mais precisa será a análise e melhores são as chances de desenvolver soluções eficazes.

- **Forças:** O custo do seu produto/serviço, a qualidade, a localização da empresa, a união entre a equipe, a matéria-prima utilizada nos produtos, a estratégia de distribuição etc.
- **Fraquezas:** Um método de produção pouco proveitoso em relação aos concorrentes, deficiências na equipe etc.
- **Oportunidades:** O aparecimento de um nicho de mercado que ainda não foi explorado, uma lei que favoreça sua produção, uma nova tecnologia que beneficie sua produção etc.
- **Ameaças:** A entrada de uma concorrente internacional no mercado ou qualquer fator que se oponha diretamente e ameace diminuir suas forças.

Após a definição das diretrizes estratégicas, análise dos ambientes externo e interno e formulação de estratégias, é hora de estabelecer os objetivos. Os objetivos são resultados que devem ser alcançados para superar um desafio ou oportunidade. Eles são resultados quantitativos e qualitativos a serem alcançados em um determinado prazo visando a superar um problema ou desafio.

DICA

Para facilitar o processo de construção do P.E., é importante que o empreendedor construa um **Plano Estratégico**, que nada mais é que a formalização e consolidação das ideias elaboradas no Planejamento Estratégico. É quando as metas, os indicadores e os planos de ação são definidos. O segredo é COMO alcançar a visão e que competências terão que ser desenvolvidas para isso.

Os objetivos podem ser: gerais e específicos. Gerais referem-se à empresa como um todo. A alta administração é responsável pela sua identificação e definição. Específicos são os definidos pelos demais níveis da organização. São desdobramentos dos objetivos gerais.

Redigir bons objetivos é essencial. Uma boa forma de checar se os objetivos estão bem escritos é usar o checklist SMART. Ferramenta simples e eficiente para orientar o empreendedor a traçar os objetivos da empresa. O acrônimo em português significa Específica, Mensurável, Atingível, Realista e Temporal.

» **Específico (S):** A meta deve ser específica e detalhada.

» **Mensurável (M):** A meta precisa ser medida de maneira objetiva e dentro da realidade da empresa.

» **Atingíveis (A):** Não se pode estipular uma meta que esteja fora do seu alcance. A meta deve ser desafiante, mas não impossível.

» **Relevância (R):** Analisar se a meta estabelecida é de fato primordial e relevante para o futuro da empresa.

» **Temporal (T):** Estabelecer um período de tempo definido até o cumprimento da meta.

O momento em que a organização coloca todo planejamento em prática, também é o momento em que surge a maioria dos desafios. Por isso, é importante comunicar e interagir com todos sobre as metas visando atender às suas necessidades e expectativas.

Os gestores devem monitorar e acompanhar as ações propostas e também controlar e realizar ajustes para aumentar a eficiência da implementação. A empresa também deve criar mecanismos e uma rotina voltada para a observação constante dos resultados, de forma que se aprenda com os erros e obtenha assim um planejamento a partir do que deve ser mudado.

A ARTE DA ESTRATÉGIA

As origens do termo estratégia encontram-se na teoria militar, de onde foi adotado, significando a utilização do combate para atingir a finalidade da guerra.

A palavra estratégia vem do termo grego stratego, que literalmente significa general. Na clássica divisão dos aspectos da guerra entre operacional, tático e estratégico, o aspecto estratégico está ligado ao planejamento, no âmbito mais generalizado e de horizonte de tempo mais longo.

A ideia de estratégia surgiu das campanhas militares, cujos resultados bons ou maus, teriam sido, em grande parte, fruto de mentes estratégicas.

Uma obra recomendada a todos os empreendedores é A arte da Guerra, o livro foi escrito pelo escritor chinês Sun Tzu no século IV A.C. mas só veio aparecer no Ocidente no século XVIII.

O livro enfatiza as necessidades dos generais de conhecerem bem a si mesmo e seus exércitos, tanto a seus adversários e seus contingentes. Para Sun Tzu, se você se conhece e ao inimigo, não precisa temer o resultado de uma centena de combates.

A obra ressalta ainda outro aspecto, a importância de evitar os confrontos diretos, nos quais a força enfrenta a força. Pelo contrário, o que deve ser tentado é que o adversário não queira o confronto direto ou a luta. "O mérito supremo consiste em quebrar a resistência do inimigo sem lutar."

Para realização de uma boa estratégia é necessário que o primeiro passo seja o verdadeiro conhecimento do que você tem na mão, daí em diante analisar os possíveis cenários para traçar uma estratégia de ataque.

NESTE CAPÍTULO

» **Entendendo as fases de crescimento de uma empresa**

» **Estratégias de crescimento**

» **Compreendendo as características do crescimento orgânico**

» **Crescimento pelo sistema de franquias**

» **O crescimento por aquisições e fusões**

» **Expansão pelo uso de bandeiras**

» **Internacionalização e exportações**

» **Crescimento vindo por meio do marketing multinível**

Capítulo 23

Modelos de Crescimento

"Inovar e crescer não é uma questão de opção, mas a única forma de sobreviver."

CARLOS ALBERTO MIRANDA

— Investidor brasileiro

Aonde Você Quer Chegar?

Podemos comparar o crescimento de uma empresa com as fases do ser humano. Uma empresa nasce frágil e vulnerável. Muitas vezes tem o apoio de uma incubadora para sobreviver. Passada a fase inicial, chega a infância, em que o maior desafio é produzir, vender e entregar até atingir seu ponto de equilíbrio.

PLANEJAMENTO DE EXPANSÃO: COMO FAZER

A publicação "Como crescer: estratégia, gestão e recursos para sua empresa", de 2013, da Ernest & Young Treco traz uma lista de dados sobre o que precisa ser levantado pelo empreendedor na hora de montar o planejamento de expansão da empresa. São necessárias informações como:

Mercado

- Tamanho do mercado — histórico, retrato atual e projeções
- Dados sobre consumidores atuais e potenciais (demografia, posição geográfica, comportamento, necessidades, sazonalidade)
- Volume de vendas — histórico, retrato atual e projeções
- Tamanho do mercado a ser prospectado
- Volume de compras de produtos ou serviços similares aos oferecidos pela empresa
- Participação de mercado da empresa em seu setor
- Número de clientes e índices de satisfação
- Abrangência geográfica da empresa
- Níveis de preços e margens da empresa e da concorrência
- Concorrentes diretos e indiretos — e participação de mercado de cada um

Finanças

- Demonstrações financeiras dos últimos três anos, no mínimo — balanço patrimonial, demonstrativos de resultados e fluxo de caixa
- Projeções financeiras para os próximos anos
- Necessidades de investimentos atuais e para o futuro
- Contingências trabalhistas, tributárias e outras, caso existam

Operação

- Tamanho da força de vendas
- Tamanho do corpo total de funcionários
- Número de produtos ou serviços oferecidos, tipos, linhas e posição deles em seus ciclos de vida
- Número de marcas e patentes — registradas ou em processo
- Capacidade de produção ou de oferta de serviços, interna e terceirizada
- Previsões de aumento na capacidade, investimentos e custos relativos
- Economias obtidas com ganhos de escala
- Cadeia de fornecedores primários e secundários e custos dos suprimentos

Quando a empresa atinge a adolescência, entra em uma etapa de crescimento em que o objetivo é conquistar mais clientes e atingir novos mercados. Nessa fase, a empresa precisa acima de tudo definir regras, criar políticas corporativas e profissionalizar a gestão já que o crescimento descentraliza os processos e pode descontrolar a operação.

É também neste momento, que o empreendedor vislumbra a melhor forma de crescer no mercado. O empresário pode querer expandir de modo acelerado ou manter um crescimento mais orgânico. A decisão dependerá muito dos objetivos, da posição no mercado, do capital disponível e da capacidade de gerir a oportunidade. Mas é bom deixar claro, desde já, que crescer é um imperativo na trajetória de toda empresa de sucesso.

Pesquisas comprovam que empreendedores que buscam somente a sobrevivência em um negócio, mais cedo ou mais tarde entram em um processo de estagnação que os faz ser engolidos pelo mercado. Como na natureza humana, crescer é a trajetória natural de uma organização saudável. Cabe ao empreendedor escolher COMO isso vai acontecer e a melhor forma de levar sua empresa para outro patamar de maturidade.

Para isso, é preciso ter muito planejamento e visão de longo prazo. Infelizmente, as estatísticas mostram que são poucas as empresas brasileiras que conseguem crescer. Segundo a Endeavor, apenas 0,7% dos negócios nacionais crescem mais de 20% ao ano por pelo menos três anos. Para a instituição que tem a missão de apoiar empreendedores de alto impacto, o empreendedor brasileiro não está preparado para o desafio do crescimento. Entre as razões para isso estão a conjuntura econômica desfavorável, a complexidade tributária do país e, principalmente, a falta de planejamento por parte dos empresários.

Cada tipo de negócio precisa ter uma estratégia bem definida para alcançar seus objetivos de longo prazo. Por isso, antes de tomar qualquer decisão, o empresário precisa conhecer muito bem as forças e fraquezas de seu negócio, analisar com cuidado o investimento e as fontes de capitais necessárias e o ambiente mercadológico. Só assim, ele estará pronto para alçar novos voos.

Estratégias de Crescimento

Qual a melhor forma de crescer? Em primeiro lugar, é preciso definir a estratégia de crescimento para uma empresa. E ela pode ir para muitas direções. Segundo Marcelo Nakagawa, um dos principais especialistas do Brasil em planejamento de negócios, existem pelo menos três estilos diferentes para a expansão de uma empresa:

- O crescimento orgânico, feito com recursos próprios;
- O crescimento que replica, como o sistema de franquias;
- O crescimento agressivo, que lida com aquisições e capital de risco.

Ele ainda traz um conceito extremamente alinhado com as mudanças estruturais que estão acontecendo no mundo dos negócios. É o chamado crescimento exponencial[1], ou seja, um modelo que se utiliza de uma plataforma para o desenvolvimento de novos empreendedores.

Um exemplo bem ilustrativo é o do iPhone e da loja Apple Store. Com ele, a Apple impulsionou os desenvolvedores de aplicativos e apostou em um modelo de negócio baseado na inovação aberta e na criação de um novo ecossistema empreendedor. No Brasil, empresas como Natura, Bematech e Totvs também adotaram esta estratégia com resultados exponenciais no faturamento.

O crescimento orgânico

O crescimento orgânico acontece quando a demanda de clientes é maior do que a empresa consegue atender. Ele pode ser feito por meio da ampliação do empreendimento ou a abertura de uma filial. Ele é chamado dessa forma porque é feito gradualmente, com recursos próprios do empreendedor.

1 Conceito aprofundado no artigo Empreendedorismo exponencial (En): A 4a dimensão das estratégias de crescimento – Marcelo Nakagawa e Guilherme Ary Plonski – Revista de Marketing Industrial (RMI) – Edição 48, 2010. Acessado em: https://issuu.com/inspirience/docs/empreendedorismo_exponencial-mi-201

Ampliar um negócio significa contratar mais funcionários, comprar mais matéria-prima, equipamentos e um espaço físico que comporte a nova estrutura. O empresário pode também querer abrir uma filial em outro bairro ou cidade.

Tudo isso implica em gastos que precisam ser analisados, assim como uma pesquisa ampla sobre concorrência, riscos, metas e tempo de retorno do investimento. Uma vez que todos esses pontos foram levantados, é preciso avaliar de onde sairá o recurso financeiro: a empresa matriz terá fluxo de caixa para sustentar a filial? Tudo isso será muito importante na hora de tomar a decisão de tirar o projeto do papel.

Crescimento pelo sistema de franquias

O crescimento pelo sistema de franquias tem sido um dos mais utilizados no Brasil e no mundo. Isso porque permite que a empresa possa crescer a partir dos recursos financeiros de outros empreendedores.

O termo franquia vem de franchising, que designa uma relação contratual entre o proprietário de uma marca (o franqueador) e o franqueado. Por meio da franquia, o franqueador expande sua empresa em número de unidades, em extensão geográfica e clientes atendidos e concede o direito de utilização da marca para um franqueado que fica a cargo dos gastos com a montagem e manutenção da franquia.

As franquias acenam com altas chances de retorno em curto ou médio prazo. Segundo a Associação Brasileira de Franchising (ABF), em 2007 havia cerca de 1.200 redes de franquias constituídas no país, com um faturamento total de R$46 bilhões consolidados no ano. Em 2016, este número pulou para R$151,247 bilhões de faturamento anual e as redes já somam mais de 3 mil marcas que atuam em 24 diferentes setores da economia e com quase 140 ramos de atividades. As franquias já representam mais de 35% de todo faturamento varejista e este é um mercado que cresce cerca de 8% ao ano.

Com enorme mobilidade, facilidade de instalação, as franquias estão atingindo todos os mercados, pequenos e grandes. Das lotéricas aos postos de combustíveis, das escolas profissionalizantes às lojas de conveniência, vestuário e beleza.

TABELA 26-1 **As Maiores Redes de Franquias em Operação no Brasil**

Marca	Segmento
O Boticário	Saúde, Beleza e Bem-estar
Subway	Alimentação
Cacau Show	Alimentação
Am PM Mini Market	Alimentação
Colchões Ortobom	Casa e Construção
McDonald's	Alimentação
Jet Oil	Serviços Automotivos
Lubrax +	Serviços Automotivos
Kumon	Serviços Educacionais
BR Mania	Alimentação

Fonte: ABF

Apesar do aumento expressivo, os especialistas apontam que é preciso ter alguns cuidados ao optar pelo sistema de franquias, tanto por parte do franqueador como do franqueado.

Para o franqueador, é preciso estar atento à estrutura do seu negócio antes de pensar em franquear. É fundamental que a empresa esteja com seus processos organizacionais funcionando corretamente porque ele terá que fornecer know-how, treinamento e suporte para seus franqueados.

Os especialistas recomendam que a empresa tenha pelo menos um ano de pleno funcionamento. Um prazo importante para analisar sazonalidade de vendas, fluxo de caixa, custos e outros assuntos operacionais. Quanto mais tempo a empresa estiver em funcionamento, mais azeitados estarão todos os processos.

O franqueado paga um valor para adquirir o direito de utilização da marca. Por isso, é muito importante que a empresa franqueadora cheque a regularização da marca que será reproduzida por terceiros.

Atualmente, duas leis se aplicam às franquias no Brasil:

1. **A Lei Geral;**
2. **A Lei Especial nº 8.955/94, mais conhecida como Lei da Franquia, que obriga o franqueador a dar determinadas informações ao candidato previamente à contratação. Em essência, esta lei obriga o franqueador a entregar a Circular de Oferta de Franquia (COF) completa e cumprir o que nela estiver prometido.**

A Circular de Oferta de Franquia (COF) é um documento que precisa ser entregue com, no mínimo, 10 dias de antecedência antes da assinatura de um contrato. Nele estarão estabelecidas as principais informações sobre o empreendimento, entre elas:

- » Quem é a franqueadora: Histórico, forma societária e informações gerais
- » Demonstrações financeiras, indicação de pendências judiciais
- » Perfil do franqueado ideal
- » Investimento inicial (taxa, obras civis, estoques, equipamentos, capital de giro)
- » Taxas periódicas (royalties, fundo de MKT, uso de software, aluguel de equipamento ou ponto)
- » Relação de franqueados e dos que se desligaram da rede
- » Política de atuação territorial (preferência, garantia territorial)
- » Relação de fornecedores (dos produtos comercializados na rede e insumos utilizados no dia a dia da operação)
- » Indicação clara do que é oferecido ao franqueado (treinamento, padrões nos projetos, manuais)
- » Situação da marca perante o INPI
- » Situação do franqueado após encerramento do contrato
- » Contrato-padrão (com direitos e obrigações de todas as partes. Referências a manuais e treinamentos, preços de taxa inicial e royalties, propaganda e garantias de controle para o franqueador)

A Circular de Oferta de Franquia (COF) é inspirada na lei americana e fornece informações essenciais para o cumprimento da lei. Se por acaso o franqueador não entrega este documento, o contrato é anulado e o franqueado recebe o seu dinheiro de volta.

Também é necessário elaborar um contrato que conterá informações jurídicas e financeiras como penalidades, taxas, royalties, contribuição para o fundo de propaganda, tipo de rescisão etc.

Todas estas orientações podem ser obtidas junto à ABF ou então em cursos online e presenciais sobre o assunto. O empreendedor pode ainda recorrer a consultorias especializadas para formatar um processo de franquia. É um gasto que compensa e diminui riscos na hora de transformar um empreendimento em franquia.

Franqueado: Algumas precauções

Também é preciso ter muito cuidado ao escolher uma franquia para investir. Esta é uma decisão que deve ser feita com calma e consciência. Além da afinidade com o negócio e identificação com os produtos ou serviços da marca escolhida, o franqueado deve buscar o máximo de informações possíveis sobre o montante a ser investido, os custos fixos e variáveis envolvidos na operação e o faturamento previsto. É preciso saber o ponto de equilíbrio operacional e a previsão de lucro e retorno do investimento.

É preciso, ainda, investigar a idoneidade da empresa e da marca. Diversos consultores desta área alertam para o fato de que há no mercado alguns franqueadores pouco preocupados com o andamento do empreendimento. O objetivo deles é apenas vender a franquia, coletar a taxa de royalties e seguir adiante. Nesses casos, sobra para o franqueado a tarefa de fazer a empresa prosperar sem nenhum respaldo a que tem direito.

A VEZ DAS MICROFRANQUIAS

De acordo com a definição da Associação Brasileira de Franchising (ABF), as microfranquias, aquelas cujo investimento total vai até R$80 mil, já representam cerca de 45% do total de franquias no país. A entidade relatou crescimento de 10% do setor de franquias como um todo, em 2015. Já as micro apresentaram aumento de 18% no mesmo período, segundo levantamento da Rizzo Franchise.

Dentro desse universo, o modelo que mais desperta interesse é aquele no qual, além de exigir baixo investimento, o franqueado usa a própria casa como base do negócio. A *home based* é atualmente a menina dos olhos dos potenciais franqueados.

O crescimento por aquisições

A fusão e aquisição de empresas é considerada uma forma inorgânica e agressiva de crescimento. Muitos acreditam que essa forma de crescimento só é possível para as empresas de grande porte, mas este é um pensamento equivocado. As empresas de menor porte também podem executar um processo de fusão de forma até mais simples e ágil.

A estratégia por fusão ou aquisição permite que as empresas ampliem sua carteira de clientes, portfólio de produtos ou regiões de atuação, melhore a posição de mercado e reduza a concorrência, além de ampliar a competitividade a custos menores.

Mas é preciso ter cuidado com essa estratégia. Estudos mostram que apenas entre 10% a 30% das fusões ou aquisições realizadas são bem-sucedidas. O restante esbarra, principalmente, em problemas de integração cultural entre as equipes.

Por isso, os estrategistas dessas operações devem pensar desde a prospecção de oportunidades e na pré-aquisição dos recursos materiais e humanos envolvidos. Este é um processo que exige paciência e foco. É também necessário ter muita clareza sobre a razão pela qual a aquisição está sendo efetuada.

Bandeira

Outra forma de expansão é transformar a sua loja em uma bandeira conhecida. É uma opção que foge às responsabilidades diretas de abrir uma nova unidade ou ainda franquear seu próprio negócio, e que custa menos. Aderir a uma bandeira é, basicamente, transformar o seu negócio já estabelecido em uma unidade de uma franquia do mesmo segmento. É um processo que costuma ser realizado entre empresas de setores mais "simples" de varejo e serviço, como restaurantes, bares, farmácias e supermercados, por exemplo.

A vantagem aqui é o respaldo que a marca traz e a redução do investimento. Por exemplo: um negócio com caráter familiar e local já possui uma clientela fiel, mas tem um poder de compra com fornecedores limitados. Ao associar-se com uma marca conhecida, é possível melhorar esse processo de negociação com os fornecedores e conseguir aumentar a oferta de produtos ou serviços para que suba o número de clientes ou aumente o consumo dos já fidelizados. Sobre os recursos que serão gastos, se o espaço físico for adequado, levando em conta a estrutura e os equipamentos já disponíveis, os gastos resumem-se à adequação visual — de layout — do empreendimento e com publicidade e marketing. Eventualmente, dependendo do porte da franquia, pode ser necessário a contratação de novos funcionários. Porém, ainda assim, significa um custo menor do que comprar uma franquia e começá-la do zero.

Além disso, ao adquirir uma franquia de forma tradicional, o empreendedor e seus funcionários receberão orientação, know-how e treinamentos por parte do franqueador, além de visitas de consultores que poderão auxiliar na hora de identificar pontos fracos e positivos. Isso é um benefício, pois o negócio familiar ganha um caráter mais profissional e o sistema como um todo fica mais capacitado para um bom funcionamento.

O lado negativo aqui está diretamente relacionado ao empreendedor. Geralmente, quem começa a empreender a partir de um negócio próprio é porque tem um objetivo, um sonho e um ideal. Ao fazer a conversão de bandeira, o empresário perde um pouco da identidade e se vê engessado em um modelo pré-estabelecido e regido por terceiros. O negócio não é mais apenas dele, carregará consigo outro nome e terá de seguir regras e metodologias dos donos da bandeira, que vão desde a escolha do preço dos produtos ou serviços e as ações de marketing que serão realizadas no empreendimento.

Se o negócio local destacava-se justamente pela informalidade no tratamento com o cliente, por exemplo, ou na flexibilidade dos preços de acordo com as ofertas e demandas, perde-se esses componentes, o que pode deixar a clientela com ressalvas para recorrer aos produtos ou serviços daquele empreendimento.

Além da ótica do empreendedor dono de um negócio familiar, o processo de adoção de uma bandeira é vantajoso também para o empresário que já possui uma organização em forma de franquia. Ele pode captar potenciais empreendimentos que possuem uma boa clientela e propor o processo de conversão. O empreendedor pode delegar a uma consultoria essa função, que trabalhará como intermediário na negociação, desde a busca por um empreendimento promissor até a própria conversão.

A procura por parte do detentor da franquia é o caminho mais comum neste processo, mas nada impede que o empreendedor busque diretamente o franqueador a fim de assumir o compromisso de transformar seu negócio próprio em uma bandeira franqueada.

Uma vez que o negócio é fechado, a transição é feita de forma gradual e com a empresa ainda em atividade, para não prejudicar o fluxo de vendas e comprometer os clientes já existentes. Em franquias o tempo comum é de 90 a 120 dias, enquanto em microfranquias esse prazo é inferior e varia entre 30 e 60 dias. Durante esse prazo, o empreendedor e os funcionários vão sendo treinados e preparados para assumir o método de conduzir o trabalho de acordo com as diretrizes da franquia.

Internacionalização e exportação

Investir no mercado internacional também é uma forma de expandir a empresa para outros territórios geográficos. Além de diversificar o mercado de clientes, isso significa também fortalecimento de marca e benefícios de competitividade.

Mas no Brasil ainda falta muita informação e qualificação para aumentar o quadro das companhias brasileiras exportadoras. Pesquisa do Global Entrepreneurship Monitor (GEM) aponta que o país apresenta uma das menores intenções de inserção no mercado internacional.

Para sanar esta questão, diversos programas de fomento à exportação ajudam o empreendedor a investir no mercado internacional. Sebrae, Apex, Ministério do Desenvolvimento, Indústria e Comércio Exterior e os Correios são alguns órgãos que facilitam a vida do empresário que quer exportar.

A Apex também mantém programas com mais de dez mil empresas de diversos setores da economia: de máquinas de construção a alimentos e bebidas, de produtos têxteis a eletroeletrônicos, materiais médicos e odontológicos. A Apex também intermedeia investimentos para as pequenas empresas junto de entidades financeiras.

DICA

COMO EXPORTAR

O Ministério do Desenvolvimento, Indústria e Comércio Exterior (MDIC) criou um guia em que apresenta os passos básicos para quem quer exportar. A publicação oferece um roteiro com planejamento, passo a passo, de onde buscar apoio. Tudo separado por setores de atuação: http://www.aprendendoaexportar.gov.br/inicial/index.htm

O programa **Exporta Fácil**, do Ministério das Comunicações e operado pelos Correios, é outra facilidade que já beneficiou mais de 12 mil empresários em mais de 10 anos de atuação. Destinado especialmente a exportações de pequeno porte, a operação é desburocratizada e simplificada, feita por meio do preenchimento de um único formulário, de produtos no valor de até US$50 mil, desde que os pacotes não ultrapassem 30 quilos.

Outra iniciativa que visa capacitar empresários para exportação é o "**Planejando para Internacionalizar**". Realizado pelo Sebrae, ele dá um passo a passo para o processo de internacionalização de uma pequena empresa. O curso oferece 16 horas de capacitação (quatro encontros de quatro horas) e três horas de consultoria por empresa.

Existe ainda o **Programa Internacionalização da Micro e Pequena Empresa** que tem o objetivo de preparar as MPEs para o mercado externo e desenvolver estratégias, identificar práticas de inovação e procurar novas modalidades de acesso aos países compradores.

Para mais informações, acesse:

- **Sebrae:** http://www.internacionalizacao.sebrae.com.br/
- **Apex-Brasil:** http://www.apexbrasil.com.br
- **Exporta Fácil:** http://www.correios.com.br/exportafacil/
- **Ministério do Desenvolvimento, Indústria e Comércio Exterior (MDIC):** http://www.mc.gov.br/images/servicos-postais/exportacoes-por-remessa/exportacao_remessas_postais_052010.pdf
- **Programa de Apoio Tecnológico à Exportação - PROGEX:** http://www.mct.gov.br
- **Um roteiro para atender os requisitos para a exportação:** http://www.sebrae.com.br/customizado/internacionalizacao-da-micro-e-pequena-empresa/conheca-o-projeto/como-exportar/integra_bia?ident_unico=13584

Marketing Multinível

Um modelo que tem se destacado muito no mercado no que diz respeito ao crescimento acelerado de empreendimentos é o chamado marketing multinível (MMN). Conhecido também como marketing de rede, este é um modelo de venda em que o comprador não tem contato direto com a empresa, mas sim por meio de revendedores.

No Sistema Multinível os ganhos para os empreendedores entrantes vêm da venda de produtos ou do recrutamento de novos vendedores. Ou seja, além da margem de lucro por produtos vendidos, o revendedor que indicar outros empreendedores também ganha uma porcentagem em cima dessas vendas.

Atualmente este é um mercado que movimenta cerca de R$50 bilhões por ano, segundo a Fundação Getúlio Vargas (FGV). Mesmo assim, muitas pessoas confundem o MMN com pirâmide financeira, que é um processo ilegal no Brasil.

Segundo a Associação Brasileira de Vendas Diretas — ABEVD, o MMN diferencia-se do chamado "esquema em pirâmide" por ter a maior parte de seus rendimentos oriunda da venda dos produtos, enquanto, na pirâmide, os lucros vêm, apenas ou maioritariamente, do recrutamento de novos vendedores.

Outro aspecto comum na pirâmide é a falta de treinamento para vendedores. No caso do marketing multinível, revendedores costumam receber itens como catálogos e informações sobre a empresa. A pirâmide, por sua vez, não oferece treinamento e não dá garantias mínimas para os participantes.

Nos Estados Unidos, uma forma de diferenciar os dois sistemas é a chamada regra dos 70%: se a empresa tem 70% ou mais de seu rendimento advindo dos produtos, é marketing de rede. Caso contrário, é pirâmide.

No Brasil, a ABEVD estabelece um Código de Conduta Ética que preserva o canal de venda direta e as empresas cadastradas nesta associação têm o compromisso de preservação de direitos e deveres deste canal. As empresas de marketing multinível podem se associar a ABEVD e seguir o Código de Conduta, já que o MMN é um sistema de distribuição da venda direta.

ATENÇÃO

O Ministério Público Federal publicou recentemente esse guia prático de pirâmides financeiras para justamente explicar as diferenças entre o MMN e o esquema criminoso de pirâmide: `http://www.mpf.mp.br/atuacao-tematica/ccr2/publicacoes/cartilhas/guia-pratico-piramides-financeiras`

A Parte dos Dez

NESTA PARTE . . .

A incrível Parte dos Dez vai responder as dez principais perguntas que rondam a cabeça de empreendedores e aspirantes a empresários. Depois, vamos falar sobre os dez mitos do empreendedorismo que atrapalham o desenvolvimento de novos negócios inovadores. Para quem gosta de filmes, livros, sites e canais digitais, há várias indicações muito inspiradoras para aprender cada vez mais sobre empreendedorismo e negócios.

NESTE CAPÍTULO

» **Entendendo sobre os dilemas dos empreendedores**

» **Quais as principais dúvidas e inquietações**

» **Como resolver questões importantes antes de empreender**

Capítulo 24

Dez Perguntas Básicas sobre Empreendedorismo

Neste início de caminhada, você deve estar com mais dúvidas do que criança em loja de brinquedo. Por isso, reuní neste capítulo algumas das perguntas e dúvidas mais comuns que afligem os novos empreendedores. Não se assuste, e vá à luta!

O que É Realmente Ser Empreendedor?

O empreendedor é uma pessoa que imagina, desenvolve e realiza visões, resume o estudioso canadense Louis Jacques Filion. Mais do que assumir um papel de empresário, o empreendedor é aquele que protagoniza sua própria vida. Neste sentido, não apenas os donos de empresas se enquadram nesta categoria, mas também os profissionais liberais, os funcionários de empresas, os servidores públicos, as donas de casa e até jovens, crianças e idosos.

Em resumo, empreendedores são aqueles que fazem a diferença, ousam e mudam a realidade. Constroem uma visão de futuro e engajam pessoas para sonhar junto. Cultivam relações pessoais promissoras e mobilizam recursos financeiros, humanos e materiais para realizar seus objetivos. São proativos, determinados e perseverantes e estão dispostos a correr riscos encarando o erro e o fracasso como parte do processo.

Existe Idade para Empreender?

Não há idade determinada, certa ou errada, para ser empreendedor, isso é algo que ocorrerá naturalmente de acordo com o perfil de cada um. Muitas pessoas acreditam que são muito jovens para empreender um novo negócio. E outras acreditam que estão muito velhas. A verdade é que não existe idade ideal para empreender.

No Brasil, a idade média dos empreendedores é de 37 anos, mas há exemplos bem-sucedidos de jovens empreendedores com energia e disposição, e também de empreendedores acima dos 70 anos que têm o benefício da experiência em seu favor.

Como Encontrar Oportunidades de Negócios?

Para encontrar uma oportunidade de negócios, nada melhor do que procurar problemas. De nada adianta ter uma ideia genial, se seu negócio não tiver uma solução e alguém disposto a pagar por isso. Encontrar um problema a ser resolvido ou uma necessidade do consumidor é fundamental para iniciar a jornada empreendedora. E para isso existem várias ferramentas que podem resultar em produtos ou serviços inovadores.

Observe em suas experiências e atividades do dia a dia, quais as necessidades e problemas que você detecta. Veja onde gasta seu dinheiro: porque você escolhe determinado produto ou serviço em detrimento de outros.

Observe outros mercados e veja quais soluções poderiam ser utilizadas em outras realidades. Converse com amigos, familiares e profissionais. Fale com pessoas e recolha novas ideias, outros problemas e possíveis soluções. Observe novos comportamentos, conceitos e tendências.

Quanto Dinheiro É Preciso para Começar um Negócio?

Em teoria, bons negócios exigem menos recursos do que os empreendedores imaginam. Para definir quanto é preciso para começar e manter um negócio faça um planejamento financeiro e preveja quanto precisará para:

1. **O dia da inauguração do seu negócio (investimento em despesas pré-operacionais e ativos fixos, por exemplo).**
2. **Capital de giro (o dinheiro que fica parado no caixa da empresa e, principalmente, em estoques de produtos acabados, em transformação e matéria-prima).**
3. **Até a empresa atingir o ponto de equilíbrio (até isto acontecer, o empreendedor terá que colocar dinheiro na empresa para que esta tenha condições de honrar suas obrigações financeiras como pagamento de fornecedores e tributos).**
4. **Para sobreviver até conseguir fazer retiradas adequadas da empresa. Estudos indicam que é preciso cerca de 18 meses até que os processos de uma empresa estejam estruturados e o negócio tenha clareza sobre sua razão de existir. Profissionais que planejam empreender devem ter dinheiro suficiente para manter suas empresas e sua vida pessoal durante esse período.**

A soma destas necessidades (atualizadas pela inflação) é o dinheiro que o empreendedor precisa para começar um negócio. Caso não tenha recursos, avalie adiar o investimento até que a situação financeira esteja mais segura. Aproveite para estudar o mercado, planejar e ampliar sua rede de relacionamentos.

Como Saber Se Vou Dar Certo?

Empreender é sobre lidar com incertezas e não sobre ter certezas. O estudo de Sarasvathy mostra que empreendedores experts superam a incerteza tratando os eventos inesperados como oportunidades para exercitar o controle de situações emergenciais. Sustentar um negócio de sucesso por longos períodos de tempo requer que o empreendedor ou a empreendedora sobreviva a fracassos, acumule sucessos e aprenda de ambos.

Empreendedores experts sabem que é impossível antecipar ou prever o futuro, e não gastam sua energia tentando fazer essas previsões. Eles sabem que o amanhã pode ser moldado por suas próprias ações, veem o "Mercado" como uma rede de pessoas, que podem ser educadas e influenciadas, não como algo distante nem estático.

É como se, ao invés de, como diz o ditado "Contar com o ovo na cloaca da galinha", empreendedores experts sentassem ao lado dela, e ficassem ali, alimentando e cuidando da galinha para ela botar o ovo.

Quais os Principais Riscos que um Empreendedor Corre?

Riscos são chances de eventos esperados ou não causarem impacto adverso no capital e resultados da empresa. Os principais riscos são:

» Risco legal

» Risco societário

» Risco operacional

» Risco tributário/previdenciário/trabalhista

» Risco fiscal

» Risco contábil

» Risco financeiro

Qual a Melhor Hora de Captar Investimento?

Uma startup pode buscar investimento em diversos momentos, desde a concepção da ideia até a fase de ampliação final. Mas uma coisa é certa: quanto mais o empreendedor demorar para buscar os recursos, melhor será. Isso ocorre por dois motivos básicos: (1) startups amadurecidas possuem maior potencial de atração dos investidores; (2) o empreendedor conseguirá manter o controle do negócio — ou seja, se você tiver métricas melhores, conseguirá um valuation também melhor e, consequentemente, terá um maior controle da empresa.

Como Motivar a Minha Equipe?

Ser capaz de motivar a equipe e estar atento às suas necessidades é qualidade essencial para um líder. Para isso, ele precisa estar atento ao que motiva cada pessoa, abrindo um diálogo muito franco com os subordinados, para perceber e perguntar de forma direta o que as pessoas apreciam, o que as deixam motivadas e mais felizes. Cada pessoa se motiva por uma razão diferente. Para algumas é dinheiro, outras querem liberdade de atuação, qualidade de vida ou grandes desafios para que possam se desenvolver. Saber o que estimula cada pessoa é o primeiro passo para motivar sua equipe.

E Se Alguém Roubar Minha Ideia de Negócio?

Você teve uma ideia de negócio maravilhosa, mas tem medo de contar aos outros? Fique tranquilo, você não é o único que passa por este dilema. Muitos candidatos a empreendedores sofrem da mesma fobia porque tem receio de ter a sua ideia "roubada" por alguém.

Esse é um sentimento comum, especialmente entre os empreendedores iniciantes que acreditam que apenas uma boa ideia é meio caminho andado para o sucesso. Mas isso não é verdade. O maior valor de um negócio não está na ideia por trás dele e sim na capacidade de execução do empreendedor.

E Se Eu Fracassar?

As chances de sucesso de uma startup são mais baixas do que qualquer outra carreira, por isso, veja o empreendedorismo como uma vocação que tem que ser orientada pela paixão, não por uma carreira ou um salário.

NESTE CAPÍTULO

» Conhecendo os mitos que atrapalham o empreendedor

» Desvendando os mistérios contados sobre este universo

» Desfazendo equívocos

Capítulo 25

Dez Mitos que Precisam Ser Evitados

Empreender também é uma batalha constante contra medos internos e crenças do senso comum que muitas vezes impedem as pessoas de tentar criar alguma coisa. O objetivo deste capítulo é justamente expor e desmistificar essas falsas verdades que são difundidas por aí a partir de achismos e palpites, mas que precisam ser encaradas com atenção para não tropeçar no caminho

Eu Não Nasci Empreendedor

Empreender não é um dom. Ninguém nasce empreendedor. A pessoa pode até ter uma certa vocação para o risco e para lidar com a incerteza, mas o perfil empreendedor é passível de ser desenvolvido de acordo com o contexto social, educacional e cultural. Ou seja, a pessoa pode aprender atitudes empreendedoras. Basta trabalhar características como automotivação, foco, liderança e planejamento, entre outras.

Eu Não Tenho Dinheiro para Empreender

Você não precisa de muito dinheiro para começar um negócio (e às vezes não precisa de nenhum). Muita gente começa do zero. Várias histórias de empreendedores de sucesso mostram que quando eles começaram não tinham nenhum recurso.

Atualmente, existem modelos de negócio, principalmente os digitais, que não exigem muito capital. A escassez de recursos também é importante para fazer o indivíduo pensar mais e desenvolver a criatividade. Pense simples, sempre dá para fazer coisas legais gastando pouco.

Empreendedores Correm Riscos Altos

Não é verdade que a maioria dos empreendedores corre riscos altos ao iniciar suas empresas. Uma coisa é começar com pouco dinheiro, outra é não fazer planejamento e começar devendo. Riscos sempre existem no empreendedorismo, mas é necessário planejar antes. Analisar o mercado, a concorrência, prever cenários negativos e estudar muito bem os clientes a serem atingidos.

Às vezes ser empreendedor é até menos arriscado do que ter um emprego. Neste último você está à mercê dos seus superiores. No seu negócio, você depende prioritariamente do seu esforço.

A Vida do Empreendedor É um Glamour

Com o culto ao empreendedorismo e a grande repercussão da vida profissional nas redes sociais, virou lugar comum achar que os empreendedores vivem em eventos descolados e jantares caríssimos com seus parceiros.

Pois saiba que ter um negócio próprio dá mais trabalho do que cumprir a jornada de oito horas diárias de um emprego. O empreendedor tem que cuidar do negócio o tempo todo e ganha de acordo com a sua dedicação. Além disso, o empreendedor tem o pior chefe que existe: os clientes. Além disso, ele precisa prestar conta para investidores, fornecedores e até funcionários. Não se iluda: a responsabilidade de empreender é bem maior do que qualquer carreira profissional.

Tamanho É Sinônimo de Sucesso

Muitos brasileiros ainda associam sucesso ao tamanho ou faturamento de uma empresa. Eles acham que é preciso ser grande para dar certo no empreendedorismo. Porém, a visão de sucesso de cada um é diferente e tem a ver com os sonhos que cada pessoa tem.

Muitos não sonham em ter negócios grandes, e sim em ter seu próprio negócio como estilo de vida. Pequenos negócios desempenham um papel muito importante na economia. E quando eles são bem desenvolvidos e geram resultados também podem ser considerados cases de sucesso.

Errar Leva ao Fracasso

Antes de obter sucesso na criação da lâmpada, Thomas Edison criou 10.000 protótipos que deram errado. E ele dizia que, na verdade, não fracassou, apenas mostrou 9.999 maneiras do seu projeto não funcionar.

É difícil achar uma história empreendedora de sucesso que não tenha passado por experiências de fracassos. O erro faz parte do processo empreendedor. Os especialistas apontam que o que diferencia o empreendedor daqueles que fracassam é que os primeiros aprendem rapidamente com os erros e não se deixam abalar, continuando a jornada até alcançarem seus objetivos.

O Empreendedor Consegue Fazer Tudo Sozinho

Infelizmente, uma das coisas que mais atrapalham a visão de que uma pessoa pode ser tornar empreendedora, é o mito do empreendedor herói. Bastante difundido na mídia e no mercado em geral, ele mostra o empreendedor capaz de aglutinar todas as qualidades essenciais em uma só pessoa e que por isso consegue tocar o negócio sozinho.

Segundo o professor Marcos Hashimoto, o empreendedor herói não existe simplesmente porque ele é humano. O empreendedor deve saber quais são suas habilidades e competências e procurar ajuda naquilo que não é tão bom. Esse auxílio pode vir de um sócio, um consultor ou mesmo um funcionário contratado. O melhor empreendedor é aquele que consegue aglutinar talentos e competências em torno de um objetivo comum.

Vender É uma Habilidade Inata nos Empreendedores

Todos os dias temos que vender algo: seja um projeto para o chefe ou uma ideia de férias para o cônjuge. A verdade é que ninguém nasce sabendo vender. Esta é uma habilidade adquirida com a prática do dia a dia. E só aprende quem erra e se adapta às diversas situações.

E o empreendedor precisa trabalhar muito esta habilidade para vender seus produtos e serviços para os clientes, sua empresa para os sócios e principalmente vender seu sonho para a sociedade.

Empreendedor Só Pensa no Lucro

Empreendedores de sucesso buscam construir empresas onde possam realizar sonhos. Sua motivação imediata é empreender, criar algo que os realize e traga o lucro como consequência. A distância que separa a antiga visão dos empreendedores empresariais, com foco na geração de lucros, dos empreendedores preocupados com a solução de problemas sociais, é cada vez menor.

Há um movimento crescente de empreendedores que buscam aliar as duas lógicas (do lucro pessoal e do retorno social) em um mesmo projeto. E isso vem atraindo mais a atenção de quem não se enquadra nos estereótipos do empresário que só pensa em dinheiro ou do cidadão engajado que trabalha de maneira voluntária.

Trabalhar em Casa É um Sonho

Hoje em dia, com as facilidades das plataformas digitais, muitos empreendedores começam seu negócio em casa para economizar e também para usufruir de mais tempo com família. Mas cuidado! O negócio em casa pode virar um pesadelo se não houver disciplina, organização e atenção às tarefas e responsabilidades. Empreender exige dedicação, principalmente nos primeiros anos do negócio. A ilusão de que trabalhar em casa pode proporcionar mais tempo é uma ilusão. Na verdade, você vai trabalhar muito mais do que se tivesse que sair para seu emprego.

NESTE CAPÍTULO

» Aprendendo com filmes e seriados

» Como tirar lições com personagens da ficção

Capítulo 26

Dez Filmes para Inspirar Empreendedores

Entretenimento e aprendizado podem sim andar juntos e o empreendedor pode aproveitar suas horas de lazer para mergulhar em filmes divertidos e que ensinam ao mesmo tempo. Seguem abaixo algumas ideias para começar sua filmoteca empreendedora.

À Procura da Felicidade (2006)

Neste filme, o personagem de Will Smith é um pai de família com problemas financeiros. Ele se vê cercado de problemas e com pouco dinheiro, sendo inclusive despejado de seu apartamento junto com o filho de cinco anos. O personagem, então, se reinventa e vai trabalhar como estagiário em uma corretora de ações. Ele não recebe remuneração pelos serviços, mas persiste na esperança de ser contratado após o período de testes. A principal lição deixada pelo filme é a de que devemos correr atrás dos nossos objetivos e ter em mente que somos capazes de conquistá-los.

O Homem que Mudou o Jogo (2011)

O filme conta a história do gerente de uma equipe de beisebol que tenta montar um time competitivo mesmo com uma situação financeira desfavorável. Para conseguir maior rendimento, o protagonista desenvolve uma complexa análise estatística de seus jogadores, tornando possível fazer mais com menos. O mérito do filme é a lição de como pensar diferente — "fora da caixa". Como toda empresa precisa estar atenta à economia de recursos, essa é uma história que pode inspirá-lo a buscar alternativas pouco evidentes para chegar ao sucesso sem gastar demais.

Walt Antes do Mickey (2014)

Antes de criar o famoso ratinho Mickey Mouse, Walt Disney foi um animador e empresário que passou por uma década de muitos fracassos na tentativa de criar um estúdio que o transformaria em um ícone mundial. O filme mostra muito bem os vários fracassos que ele teve, sua persistência em seguir um sonho traçado e também seu temperamento, que era difícil e rigoroso como é visível no filme. Amei assistir esse filme e me lembrar o quanto Walt batalhou pelo seu sonho para realizá-lo. Ele ensina que nunca podemos desistir se queremos muito realizar.

O Jogo da Imitação (2015)

Conta a história do matemático Alan Turing (Benedict Cumberbatch), que fez parte da equipe formada pelo governo britânico para quebrar o código usado pelos alemães na Segunda Guerra Mundial. Mas para o projeto dar certo, Turing terá que aprender a trabalhar em conjunto com seus parceiros. Para os empreendedores, o filme reforça a importância de acreditar na sua ideia, mesmo com as dificuldades que possam surgir. Também é um ótimo exemplo sobre a importância do trabalho em equipe.

Jobs (2013)

Como o título denuncia, Jobs é o filme biográfico sobre a carreira do inventor, empresário e magnata americano Steve Jobs, de 1971 a 2001. Mostra Jobs desde sua fase hippie até a fundação da Apple, quando passou a ser considerado um dos mais criativos empresários de sua época e da história.

Em 1976, Steve Jobs abandonou a faculdade e junto com seu amigo, o gênio da tecnologia Steve Wozniak, iniciou uma revolução nos computadores com a invenção do Apple 1, o primeiro computador pessoal. Construído na garagem dos pais de Jobs, o Apple 1 e a formação da empresa Apple revolucionaram o mundo como o conhecíamos. O filme mostra um Jobs humano, com falhas, que não se incomodava em passar por cima dos outros para atingir seus objetivos, o que fez com que tivesse dificuldades em manter relações amorosas e de amizade.

A Rede Social (2010)

Este filme conta a história de Mark Zuckerberg. Em 2003, o estudante de Harvard começa a trabalhar em um novo projeto que se transformou depois na maior rede social global, o Facebook. Seis anos mais tarde, ele tornou-se um dos bilionários mais jovens do planeta. No filme, conhecemos um pouco mais da vida universitária de Mark, suas motivações, muitos detalhes curiosos e sobre a enorme briga judicial que conduz a história.

Joy: O Nome do Sucesso (2016)

A comédia dramática conta a história de Joy Mangano, a inventora do esfregão Miracle Mop. Inspirado em uma história real, o filme mostra a emocionante jornada de uma mulher empreendedora. Motivada pela necessidade, engenhosidade e pelo sonho, Joy triunfa como a fundadora de um bilionário império.

Amor Sem Escalas (2009)

O protagonista interpretado por George Clooney adora seu trabalho, em que viaja para diversos cantos do país com a função de demitir pessoas. Até que seu chefe contrata Natalie, que desenvolveu um método para demitir pessoas por videoconferências. Quando a ideia ameaça acabar com as viagens constantes do executivo, ele começa a tentar demonstrar a ela a importância do contato pessoal com aqueles que serão destituídos dos cargos.

Decisões Extremas (2010)

Os filhos do casal Aileen e John Crowley têm uma doença degenerativa. Suas trajetórias mudam quando descobrem um cientista que pode trazer a cura, mas para isso, precisam abrir uma empresa para fabricar os remédios. O filme mostra a importância de ter um propósito antes de criar uma empresa, e que o empresário deve acreditar nela e no que produz.

Bee Movie (2007)

Este desenho animado conta a história das abelhas desde seu nascimento até a morte. Barry é uma abelha recém-formada que não se conforma em seguir os mesmos padrões seguidos por todas as gerações. Na história podemos aprender inúmeras lições de empreendedorismo, como que mais importante do que construir uma carreira de sucesso é o sentido que damos à nossa vida, que o mais importante é gostar daquilo que se faz e, acima de tudo, fazer a diferença e trazer uma contribuição efetiva ao mundo.

Outros Filmes

- **Jerry Maguire — A grande virada (1996)**
- **Chef (2014)**
- **Quem Quer Ser um Milionário (2008)**
- **Piratas do Vale do Silício (1999)**
- **A Grande Aposta (2016)**
- **Mister Holland — Adorável Professor (1995)**
- **O Aviador (2004)**

- A Teoria de Tudo (2015)
- O Lobo de Wall Street (2014)
- Margin Call — O Dia Antes do Fim (2011)
- Startup.com (2001)
- Tucker (1988)
- Julie & Julia (2009)
- O Diabo Veste Prada (2006)
- O Segredo do Meu Sucesso (1987)
- Um Bom Ano (2006)
- De Porta em Porta (2002)
- Golpe de Gênio (2009)
- Prenda-me Se For Capaz (2002)
- Senhor das Armas (2005)
- Wall Street — Poder e Cobiça (1987)
- A Fraude (1999)
- Steve Jobs (2016)
- Coco Antes de Chanel (2009)
- Burt's Buzz (2013)
- Jogada de Gênio (2008)
- Como Enlouquecer Seu Chefe (1999)
- Sem Limites (2011)
- The Commitments — Loucos pela Fama (1991)
- Whiplash (2014)

NESTE CAPÍTULO

» Conhecendo os principais livros sobre empreendedorismo

» Ideias e inspiração para empreendedores

Capítulo 27

Dez Livros que Não Podem Faltar na Estante

Quem é empreendedor sempre precisa buscar novas fontes de informação. Para quem gosta de aprender por meio da leitura, separei livros essenciais para entender melhor este universo.

"Do Sonho À Realização em 4 Passos — Estratégias Para Criação de Empresas de Sucesso"

Este é um livro indispensável para aqueles que querem oferecer ao mercado um novo produto e escrever planos de negócios, marketing e vendas. Um dos grandes diferenciais da obra é o seu autor: Steve Blank um dos mais influentes especialistas em empreendedorismo do Vale do Silício e professor de universidades como Stanford, Berkeley e Columbia.

Autor: Steven Gary Blank. **Editora:** Évora

Startup: Manual do Empreendedor. Guia passo a passo para construir uma grande empresa

Esta obra encaminha os empreendedores através do processo de Desenvolvimento do Cliente, que os faz deixar o escritório e ir às ruas, onde os clientes estão para desenvolver produtos vencedores que eles irão comprar.

Autores: Steven Blank e Bob Dorf. **Editora:** Alta Books.

Saber Vender É da Natureza Humana: Surpreenda-se com seu poder de convencer os outros

Vender não é uma tarefa endereçada apenas a vendedores. Qualquer pessoa precisa se relacionar e convencer os outros. Esse livro nos ajuda a entender que vender é algo natural e que o processo de venda não precisa ser invasivo ou chato.

Autor: Daniel H. Pink. **Editora:** Leya.

#VQD — Vai que Dá!

O livro Vai que Dá! conta a história de 10 empreendedores em suas trajetórias para construir negócios de alto impacto. Entre desafios, dificuldades e superação, estas histórias mostram que não existe receita pronta para empreender, mas existe em comum em todas as histórias a garra e a vontade de seus fundadores em conseguir realizar seus sonhos. O exemplo desses empreendedores tem o enorme poder de inspirar e motivar aqueles que querem encontrar seus próprios caminhos no mundo do empreendedorismo. Para essas pessoas, Vai que dá! é leitura obrigatória.

Organizador: Joaquim Castanheira. **Editora:** Portfolio/Penguin.

Empreendedorismo: Elabore seu plano de negócio e faça a diferença

Esta obra está repleta de dicas e técnicas de como iniciar e desenvolver um negócio. O livro escrito por Marcelo Nakagawa auxilia o empreendedor a verificar se suas ideias realmente são boas oportunidades. Com o intuito de estimular o conhecimento do empreendedor de primeira viagem, o autor faz uso de uma linguagem clara, estudos de caso, ajudando na criação de um diferencial para sua empresa.

Autor: Marcelo Nakagawa. **Editora:** Senac

Sonho Grande

Todo empreendedor deve conhecer os nomes Jorge Paulo Lemann, Marcel Telles e Beto Sicupira. No portfólio, eles colecionam empresas como Ambev, Budweiser, Burger King e Heinz. O estilo de gestão do grupo de empreendedores, chamado 3G Capital, é de meritocracia e busca incessante por eficiência e controle de custos. A obra conta os bastidores dessa história de empreendedorismo e é um exemplo de como sonhar grande pode valer a pena. Em menos de 40 anos eles criaram um império bilionário do capitalismo brasileiro.

Autora: Cristiane Correa. **Editora:** Primeira Pessoa.

O Livro Negro do Empreendedor

Entre o sonho de ser dono do próprio negócio e o sucesso empresarial, há um longo caminho a ser percorrido. É comum encontrarmos livros que expõem histórias vitoriosas e servem de exemplo para quem pretende empreender. Porém, as estatísticas mostram que muitos fracassam. O livro negro do empreendedor diferencia-se por mostrar o que não se encontra em manuais e livros de administração. O fracasso no mundo corporativo é um tema pouco explorado. No entanto, entender suas causas é fundamental para decidir a melhor forma de evitá-lo.

Autor: Fernando Trias de Bes. **Editora:** Best Seller.

Empreendedorismo na Prática — Mitos e Verdades do Empreendedor de Sucesso

Empreendedorismo na prática trata do fazer acontecer pela ótica dos empreendedores brasileiros que já são bem-sucedidos. Seu diferencial está na aplicabilidade imediata dos conceitos e, por isso, é recomendado aos empreendedores iniciantes e até aos mais experientes. O livro coloca em discussão a grande ênfase que se dá na definição do perfil do empreendedor de sucesso, mostrando argumentos contrários e a favor desta linha de pensamento. Em seguida, propõe que não existe um perfil único de empreendedor, apresentando vários tipos de empreendedores.

Autor: José Carlos Dornelas. **Editora:** LTC.

O Segredo de Luísa — Uma ideia, uma paixão e um plano de negócios: como nasce o empreendedor e se cria uma empresa

Este livro trata de assuntos através de uma história com trama, conflitos, reviravoltas e personagens carismáticos. Usando como fio condutor a trajetória de Luísa, uma jovem mineira entusiasmada com a ideia de abrir uma empresa para vender a deliciosa goiabada que sua tia produz, Fernando Dolabela procura ensinar passo a passo tudo o que é preciso saber para ir do sonho ao mercado. O livro tem como objetivo oferecer a alternativa de se concentrar na história ou se aprofundar nas informações específicas sobre marketing, plano de negócios, finanças, administração e organização empresarial.

Autor: Fernando Dolabela. **Editora:** Sextante.

Empresas Feitas para Durar e Empresas Feitas para Vencer

Nestes dois livros, Jim Collins fala de aspectos culturais que distinguem empresas excelentes de medianas. Considerado pela Time Magazine um dos livros de negócios mais importantes de todos os tempos, Empresas Feitas para Vencer mostra como as grandes empresas triunfam no decorrer do tempo e como o desempenho sustentável em longo prazo pode ser inserido no DNA de uma organização desde sua concepção. Em Empresas Feitas para Durar, o autor trata de algo muito mais importante, duradouro e substancial — as empresas visionárias. Elas são instituições líderes em seus setores, muito admiradas pelas outras empresas da área e com um longo registro de impactos significativos sobre o mundo à sua volta. E responde à pergunta: como empresas boas, medianas e até ruins podem atingir uma qualidade duradoura? O autor apresenta também quais são as características universais que levam uma empresa a se tornar excelente e outras não.

Autor: Jim Collins. **Editora:** HSM Editora.

DICA

DICA IMPERDÍVEL

12MINUTOS

Para quem não quer ler, uma dica é consultar o app 12minutos. O aplicativo de sumários de livros de negócios. Se quiser dar uma olhadinha na categoria de cultura corporativa por lá, acho que você vai encontrar muitas coisas legais!

NESTE CAPÍTULO

» **Conhecendo sites, blogs e canais do YouTube para inspirar empreendedores**

» **Dicas maravilhosas para aprendizado contínuo**

Capítulo 28

Dez Sites que Você Tem que Ver

Com a profusão de sites e de conteúdos novos sobre Empreendedorismo a toda hora na internet, é difícil filtrar o que é útil daquilo que não vai te acrescentar nada. Seria impossível reunir neste espaço todas as referências importantes da área, mas eu tento indicar algumas boas referências, só para você começar a pesquisar e entender um pouco mais sobre o assunto. A partir destas dicas, você terá uma boa base para se aprofundar mais e buscar outras fontes.

Sebrae

O Serviço Brasileiro de Apoio às Micro e Pequenas Empresas (Sebrae) é um agente de capacitação e apoio aos pequenos negócios de todo o país. A entidade tem o propósito de transmitir conhecimento e auxiliar o desenvolvimento de micro e pequenas empresas, para estimular o empreendedorismo. No portal do Sebrae é possível encontrar cursos, oportunidades de negócios e soluções personalizadas para quem tem ou deseja abrir um negócio.

`www.sebrae.com.br`

Movimento Empreenda

Para você baixar e usar no dia a dia. Especialistas apresentam e comentam uma série de ferramentas para você cuidar do seu negócio. Organize suas ideias e aumente a produtividade da sua empresa.

`http://movimentoempreenda.revistapegn.globo.com/`

Rede Mulher Empreendedora

A Rede Mulher Empreendedora conta com mais de 260 mil empreendedoras cadastradas e que acessam, em seus diversos canais de informações, conteúdos, dicas e notícias sobre empreendedorismo.

`http://redemulherempreendedora.com.br/`

Endeavor Brasil

A instituição que apoia empreendedores de alto impacto oferece vários conteúdos online para empreendedoras.

`https://endeavor.org.br/`

Anjos do Brasil

Organização sem fins lucrativos apoia startups na fase de crescimento. Desde então, vem sendo feito um trabalho consistente com apoio de conselheiros, parceiros e um time de colaboradores dispostos a fazer acontecer. A Anjos do Brasil é mantida por voluntários, patrocinadores, apoiadores, cursos, eventos e outras atividades contribuem para manutenção da organização.

http://www.anjosdobrasil.net

Saia do Lugar

O Saia do Lugar é um portal de informações sobre empreendedorismo, marketing, vendas e liderança, além de ser um lugar de motivação para crescer o seu negócio. Uma boa fonte de pesquisa sobre tudo que envolve o processo de empreender.

http://saiadolugar.com.br/

Marketing de Conteúdo

Atualmente, ele é um dos mais respeitados e conceituados blogs sobre marketing digital do Brasil. Atualizado pela Rock Content é a empresa líder e especialista em Marketing de Conteúdo no Brasil.

http://marketingdeconteudo.com/

Aliança Empreendedora

Organização que apoia empresas, organizações sociais e governos a desenvolver modelos de negócios inclusivos e projetos de apoio a microempreendedores, ampliando o acesso a conhecimento, redes, mercados e crédito para que desenvolvam ou iniciem seus empreendimentos. A Aliança possui projetos em algumas cidades brasileiras e também lançou o site Tamo Junto com conteúdo para microempreendedoras.

www.tamojunto.org.br

O Pulo do Gato Empreendedor

A plataforma reúne vários conteúdos e materiais de pesquisa que fundamentam a escrita deste livro. Também apresenta diversos empreendedores, especialistas e pensadores que explicam qual "pulo do gato" nos negócios e na vida. O site apresenta ainda a metodologia de desenvolvimento de soft skills e habilidades empreendedoras para adultos, jovens e crianças.

`Http://www.opulodogato.org`

Startupi

Site sobre o mercado de inovação, negócios, empreendedorismo e tecnologia brasileira. Desde 2008, informa e educa o mercado sobre as startups, além de participar de programas de fomento do empreendedorismo e inovação no Brasil.

`https://startupi.com.br/`

NESTE CAPÍTULO

» Ferramentas úteis para auxiliar na gestão de uma empresa

» Metodologias de produtividade

» Ferramentas de gestão

» Métodos de inovação

Capítulo 29

Dez Ferramentas de Gestão

Ao longo de todas as partes deste livro, falamos várias vezes da importância das ferramentas e metodologias para a criação e gestão das empresas. Elas facilitam tarefas difíceis, otimizam o tempo, ajudam no operacional e abrem espaço na agenda para pensarmos melhor em tudo que for estratégico.

Por isso, reuni neste capítulo uma série de ferramentas que colaboram para o desempenho profissional e pessoal do empreendedor. Compartilho a seguir algumas delas para que você possa conhecer e utilizar no seu dia a dia. Caso queira, poderá acessar também links com explicações detalhadas de cada uma e formas de aplicá-las. Bom trabalho!

Produtividade

5S

Foi uma das grandes estratégias utilizadas pelo Japão para se organizar logo após a Segunda Guerra Mundial. O método inspirou muitas empresas a adotar a ferramenta para melhoria no ambiente de trabalho. O conceito do 5S possui como base as cinco palavras que em português significam senso de utilização, senso de organização, senso de limpeza, senso de saúde e senso de autodisciplina. **Para saber mais:** `http://5s.com.br/`

Japão	Brasil
Seiri	Senso de Utilização
Seiton	Senso de Ordenação
Seisou	Senso de Limpeza
Seiketsu	Senso de Saúde
Shitsuke	Senso de Autodisciplina

FIGURA 29-1: O conceito do 5S.

Matriz Urgente-Importante

É um método de organização criado pelo ex-presidente americano Dwight Eisenhower que serve para definir as tarefas que merecem atenção e as que devem ser descartadas. Popularizada no livro *Os 7 Hábitos das Pessoas Altamente Eficazes* de Stephen R. Covey, a matriz apresenta os 4 quadrantes para o gerenciamento de atividades. Por esse sistema, classifica-se as tarefas em 4 grupos de prioridades:

	URGENTE	NÃO-URGENTE
IMPORTANTE	**QUADRANTE I** · Crises · Reuniões · Problemas urgentes e inadiáveis · Projetos com data marcada	**QUADRANTE II** · Prevenção · Criatividade · Recreação · Aprendizado · Planejamento · Desenvolvimento de relacionamentos · Identificação de novas oportunidades
NÃO-IMPORTANTE	**QUADRANTE III** · Interrupções · Telefonemas · Relatórios · Correspondência · Atividades populares · Assuntos estressantes	**QUADRANTE IV** · Detalhes · Pequenas tarefas · Correspondência sem importância · Atividades agradáveis · Perda de tempo

FIGURA 29-2: Os 4 quadrantes para o gerenciamento de atividades.

No Quadrante I ficam as tarefas urgentes e importantes. Incluem atividades como projetos atrasados, reuniões de última hora, crises ou emergências de saúde.

O Quadrante II será composto pelas tarefas importantes. São as atividades relacionadas ao planejamento estratégico, identificação de novas oportunidades, desenvolvimento de network e qualidade de vida. Por não terem o aspecto da urgência, é comum que acabem recebendo pouca atenção da maioria das pessoas, mas é o mais valoroso quadrante da matriz.

No Quadrante III serão incluídas tarefas urgentes, mas sem importância. Aqui estão os telefonemas, reuniões sem importância, checagem excessiva de e-mails e redes sociais. São interrupções não planejadas que tornam o dia improdutivo e sem controle.

E no Quadrante IV irão as atividades que não possuem urgência e nem importância. São as distrações, televisão, jogos eletrônicos ou pensamentos aleatórios. O resultado desse quadrante é procrastinação, falta de energia e cansaço.

GTD (Getting Things Done)

Também conhecida como "a arte de fazer acontecer", essa metodologia permite ter um maior controle sobre todas as tarefas, projetos e metas e tem o objetivo de minimizar a frustração das pessoas e empresas ao verem tarefas não concluídas.

Criado pelo estudioso David Allen, a metodologia ensina como agir de forma eficaz e com o mínimo de tensão com as tarefas do dia a dia, sistemas de arquivamento e outras atividades. O método está descrito no livro A Arte de Fazer Acontecer e pode ser visualizado no diagrama abaixo:

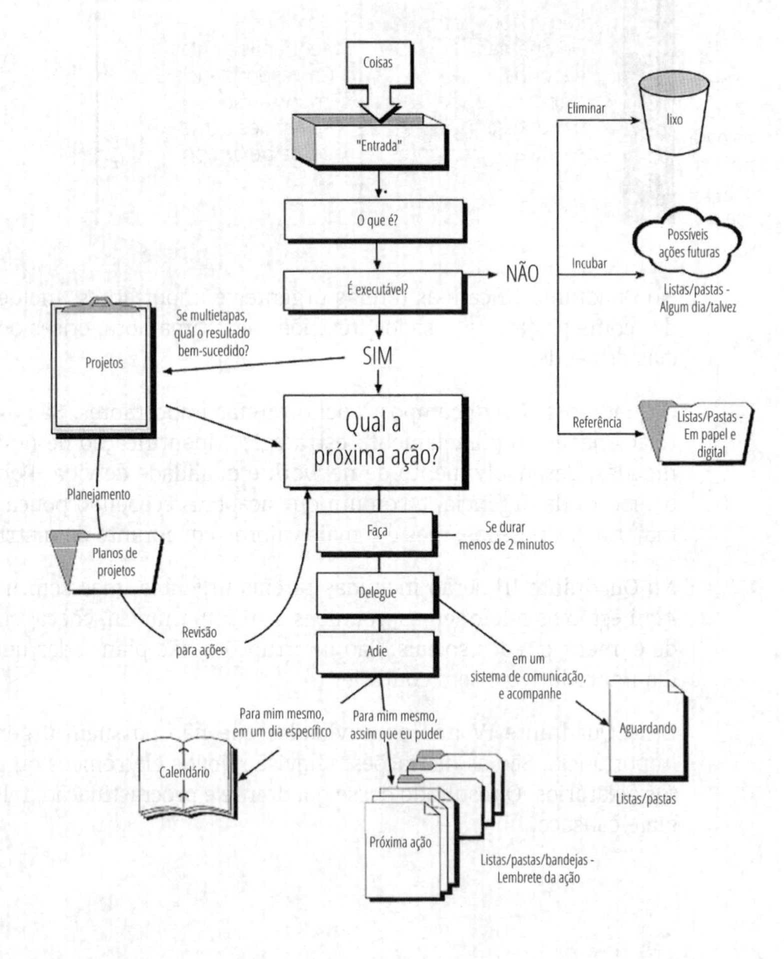

FIGURA 29-3: Diagrama GTD.

Para saber mais, consulte o site `http://gettingthingsdone.com/` (conteúdo em inglês).

5W2H

A ferramenta se utiliza de perguntas para gerar um planejamento e implantar as soluções apontadas pelas respostas obtidas para um determinado problema. O nome é derivado das iniciais das palavras em inglês What, When, Why, Where e Who, e o 2H, às palavras How e à expressão How Much.

O nome vem de cinco perguntas, em inglês, que começam com a letra "W": o que ("what"), por que ("why"), quando ("when"), onde ("where"), quem ("who").

- » O que/Qual ação vai ser desenvolvida?
- » Por que foi definida esta solução? (resultado esperado)
- » Quando a ação será realizada?
- » Onde a ação será desenvolvida? (abrangência)
- » Quem será o responsável pela sua implantação?
- » E duas questões que começam com a letra "H":
- » Como ("how") e quanto ("how much").
- » Como a ação vai ser implementada? (passos da ação)
- » Quanto será gasto?

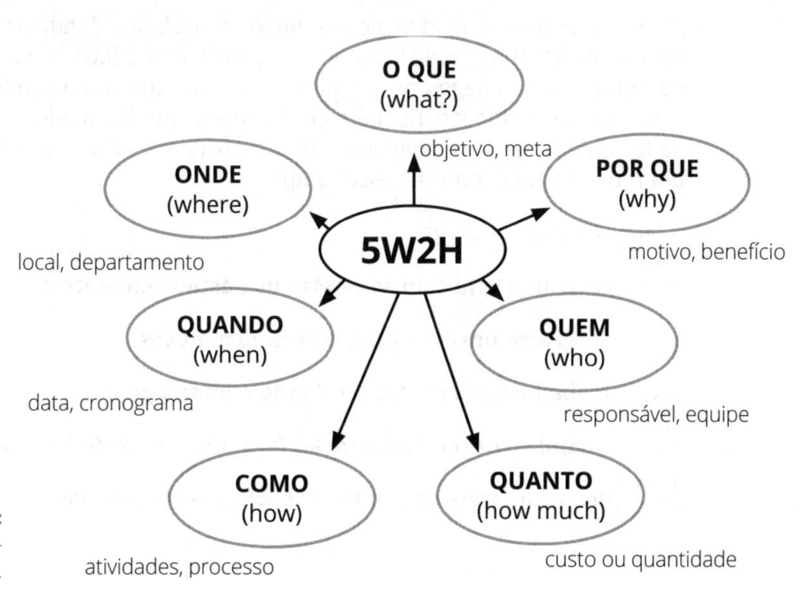

FIGURA 29-4: A ferramenta 5W2H.

EFICIÊNCIA VERSUS EFICÁCIA

Você sabe a diferença entre **Eficiência e Eficácia**. O entendimento destes dois conceitos vai fazer com que você pense e aja de forma mais assertiva.

A eficiência tem a ver com ganhos incrementais e ela é conseguida com a padronização de processos. Uma operação eficiente é capaz de obter o máximo rendimento com o mínimo de recursos.

Já a eficácia mede o grau de atingimento de resultados. Quanto mais eficaz for uma tarefa, melhores os resultados. A eficácia avalia até que ponto se alcançou um determinado resultado, independentemente da forma como se obteve esse resultado.

A eficiência consiste em fazer certo as coisas, ou seja, trata-se do COMO FAZER. Já a eficácia consiste em fazer as coisas certas, ou seja, escolher O QUE deve ser feito. Como diria Peter Drucker: "Eficiência é fazer as coisas de maneira correta, eficácia são as coisas certas. O resultado depende de fazer certo as coisas certas."

Técnica Pomodoro

"Pomodoro", em italiano, significa "tomate". Criada pelo italiano Francesco Cirillo, é uma técnica de estudo bem conhecida elaborada no fim da década de 1980.

A técnica se baseia na ideia de que fluxos de trabalho divididos em blocos podem melhorar a agilidade do cérebro e estimular o foco. Depois de muita pesquisa, Cirillo chegou ao período de 25 minutos como sendo o tempo ideal para esses blocos, também conhecidos como "pomodoros". O nome da ferramenta se deve àqueles cronômetros de cozinha com o formato de um tomate para gerenciar o seu tempo.

A técnica funciona assim:

1. **Faça uma lista com as tarefas que estão pendentes;**
2. **Programe um cronômetro para 25 minutos;**
3. **Trabalhe em uma das tarefas sem interrupção;**
4. **Quando o despertador tocar, faça uma pausa de 5 minutos;**
5. **Risque a tarefa da sua lista depois que terminá-la;**

6. **Retome o trabalho depois da pausa por mais um "pomodoro" (25 minutos)**
7. **A cada quatro "pomodoros", faça uma pausa mais longa: 30 minutos até voltar ao trabalho**

Ferramentas de Gestão e Estratégia

Ciclo PDCA

Do inglês: *PLAN — DO — CHECK — ADJUST. Em português: Planejar — Fazer — Verificar — Ajustar.* É um método interativo de gestão utilizado para o controle e melhoria contínua de processos e produtos.

O ciclo PDCA, tem por objetivo controlar atividades e pode ser utilizado para o planejamento e monitoramento da qualidade dos processos de uma organização, tornando mais fácil e rápido os processos. Ele é dividido em quatro passos:

» **Plan (Planejamento):** Estabelecer missão, visão, objetivos e metas é o primeiro passo, onde se inicia o ciclo, levantar dados ou informações, estabelecer os métodos e priorizar aonde se quer chegar.

» **Do (Execução): R**ealizar, executar as atividades estabelecidas pela organização, é o passo seguinte ao planejamento, onde procedem as ações da empresa e dar ênfase para chegar ao objetivo.

» **Check (Verificação):** Fiscalizar e analisar por tempo determinado os resultados obtidos, avaliar processos e ações, consolidando com as informações já recebidas e executadas.

» **Act (Ação):** Agir conforme os resultados obtidos e de acordo com os relatórios, então, determinar novos planos de ação, contribuindo para a melhora da qualidade, eficiência e eficácia.

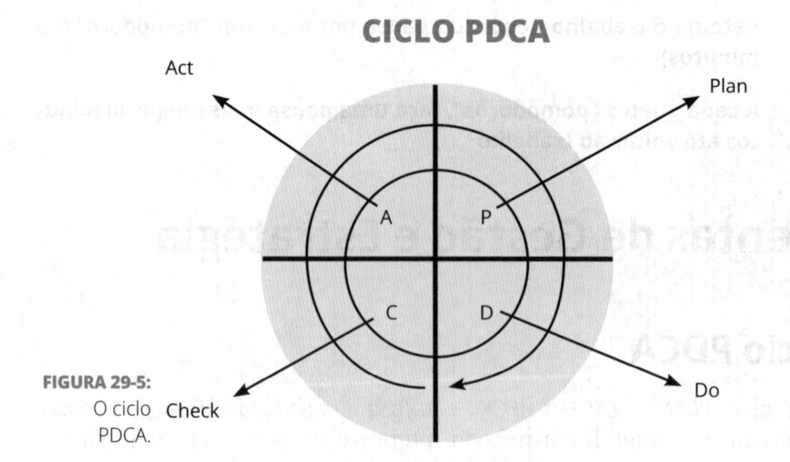

FIGURA 29-5: O ciclo PDCA.

Balanced Scorecard

Balanced Scorecard é uma metodologia, desenvolvida em 1992, na Escola de Negócios de Harvard, pelos professores Robert Kaplan e David Norton, com o objetivo de proporcionar às empresas uma melhor gestão de seu desempenho. Ao longo dos anos, o modelo BCS se mostrou tão efetivo que também passou a ser utilizado como ferramenta de gestão estratégica, ampliando assim, sua atuação no desenvolvimento organizacional.

O Balanced Scorecard traz uma dimensão sistêmica da empresa, apoiando todos os seus departam

entos e profissionais a identificar seus pontos fortes e de melhoria. Os indicadores do Balanced Scorecard são baseados na visão e na estratégia da empresa. Por isso, o BCS se baseia em quatro importantes critérios: finanças, consumidores, processos internos e aprendizagem.

Mensurar as finanças consiste em saber se a organização está utilizando boas práticas para fazer a gestão de seu capital e se está investindo em alcançar a saúde financeira que precisa para continuar a existir.

Quando o assunto são os clientes, o Balanced Scorecard avalia a eficácia e efetividade das ações de vendas e marketing, suas influências na decisão de compra e como as estratégias da empresa estão surtindo efeito sobre seus resultados.

Em se tratando de processos internos, também mede como os procedimentos, normas e regras são aplicadas, identifica aqueles que trazem bons resultados, como também avalia aqueles que precisam ser melhorados ou eliminados.

No que tange a aprendizagem, o BCS mede ainda se os programas de Treinamento e Desenvolvimento estão apresentando os resultados desejados e melhorando as competências técnicas, comportamentais e emocionais dos profissionais que fazem estes cursos de capacitação.

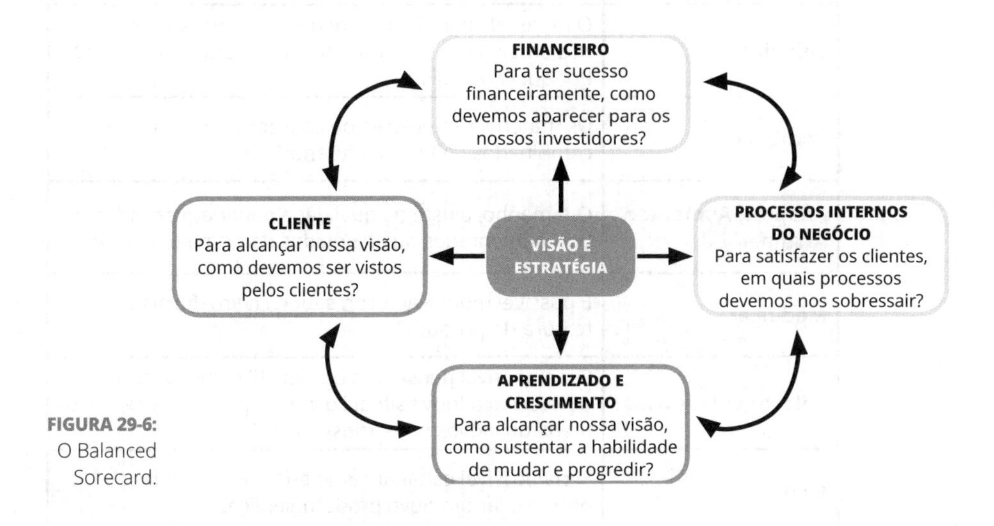

FIGURA 29-6: O Balanced Sorecard.

Metodologias de Inovação

SCAMPER

O Scamper é uma ferramenta que funciona como um guia para o empreendedor realizar uma sessão de brainstorm com os funcionários a respeito de novos produtos e serviços. Instrumento de inovação, torna possível direcionar e organizar a discussão de um grupo de pessoas para um resultado produtivo. A intenção é que, com seu uso, seja possível criar novas versões de um produto ou serviço, ou até mesmo gerar uma ideia totalmente diferente, que pode mudar os rumos da empresa.

O instrumento parte do princípio de que não é preciso ser um gênio para ter ideias criativas. Todos os funcionários da empresa devem ser convidados a participar dos encontros. Para orientar as discussões, recomenda-se a presença de um facilitador.

O nome desta ferramenta vem das iniciais dos sete operadores: Substituir, Combinar, Adaptar, Modificar, Procurar outros usos, Eliminar e Rearrumar. Na essência, o SCAMPER é uma lista de perguntas estimuladoras da criatividade, baseada na noção de que muitas coisas novas resultam de modificações ou combinações de coisas já existentes.

ETAPAS	APRESENTAÇÃO DE IDEIAS
Substituir	O material, ingredientes, nomes ou processos utilizados atualmente poderiam ser substituídos por outro? Por qual ou quais?
Combinar	Os materiais, interesses ou conceitos poderiam ser combinados de forma diferente?
Adaptar, Aumentar, Arrumar	O tamanho, ajuste ou qualidade poderiam ser adaptados, aumentados ou arrumados de forma diferente?
Modificar	É possível modificar a cor, sabor, cheiro, forma ou textura do produto?
Colocar outros usos	Seria possível pensar em outras utilidades para o produto/serviço (nova situação, novo tipo de cliente, novo mercado, novos benefícios)? Quais?
Eliminar	Seria possível eliminar características, tamanho ou peso e criar um novo produto/serviço?
Arranjar	É possível reorganizar, dispor de maneira diferente ou mesmo pensar em diferentes números de itens e criar um novo produto ou serviço?

FIGURA 29-7: Etapas do Scamper.

Mapas Mentais

Mapa Mental, ou Mind Map, é um método para planejamento e registro gráfico que agrupa as ideias dos participantes e as organiza a partir de uma questão central com diversos desdobramentos. A ferramenta estimula a imaginação e o fluxo natural de ideias, livre da rigidez das anotações lineares.

A ferramenta procura representar, com o máximo de detalhes possíveis, as conexões existentes entre as informações. Os desenhos sempre partem de um eixo central a partir do qual são irradiadas as mensagens relacionadas, dando forma e contexto ao conjunto de ideias.

Os elementos são arranjados intuitivamente de acordo com a importância dos conceitos e facilita a visualização do conjunto de ideias, abrindo espaço para a compreensão e solução de problemas.

Como fazer um Mapa Mental

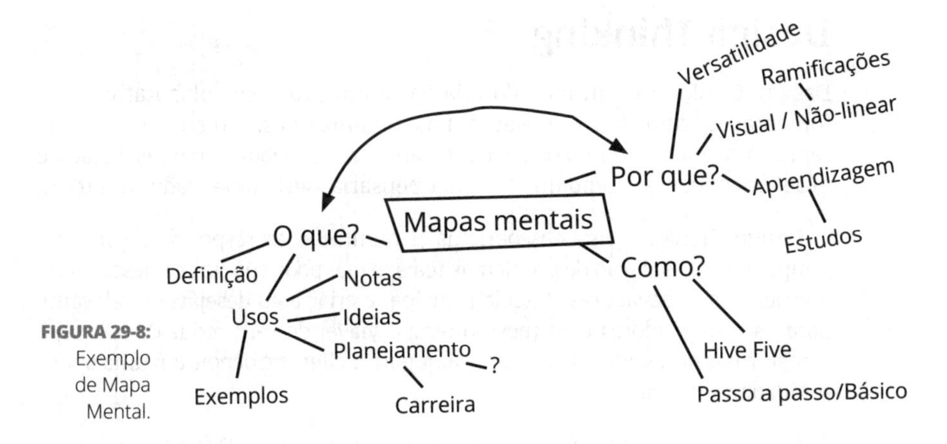

FIGURA 29-8: Exemplo de Mapa Mental.

Para ser elaborado online ou por meio de canetas coloridas sobre uma folha de papel. A ideia é representar um conceito central e seus desdobramentos dispostos radialmente em volta deste conceito.

- Iniciar no centro com uma imagem do assunto.
- Use imagens, símbolos, códigos e dimensões em todo seu mapa mental.
- Selecione as palavras-chave e as escreva usando letras minúsculas ou maiúsculas.
- Coloque cada palavra/imagem sozinha e em sua própria linha.
- As linhas devem estar conectadas a partir da imagem central. As linhas centrais são mais grossas, orgânicas e afinam-se à medida que irradiam para fora do centro.
- Use várias cores em todo o mapa mental, para a estimulação visual e também para codificar ou agrupar.
- Desenvolva seu próprio estilo pessoal de mapeamento da mente.
- Use ênfases e mostre associações no seu mapa mental.
- Mantenha o mapa mental claro, usando hierarquia radial, ordem numérica ou contornos para agrupar ramos.

Design Thinking

Design Thinking é um método criativo e um processo colaborativo para fomentar a cultura da inovação nas organizações. Objetivamente, ela representa a forma como os designers abordam a elaboração e resolução de problemas. Pensar como um designer pensaria, seria uma tradução literal.

O Design Thinking visa descobrir as perguntas e as respostas ao mesmo tempo para a resolução de problemas reais, o que pode conduzir a descobertas inesperadas e inovadoras. A ideia principal é criar algo desejável e relevante para os consumidores e ao mesmo tempo viável de ser produzido. Ou seja, transformar necessidades reais em valor para o cliente e depois em uma oportunidade de mercado.

Para que ocorra o processo exploratório proposto pelo Design Thinking é preciso ter três elementos fundamentais:

Empatia: O desenvolvimento de soluções e produtos não podem ser direcionados para as empresas e sim para as pessoas. É preciso sentir a dor do cliente, saber o que ele pensa, o que ele quer. Ao desenvolver produtos, crie para seus clientes e não procure clientes para seu produto.

- **Colaboração:** Uma equipe multidisciplinar é essencial para o processo já que haverá diversas ideias e visões para um mesmo problema.
- **Experimentação:** É necessário que haja validação com os prováveis clientes em todas as etapas do processo. Para isso, são feitos protótipos e coletados feedbacks para melhorar o produto ou serviço.

A Ferramenta mais importante do *Design Thinking* é o Duplo Diamante. Divididos em quatro estágios diferentes, o duplo diamante segue um processo sequencial, cuja as etapas são: Entendimento, Observação, Ponto de Vista, Ideação, Prototipagem, Teste e Iteração.

Em resumo, ele funciona assim: nas primeiras etapas, a equipe de colaboradores se aproxima do contexto do problema sob diferentes pontos de vista. Depois, eles analisam e organizam as informações coletadas. Na fase de ideação são geradas ideais inovadoras para o tema do projeto. Em seguida, na prototipagem, é hora de ajudar validação das ideias geradas.

Iterações

Entendimento Observação Ponto de Vista Ideação Prototipagem Teste Iteração

FIGURA 29-9: O duplo diamante do Design Thinking.

Fonte: Escola de Design Thinking

DICA

COMO INOVAR EM NEGÓCIOS?

Inovar é uma tarefa árdua, mas essencial para obter diferenciação no mercado. O livro Design Thinking, produzido no Brasil pela equipe de consultoria em Inovação da MJV Tecnologia e Inovação é um achado para quem quer entender mais sobre esta metodologia.

A obra aborda problemas tradicionais de negócios sob múltiplas perspectivas, ajudando a solucioná-los de maneira mais efetiva. Ela apresenta etapas, técnicas e ferramentas ilustradas por meio de cases brasileiros para inspirar e auxiliar na empreitada rumo à inovação.

Apêndice

Dicionário do Empreendedor

O mundo empresarial está repleto de termos desconhecidos pela maioria das pessoas. É muito comum que reuniões e conversas sejam recheadas de palavras e jargões e termos em inglês. Pensando nisso, preparamos um dicionário do empreendedor, com as expressões mais utilizadas tanto no universo empreendedor quanto no ecossistema das startups. Você não vai ter mais problemas para entender este universo. Boa leitura!

Aceleradora: como diz o nome, uma aceleradora tem o objetivo de acelerar o crescimento de uma startup. Essas organizações buscam negócios promissores, com o objetivo de ajudar seus idealizadores a consolidarem suas ideias e estabelecerem seus negócios no mercado. Geralmente, a aceleradora torna-se sócia minoritária da startup e ajuda o negócio a ganhar forma e consolidar-se.

Advisor: tem o papel de conselheiro, normalmente é alguém com grande conhecimento e experiência que pode auxiliar em decisões mais estratégicas, assuntos de grande relevância para a empresa e na solução de dúvidas.

Análise Swot: método de gestão que posiciona e verifica os ambientes interno e externo das empresas por meio da identificação dos seus pontos fortes e fracos, e das suas oportunidades e ameaças. A sigla SWOT deriva das palavras inglesas Strengths (Forças), Weaknesses (Fraquezas), Opportunities (Oportunidades) e Threats (Ameaças).

Aporte: é outra denominação para o investimento ou aplicação feito na empresa. Significa subsídio ou contribuição financeira utilizada e é um termo muito usado no meio empresarial. Comumente escuta-se a afirmação: "Aquela empresa recebeu um aporte milionário."

B2B: é uma sigla para Business to Business ou "empresa para empresa" refere-se ao ato de uma empresa vender produtos ou serviços para outros negócios ou organizações.

B2C: é uma sigla para Business to Commerce ou Business to Consumer, cuja definição é "Empresa para Consumidor" — quando uma empresa tem foco no cliente final.

Balanced Scorecard (BSC): ou Indicadores Balanceados de Desempenho. É uma metodologia de gestão que mede o desempenho das empresas, atuando como complemento ao planejamento estratégico.

Benchmarking: método de comparação de serviços, produtos e práticas que permite ao empreendedor comparar seu negócio com a concorrência e buscar superá-la aprimorando funções e processos de uma empresa.

Blog: é um formato de site voltado para conteúdo multimídia. Ele pode estar dentro de um portal ou mesmo de outro site. Normalmente, tem uma linguagem menos formal do que textos institucionais.

Board: são os chamados "conselhos de administração". O grande diferencial de profissionais que passam a atuar em um conselho administrativo é a diversidade de contribuições que podem oferecer a empresa.

Bolsa de valores: instituição, pública em alguns países, privada em outros, destinada a operar em fundos públicos, ações e obrigações de companhias, e outros títulos de crédito, bem como em mercadorias.

Bootstrap: significa desenvolver uma startup utilizando apenas recursos próprios, sem recorrer a investidores externos. É um processo no qual o próprio empreendedor financia seu próprio projeto

Brainstorm: é uma palavra em inglês cuja tradução significa "tempestade mental". É uma metodologia que explora as ideias de um grupo de pessoas visando a obtenção das melhores soluções de problemas ou situações.

Branding: é o trabalho de construção e gerenciamento de uma marca junto ao mercado. Sua execução é tomada por ações que posicionam e divulgam este ativo no mercado além da sua natureza econômica. Assim, a marca passa a fazer parte da cultura e influencia a vida das pessoas.

Break Even: significa "Ponto de Equilíbrio". É quando os custos de um negócio são iguais a sua receita. Nesse ponto não há ganho nem perdas.

Briefing: dados e informações que vão dar suporte e criar um roteiro de ação para determinado trabalho ou atividade.

Budget: orçamento empresarial elaborado anualmente, levando em consideração fatores econômicos, de mercado, capacidade de produção, entre outros. Nele, estão contidos os gastos, receitas e projeções, sendo considerado um plano estratégico financeiro. É muito importante, pois através dele é possível estabelecer os planos de vendas e produção com uma boa previsão das finanças no período abordado, que geralmente equivale a um ano.

Burn Rate: é um sinônimo de fluxo de caixa negativo. É uma conta que apresenta a velocidade que uma empresa "queima" seus recursos financeiros. Segundo o portal Dinheirama, existem dois tipos de Burn Rate: o bruto, que é o gasto total da empresa no mês; e o líquido — mais usado — que é o valor perdido no período.

Busca orgânica: quando consumidores-chave buscam o determinado produto e serviço sem que a empresa pague por isso. Pode acontecer pela busca no Google, sem que a organização tenha investido em AdWords, por exemplo.

Business Intelligence: o termo Business Intelligence (BI) significa "Inteligência de Negócios" e refere-se ao processo de coleta, organização, análise, compartilhamento e monitoramento de dados de diversos sistemas, cujo produto final são informações qualitativas que permitem maior segurança no processo de tomada de decisão.

Business Model Canvas: ferramenta usada para definir o modelo de negócio a ser seguido durante todo o projeto. O "business model" apresenta as técnicas de interação que a startup irá utilizar para se comunicar com os principais parceiros, principais atividades, recursos-chave, valor proposição, relacionamento com clientes, canais de mercado, segmentos de clientes, estrutura de custos e receitas.

Business plan: plano de negócios. Esse documento deve conter também dados da empresa e de seus integrantes, como: a descrição do produto/serviço que a empresa oferece, a análises de mercado feita pela empresa, suas estratégias de vendas, marketing etc. O business plan também pode ser usado para apresentar sua empresa para os investidores.

Buzz marketing: é o telefone com fio da internet — "com fio", pois não há perda de informação. Quando muita gente está falando sobre alguma coisa, isso é buzz. É a disseminação de um produto e serviço por meio da cadeia de consumidores. E nada mais estratégico que isso! Por isso é o sonho de todo "marqueteiro".

Canvas: veja em Business Model Canvas (Quadro de Modelo de Negócios).

Capital de giro: refere-se aos recursos financeiros que a empresa tem para financiar os gastos de uma empresa no dia a dia ou quaisquer outras necessidades da gestão do negócio ao longo do tempo.

Capital social: é o valor que os sócios ou acionistas estipulam no momento da abertura de uma empresa. É composto pela quantia bruta investida, ou seja, total necessário para um negócio começar as atividades.

CEO: é a sigla em inglês para Chief Executive Officer, que significa "Diretor Executivo", em português. É o cargo mais alto da empresa. Pode ser chamado também de presidente, diretor geral, entre outros. Quando existem os dois, o presidente exerce um cargo mais alto.

Chairman: Presidente do Conselho que dirige a organização.

Chief financial officer (CFO): Diretor de finanças.

Chief human resources officer (CHRO): Diretor de recursos humanos.

Cloud computing (ou Computação em nuvem): uso remoto de memória e de processamento de servidores para acessar pela internet programas e dados de qualquer lugar e a qualquer momento. É uma alternativa de fácil acesso, boa manutenção e sob demanda à execução de softwares, plataformas e aplicativos, além de armazenamento e processamento de dados em computadores pessoais ou servidores locais.

CMO (Chief Marketing Officer): Diretor de Marketing, em português, é o profissional responsável por conduzir as ações de marketing da organização.

Coaching: processo de treinamento com metas bem definidas e uma relação de comprometimento com os resultados.

Coinvestimento: significa organizar um grupo de investidores para, em conjunto, partilhar os benefícios e os riscos de investir em uma empresa ou carteira de negócios. Esse tipo de investimento é muito comum no ramo imobiliário, expandindo-se também para negócios em estágio inicial, como startups.

Commodities: em português significa "mercadorias". Refere-se a produtos essenciais à economia que, muitas vezes, servem como matéria-prima, não sofrendo grandes alterações por processos industriais, como leite, petróleo, soja, cereais, entre outros. Têm o preço regulado por fatores relacionados à oferta e à demanda, e não pelo produtor.

Compliance: termo inglês que significa "agir de acordo com uma regra"; envolve assegurar que o negócio esteja cumprindo com todas as determinações dos órgãos regulatórios, dentro de todos os padrões exigidos no segmento em que atua e em conformidade com regulamentos internos e externos à empresa.

Concorrência: disputa, competição pela preferência dos compradores, entre vendedores de bens iguais ou semelhantes.

Contabilidade: arte de organizar os livros comerciais ou de escriturar contas.

Contrato social: é a peça mais importante do início da empresa. Nele, devem estar definidos a descrição do aspecto societário, o interesse das partes e o objetivo da empresa. Para ser válido, o Contrato Social deverá ter o visto de um advogado. Para as microempresas e empresas de pequeno porte, a assinatura do advogado é dispensável, conforme prevê o Estatuto da Micro e Pequena Empresa.

COO: sigla inglesa para Chief Operating Officer, ou Diretor de Operações ou Executivo de Operações, em português. Ele é o principal auxiliar do CEO e tem a função de coordenar as rotinas operacionais.

Core business: é o ponto central de um negócio, o ponto forte da empresa que é trabalhado de maneira estratégica. Este conceito tem uma importância muito grande, já que define qual o foco da empresa dentro do mercado. Como exemplo, podemos citar a empresa Nike, que apesar de investir em outros produtos, tem seu foco na produção e fabricação de tênis de alta tecnologia.

Corporação: grupo de pessoas submetidas às mesmas regras ou estatutos; associação de pessoas do mesmo credo ou profissão, sujeitas à mesma regra ou estatutos, e com os mesmos deveres ou direitos; corpo; conjunto de órgãos que administram ou dirigem determinados serviços de interesse público; reunião de indivíduos para um fim comum; associação, agremiação.

Coworking: é um espaço compartilhado por várias empresas ou profissionais de áreas e negócios distintos, incentivando-se a troca de ideias e experiências entre os presentes. Traz benefícios como conhecimentos e aumento do networking (rede de contatos).

CRM (Customer Relationship Management): em português, Gestão do Relacionamento com o Cliente. Conjunto de ferramentas que visam criar e manter um bom relacionamento com o consumidor e busca identificar com antecedência as necessidades dos clientes para atendê-los da melhor forma.

Cronograma: gráfico demonstrativo do início e do término das diversas fases de um processo operacional, dentro das faixas de tempo previamente determinadas.

Crowdfunding: ou "financiamento pela multidão", é um financiamento coletivo em que várias pessoas podem investir pequenas quantias de dinheiro (geralmente pela internet) em determinado tipo de negócio para dar início a uma ideia empreendedora.

Crowdsourcing: recurso frequentemente usado para criação, produção e desenvolvimento de ideias, produtos ou conteúdos com a contribuição de um grupo de pessoas.

CTA (Call to Action): qualquer chamada — visual ou textual — que leve o leitor ou visitante de uma página a realizar alguma ação. Sendo assim, é uma ferramenta primordial para promover suas ofertas de marketing digital e gerar leads.

Customer development: metodologia para aprimorar um protótipo com a opinião dos consumidores, antes de mobilizar recursos para o lançamento.

Custos Fixos: são aqueles que não se alteram em função da quantidade de unidades produzidas. Por exemplo: o aluguel de um galpão.

Custos Variáveis: são aqueles que se alteram em função da quantidade de unidades produzidas. Por exemplo: a matéria-prima utilizada para a elaboração de um produto.

Deadline: prazo máximo para a entrega de determinada atividade ou trabalho.

Deal Breaker: fator ou problema que impede ou acaba com uma negociação em estágio avançado.

Design Thinking: é uma abordagem que utiliza a participação de seus stakeholders (interessados) na busca de soluções aos problemas. Todos os envolvidos na ideia participam e ficam organizados em equipes multidisciplinares.

Direito de propriedade: tipo de direito que a pessoa física ou jurídica tem, dentro dos limites da lei, de ter, usar, gozar e dispor de um bem tangível ou intangível, bem como reivindicá-lo de quem injustamente o detenha.

Domínio Público: é o conjunto de bens culturais, de tecnologia ou de informação, cujos direitos econômicos tiveram seus prazos de proteção encerrados, não sendo mais de exclusividade de nenhum indivíduo ou entidade. Tais bens são de livre uso por todos. Bens integrantes do domínio público podem ser objeto, porém, de direitos morais (que são eternos), cabendo sempre àqueles que forem utilizá-los citar a autoria e a fonte

Downsizing: em português significa "achatamento", ou seja, enxugar ao máximo os processos (eliminando tarefas, procedimentos e mão de obra desnecessária) para tornar a empresa mais eficiente e competitiva.

Drag Along: é uma cláusula que exige que os sócios minoritários vendam suas ações quando o sócio majoritário o faz. O objetivo é fazer com que o comprador adquira 100% da empresa.

Due Diligence: é a fase onde as startups e seus projetos são analisados pelas aceleradoras que determinarão se vale a pena o investimento. É um processo de investigação e auditoria das informações da empresa que é fundamental para confirmar os dados disponibilizados aos potenciais compradores ou investidores.

Dumping: prática comercial que consiste em vender os produtos a preços abaixo do custo de produção. É uma estratégia que visa eliminar a concorrência ou chamar a atenção do consumidor.

Ebitda: sigla para "Earning Before Interest, Taxes, Depreciation and Amortization", que em português significa "Lucros Antes de Juros, Impostos, Depreciação e Amortização" (Lajida).

Significa o que a empresa consegue gerar de receita, sem levar em consideração o abatimento de impostos e efeitos financeiros de qualquer natureza.

Economia criativa: expressão que ganhou força e relevância a partir dos anos 2000. O conceito foi cunhado pelo professor inglês, John Howkins, em seu livro Economia Criativa, e pode ser definido como "processos que envolvem a criação, produção e distribuição de produtos e serviços, usando o conhecimento, a criatividade e o capital intelectual como principais recursos produtivos". Ou seja, Economia Criativa é o conjunto de atividades econômicas que dependem de conteúdo simbólico e capital intelectual.

Elevator Pitch: refere-se ao fato de apresentar um insight ou negócio em menos de um minuto ou 30 segundos, que é o tempo de uma conversa no elevador. Sua abordagem tem que ser tão boa e instigante quanto uma rápida conversa.

E-mail marketing: são campanhas de marketing digital enviadas ao banco de dados da empresa através do e-mail. Para receber essas informações, os usuários podem ter escolhido fazer parte do mailing ou terem sido encontrados (com outras ferramentas estratégicas) por ter o perfil consumidor da marca. O e-mail marketing é a principal ferramenta do Inbound marketing.

Empreendedor serial: é uma pessoa com foco em criação e desenvolvimento de novos negócios. Frequentemente ela cria oportunidades, mas não necessariamente administra todas elas, delegando essa função então para pessoas com mais experiência em gestão.

Empresa unicórnio: os "negócios unicórnio" são aqueles que possuem um rápido crescimento destacando-se em pouco tempo. Empresas como Uber, Netflix, entre outras podem ser consideradas "unicórnios".

Empresas sustentáveis: segundo definição do Instituto Ethos de Empresas e Responsabilidade Social, as empresas sustentáveis asseguram o sucesso do negócio no longo prazo e ao mesmo tempo contribuem para o desenvolvimento econômico e social da sociedade.

Endomarketing: estratégia de marketing voltada para ações internas da empresa, reduzindo o turnover (índice de rotatividade de funcionários) e atraindo profissionais qualificados para atuar no negócio.

ERP (Enterprise Resource Planning) ou "Sistema de Gestão Empresarial": refere--se a componentes de software que integram todos os departamentos da empresa, facilitando a comunicação e otimizando os recursos e o tempo de execução.

Escalabilidade: significa crescer constantemente, sem que isso influencie na qualidade da entrega ou no modelo de negócios. Crescer em receita, e em custos em proporções diferentes. Isso fará com que a margem seja cada vez maior, acumulando lucros e gerando cada vez mais riqueza.

Estoque: quantidade de mercadorias disponível para uso ou venda; quantidade ou importância acumulada.

Feedback: avaliações e comentários feitos ao funcionário sobre seu desempenho profissional.

Follow-up: expressão que pode ser traduzida como "acompanhar". Dentro do contexto empresarial, corresponde a técnica de acompanhar, fazer uma avaliação de uma tarefa anteriormente realizada.

Freemium: segundo o Sebrae Minas Gerais, é um modelo de negócio em que o produto ou serviço, tipicamente digital, é oferecido gratuitamente e a forma de monetização é feita por meio de aquisição de funcionalidade ou recursos adicionais, caracterizando usuários "premium". Por isso a palavra faz referência a junção de outras duas palavras Free (que significa gratuidade) + Premium (que se refere a produtos de alta qualidade).

Gap: espaço que ainda precisa ser preenchido ou desenvolvido.

Gerenciamento: ato de administrar, dirigir uma organização ou uma empresa.

Gestão: ato de gerir, administração, direção, gerenciamento.

Giro de Estoque: consumo (saídas) / Saldo Médio de estoque.

Globalização: ato ou efeito de globalizar, fenômeno observado na atualidade que consiste na maior integração entre os mercados produtores e consumidores de diversos países. Mundialização.

Growth capital: também conhecido como "Expansion Capital", é o dinheiro investido no crescimento da empresa, podendo ser usado para expandir ou reestruturar operações ou entrar em novos mercados.

Growth hacking: trata-se do conjunto de práticas utilizadas por profissionais, normalmente de empresas digitais, que visam o crescimento acelerado de um empreendimento. A palavra "growth" significa crescimento e o termo famoso "hacker" se relaciona ao profissional que detém grande conhecimento na elaboração, programação e manutenção de sistemas. Especificamente, neste caso, domina mais a área de desenvolvimento e vendas de um produto ou serviço, fazendo com que a utilização pelo público seja feita de forma agradável, precisa, crescente e lucrativa. Ou seja, Growth Hacking visa o crescimento rápido e contínuo de uma startup.

Hackathons: "hack" vem de programar de forma excepcional e "thon" de maratona. Significa imersões de um a três dias em que a tecnologia é o mecanismo para convergir a inteligência coletiva na busca de soluções.

Hardskills: são conhecidas como habilidades profissionais que podem ser facilmente quantificadas num currículo. São relacionadas com conhecimentos profissionais, ferramentas e técnicas que permitam ao profissional se qualificar e dominar seu ofício.

Headcount: número de pessoas que trabalham em uma empresa ou em uma determinada equipe.

Headhunter: pessoa ou empresa especializada em encontrar profissionais talentosos.

Horizontalizar: é comprar de terceiros o máximo possível de itens que formam o produto final, ou contratar serviços terceirizados necessários aos processos não fundamentais de produção.

Hurdle rate: é a taxa mínima de retorno ou atratividade que o investidor espera para que um empreendimento seja considerado viável.

Inbound marketing: é uma estratégia totalmente voltada para a geração de leads. Ele é, basicamente, um conjunto de ações que tem como meta atrair clientes em potencial. Com uma estratégia bem feita, ele fará com que sua empresa atraia estes clientes. O inbound marketing tem quatro etapas: atração, conversão, fechamento e encantamento.

Incubadora: são locais com infraestrutura dotada para que novas startups consigam desenvolver suas ideias e projetos. Em geral essas incubadoras são filiadas a universidades. Mas qual a diferença entre incubadora e aceleradora? As duas são organizações que visam ajudar empreendedores a criar e desenvolver um negócio. Porém, a principal diferença entre os dois é o modelo de negócio. Enquanto a aceleradora é privada e tem fins lucrativos, a incubadora é mantida por instituições públicas e não visa o lucro.

Instituição: estabelecimento; a coisa instituída ou estabelecida; instituto; associação ou organização de caráter social, educacional, religioso, filantrópico etc.; ato ou efeito de instituir.

Internet of things: traduzido como "internet das coisas", conceitualmente significa a conexão do mundo físico com o mundo digital, por meio da internet. Estabelece conectividade entre vários tipos de objeto do dia a dia, sensíveis à internet, como por exemplo, eletrodomésticos, meios de transporte, objetos pessoais, dentre outros.

Intranet: uma rede (normalmente) privada, apenas acessível a utilizadores autorizados. Por exemplo, uma empresa pode ligar seus escritórios de Brasília, Bahia e Sergipe com sua própria Intranet.

Investidor-anjo: são investidores privados que investem financeiramente em startups. Investidores-anjos investem de 5% a 10% de seu patrimônio em novas empresas. Além de oferecem apoio financeiro, também proporcionam experiência de mercado e conselhos.

Investimento: aplicação de dinheiro (em títulos, ações, imóveis etc.), com o propósito de obter ganho; o resultado de tal aplicação; dispêndio destinado a aumento de capacidade produtiva — os lucros foram aplicados em investimentos, tendo-se ampliado a fábrica.

IPO: é a abertura do capital de uma empresa e seu ingresso na Bolsa de Valores. O Initial Public Offering (Oferta Pública Inicial, em inglês), ou IPO de uma empresa é sempre um passo importante. Basicamente, a empresa distribui ações em uma bolsa de valores, permitindo aos acionistas adquirir partes consideráveis da empresa. Portanto, ela deixa de pertencer a apenas um único dono (ou grupo) e passa a ter acionistas.

Iteração: a repetição uma ou mais vezes da mesma ação, sempre partindo do resultado anterior a cada repetição, até chegar ao modelo de negócio ideal. Serve para formular hipóteses, testá-las e redefinir aquelas que estavam erradas. Muito usada na fase de desenvolvimento de clientes no modelo Lean Startup.

Job rotation: rodízio de funções promovido pela companhia com a proposta de capacitar os colaboradores em diferentes setores.

Joint Venture: expressão inglesa que define "união com risco", ou seja, associação de empresas que tem como objetivo explorar atividades econômicas em comum.

Know-how: saber como fazer alguma coisa. Ou seja, conhecimento adquirido através da experiência em determinado tema ou área.

KPI: esta é mais uma sigla em inglês. Significa Key Performance Indicators (algo como indicadores de desempenho). Eles tornam possível medir o andamento das ações. Assim, indicam os caminhos a serem seguidos, bem como provam se os objetivos escolhidos foram alcançados. Serve para a área de Finanças, Marketing, Controle etc.

Landing Pages: ou Páginas de Destino, são páginas de conversão focadas em transformar seu tráfego em leads e seus leads em clientes. São páginas que permitem a captura de informações de seus visitantes através de uma oferta, com um formulário e um CTA (Call to Action).

Lead: são contatos que demonstraram algum interesse nos produtos ou serviços de um negócio e representam uma eventual oportunidade de venda. Podem ser seguidores do Instagram, curtidores no Facebook, inscritos no YouTube, assinantes do e-mail marketing, ou até mesmo uma pessoa que liga para a empresa para buscar mais informações sobre seus serviços, que se tornam consumidores potenciais.

Lead Time: consiste no tempo de duração de um determinado processo.

Lean startup: a palavra lean significa "enxuto" e quando se refere a uma startup está relacionada à estratégia ou método de buscar, identificar e eliminar os desperdícios (tanto relacionados aos processos, validação do negócio e execução) a fim de que se chegue a um "modelo lean", ou seja, enxuto, que reduza ou elimine gastos desnecessários.

Link building: conseguir mais links externos auxilia um site a se posicionar melhor nos buscadores do Google. É um dos objetivos da assessoria de imprensa 2.0, que seu site tenha links em outros sites, blogs e redes sociais.

Love Money: é o investimento financeiro feito por familiares, amigos etc. Quem investe ou cede o dinheiro, normalmente, costuma fazer uma análise subjetiva — levando em conta sentimentos — e não uma avaliação racional e objetiva.

Lucro líquido: indica a remuneração da empresa em determinado período, ou seja, mostra o acréscimo do patrimônio da empresa em função de suas atividades operacionais.

Lucro operacional: indica quanto a empresa gera de ganhos para distribuir aos sócios, pagar dívidas (pelo menos os juros) e recolher tributos incidentes sobre o lucro (IRPJ e CSLL — contribuição social sobre o lucro líquido) oriundos de sua operação principal.

M&A (Merge and Acquisicions): em português, "fusões e aquisições". Se refere tanto a estratégias corporativas como também compra, venda, divisão e combinação de diferentes empresas.

Marca: sinal distintivo, visualmente perceptível, que identifica e distingue produtos e serviços de outros similares de procedências diversas.

Margem de contribuição: representa quanto a empresa tem para pagar os gastos fixos e gerar o lucro líquido.

Margem operacional: serve para mostrar a eficiência operacional da empresa. Revela quanto sobra a cada R$100 da receita líquida depois da subtração de todos os gastos operacionais e antes de pagar juros e impostos.

Market Share: é o percentual de participação que uma empresa detém no seu ramo de atuação quando comparado a outras empresas, podendo também ser chamado de "quota de mercado" ou "participação no mercado".

Marketing de conteúdo: o marketing de conteúdo caracteriza-se como qualquer forma de publicidade envolvendo "criação e compartilhamento de conteúdo" com finalidade de informação para os clientes. Para disseminar esse conteúdo, as empresas utilizam diversas formas de comunicação, como vídeos educativos, e-books, postagens em blogs, guias e artigos.

Marketing de vaidade: ações que visam apenas atingir grandes números de usuários, curtidores e fãs, mas convertem em poucos leads efetivos para vendas.

Marketing digital: não é algo à parte do marketing dito tradicional. A diferença principal é que ele está focado em ações online e, para isso, conta com uma infinidade de ferramentas que funcionam digitalmente.

Markup: índice multiplicador utilizado sobre o custo de um produto e/ou serviço para a formação do preço final de venda, utilizando como variáveis as despesas fixas e variáveis, e a margem de lucro estimada.

Mashup: este termo surgiu na área musical para se referir a mixagem de diferentes estilos. Nos negócios, mashup significa combinar dois ou mais serviços ou produtos distintos para criar um novo.

Meetup: encontro informal de empreendedores ou executivos que procuram realizar networking e discutir assuntos de negócios de uma maneira descontraída.

MEI: abreviação de Microempreendedor Individual. É aquele que trabalha por conta própria e se legaliza como empresário.

Mentoring: termo em inglês que significa "mentor, tutor" — em geral são profissionais do mercado, empreendedores ou empresários que têm muita experiência em determinado segmento ou área e tentam passar isso para as pessoas que estão começando seu negócio ou precisam de insights para aperfeiçoar um empreendimento. O mentoring inclui conversas, conselhos e debates.

Mercadológico: relativo a marketing.

Mix: do inglês "Mistura". Expressão utilizada em vários contextos. Aqui, significa a composição das ofertas dos produtos de uma determinada empresa (por exemplo uma loja). "O mix da nossa lanchonete será formado por sanduíches de hambúrguer, frango e filé" ou "O mix da coleção outono-inverno inclui casacos em couro e veludo".

Monitoramento: supervisão; acompanhamento e avaliação; controle.

MVP (Minimum Viable Product): pode ser traduzido como "produto mínimo viável". É basicamente um produto que é lançado no mercado em uma versão alfa ou beta que são colocados à disposição do público para realizar testes como eficiência, utilidade, aceitação do consumidor, dentre outros e obter feedbacks que ajudam na validação do negócio.

NDA (Non-disclosure agreement): É um acordo de confidencialidade. São contratos que as startups fazem para seus credores/parceiros aceitarem o sigilo da negociação/ideia que está sendo desenvolvida. Quem assina o acordo, se compromete a não tornar públicos os dados a que teve acesso.

Networking: estabelecer uma rede de contatos que pode ser útil profissionalmente.

Ociosidade: porcentagem de tempo que uma equipe, unidade de construção ou máquina ficam sem produzir.

Omnichannel: significa "todos os canais". Ou seja, é uma união de loja física, televendas, venda de porta em porta, e-commerce, mobile commerce e outros para que o cliente tenha uma única experiência de compra daquela marca.

Outsourcing: significa "terceirização". Em geral gestores contratam uma solução externa (mão de obra) para desenvolver alguns setores da organização. Os motivos são: economia de custos e confiar a tarefa para pessoas mais especializadas

Palavras-chave: são os termos de destaque essenciais para o conteúdo.

Patente: é um título de propriedade temporária sobre uma invenção ou modelo de utilidade. É outorgado pelo Estado aos inventores ou autores ou outras pessoas físicas ou jurídicas detentoras de direitos sobre a criação. Em contrapartida, o inventor revela detalhadamente todo o conteúdo técnico da matéria protegida pela patente.

Patrimônio: são todos os direitos da empresa, representados contabilmente pelo total de ativos. Não se usa a expressão patrimônio bruto. Patrimônio líquido é o direito de pessoas (donos, sócios ou cotistas) sobre a empresa. Contabilmente, o patrimônio líquido é representado pela diferença entre o total de ativos (direitos da empresa) e o total de passivos (deveres assumidos pela empresa).

Pipeline de vendas: pipeline (do inglês cano) remete à ideia de um duto que conduz o potencial cliente (oportunidade de negócio) até o fechamento de vendas.

Pitch: significa o ato de vender ou apresentar um negócio ou uma ideia de forma que conquiste e gere interesse por parte do ouvinte. Deve ser curto (entre 3 e 5 minutos) e deve conter apenas informações relevantes e com capacidade de persuadir o investidor ou cliente em potencial.

Pivotar: significa girar o projeto para "outra direção", geralmente testando hipóteses, mantendo a base para não perder a posição já conquistada, mas visando uma nova área de atuação ou até mesmo um novo modelo de negócios. Quando um negócio pivota, ele está mudando, ou seja, girando em outra direção para alcançar resultados mais satisfatórios.

Plágio: é o ato de assinar ou apresentar uma obra intelectual de qualquer natureza (texto, música, fotografia, obra pictórica, obra audiovisual etc.) contendo partes de uma obra que pertença a outra pessoa, sem colocar os créditos para o autor original (direito moral). No ato de plágio, o plagiador se apropria indevidamente da obra intelectual de outra pessoa, assumindo a autoria da mesma.

Player: empresa que exerce alguma função em algum mercado.

PME: termo usado para designar pequenas e médias empresas.

Private equity: segundo o Sebrae Minas Gerais, é um modelo de investimento de grande escala realizado por fundos visando empresas que não têm ações em Bolsas de Valores. Semelhante ao venture capital, mas com maiores dimensões, o Private Equity normalmente é reconhecido como uma etapa posterior ao venture capital.

Proativo: aquele que tem iniciativa.

Product/market fit, Persona: é a representação fictícia do seu cliente ideal. Ela é baseada em dados reais sobre comportamento e características demográficas dos seus clientes, assim como uma criação de suas histórias pessoais, motivações, objetivos, desafios e preocupações.

Projeção: significa o cálculo de valores futuros para uma determinada conta financeira. Assim, uma "projeção de vendas" é que uma estimativa do volume de vendas da empresa em um determinado período de tempo, por exemplo. As projeções têm o papel de auxiliar no processo de planejamento das ações futuras do negócio.

Prospects: possíveis clientes para um vendedor ou uma empresa comercial. Prospectar é construir uma carteira de clientes.

Queda nos juros: redução brusca ou diminuição da importância cobrada, pelo empréstimo de dinheiro, geralmente expressa como porcentagem da soma emprestada.

Quiosque: pequena cabine com uma tela, normalmente sensível ao toque, que serve de dispositivo de entrada para interação entre o usuário e um computador. É usada para fornecer informações para o público em geral.

Receita: o produto das vendas de uma empresa, dado pelo número de unidades vendidas multiplicado pelo preço de venda.

Remarketing: possibilita alcançar pessoas que já entraram um site. Os dados desses antigos visitantes permitem que os produtos e serviços que ele consultou de determinada voltem a aparecer em sites que fazem parte da Rede de Display do Google, ou ao pesquisarem termos relacionados.

Repercussão: Ato ou efeito de repercutir; Ato de reproduzir, refletir (o som; Fazer emitir ou ecoar o som de.).

ROI (Return on Investment): traduzida como "Retorno sobre Investimento" é o percentual de dinheiro ganho em relação ao investido. Dentro da publicidade online, ROI é conceituado como o retorno do investimento com marketing e campanhas publicitárias. Sendo assim, o ROI indica qual o valor ganho com determinada campanha, ou seja, seu retorno para a empresa.

Roll model: é uma pessoa que serve como um modelo de sucesso para outras.

Round: é como uma empresa denomina uma etapa de investimento recebido por ela. O primeiro investimento é o "Round A", o segundo é o "Round B" etc.

Royalties: pagamento do direito de exploração comercial de uma propriedade intelectual ou recurso natural.

SaaS: Do inglês Software as a Service (SaaS), ou Software como Serviço. Computação em nuvem em que empresas e demais usuários podem integrar processos, armazenar e compartilhar informações e dados em uma única plataforma.

Seed capital/ Investimento semente: é o investimento que é feito nos primórdios da criação de uma empresa. Os valores investidos são menores e o risco neste estágio tende a ser bem maior.

Segredo industrial: informação de natureza confidencial, legalmente sob controle de pessoas e organizações, que não deve ser divulgada, adquirida ou usada por terceiros não autorizados sem o consentimento do seu detentor.

SEO (Search Engine Optimization): um conjunto de técnicas em produção de conteúdo e técnicas de webdesign. Um bom trabalho de SEO no site e/ou blog melhora o posicionamento de um site nos buscadores do Google.

Shareholder: é como se denomina alguém que possua ações da sua empresa.

Social media: é parte fundamental para o posicionamento de qualquer marca no universo digital. É um serviço aplicado a redes sociais, seja ela LinkedIn, Facebook, Instagram ou qualquer outra. Importante: é super relevante que o trabalho de social media esteja integrada a uma estratégia inteligente e bem definida. Social media também é o nome dado ao profissional que atua em redes sociais.

Social Selling: ou venda social, é a expressão usada para descrever a utilização de redes sociais como forma de encontrar oportunidades de negócios, criar relações confiáveis e atingir as metas de vendas do seu negócio.

Softskills: habilidades intangíveis, relacionadas a aspectos da personalidade.

Spin-off: é a formação de um novo negócio com base em inovações ou produtos criados por uma empresa-mãe. Normalmente, os primeiros funcionários de um spin-off atuaram na empresa-mãe durante o desenvolvimento do projeto.

Spread: taxa de risco.

Staff meeting: reunião de equipe.

Stakeholders: são todas as pessoas impactadas e interessadas nas estratégias da empresa, desde colaboradores, sócios, acionistas, funcionários e clientes até o governo, concorrentes, governo, comunidade local, mídia.

Startup: empresa em fase inicial que visa o ingresso/crescimento no mercado e é composta "por um grupo de pessoas à procura de um modelo de negócios repetível e escalável, trabalhando em condições de extrema incerteza".

Status quo: Expressão originária do latim que se refere ao estado atual de algo, seja em que momento for, podendo ser considerado um estado de equilíbrio.

Stock Out: indica quantas vezes ou quantos dias um determinado produto em estoque chega ao saldo zero.

Target: objetivo a ser atingido.

Tecnológico: pertencente ou relativo à tecnologia; processos, termos tecnológicos.

Teleconferência: quando somente um dos participantes é visto pelos outros, os quais se comunicam com este usuário principal através de outros meios como chat, e-mail etc.

Telegrafia: sistema eletromagnético ou por ondas hertzianas, que transmite sinais gráficos a pontos distantes.

Telegráfico: relativo à telegrafia ou ao telégrafo.

Terceirização: ato ou efeito de terceirizar, contratar serviços de terceiros, transferir a terceiros (atividade ou departamento que não faz parte de sua linha principal de atuação) financeiros e à difusão de informações.

Term sheet: documento que contém termos combinados entre os investidores e os empreendedores, geralmente feito antes do investimento.

Time to Market: corresponde ao tempo de lançamento de um produto, que começa com a idealização do conceito e termina quando o produto está disponível para venda.

Trend: tendência.

Triple Bottom Line — ou tripé da sustentabilidade (People, Planet, Profit, ou em português, PPL, Pessoas, Planeta, Lucro): os indicadores econômicos de sustentabilidade mostram os impactos diretos e indiretos das atividades da organização sobre os recursos econômicos de seus stakeholders nos níveis local, nacional e global. Já os aspectos ambientais mostram impactos da organização sobre os sistemas naturais vivos e não-vivos, incluindo ecossistemas, terra, ar e água. E, por fim, a dimensão social pode ser analisada em termos de salários justos, adequação às leis trabalhistas e preocupação com o bem-estar dos funcionários.

Turnover: o termo turnover, também conhecido como "rotatividade de pessoal", é um indicativo que mede a qualidade ou o contentamento dos funcionários no ambiente de trabalho, ou seja, a taxa de desligamentos da empresa em relação ao total de colaboradores.

Unitário: da unidade, ou relativo a ela.

User experience (UX): experiência do usuário é um conceito complexo que envolve aprendibilidade, utilidade, usabilidade e apelo estético. A UX serve para que a interação do cliente com o produto ou serviço seja a melhor possível.

Valor de mercado: valor de uma empresa, determinado na maioria das vezes por investidores, independentemente de ela estar em funcionamento ou não.

Valuation: é o processo de estimar o valor de uma empresa, usado principalmente no momento em que a startup irá receber um investimento, para que seja definido o percentual do aporte de capital recebido. É feito de forma sistemática, por meio de modelo quantitativo associado à uma dose de subjetividade relacionado à definição de premissas e fontes de dados para composição desse valor.

Variável: Que pode apresentar diversos valores distintos.

Venture Capital: conhecido como capital de risco, é um investimento feito em empresas que estão em estágio inicial, mas que têm alto potencial de crescimento. Os investidores — tradicionalmente na forma de empresas — passam a ter participação societária no negócio. Com o dinheiro, as startups estruturam suas operações sem depender de fluxo de caixa, que geralmente é inexistente ou baixo nessa fase.

Verticalizar: é uma estratégia de gestão cuja finalidade é produzir internamente tudo o que puder, reduzindo ao máximo a dependência de terceiros. Isso gera mais autonomia e domínio sobre a tecnologia utilizada.

Viabilidade: palavra derivada de viável, possível. Um "Estudo de Viabilidade" é a análise de um conjunto de informações que permitem ao empreendedor concluir sobre a real possibilidade da implantação de um determinado negócio.

Viável: que pode ser percorrido; que não oferece obstáculo; transitável.

Videoconferência: é um sistema de comunicação no qual todos os pontos participantes falam, veem e são vistos pelos demais. Um meio de comunicação de duas vias no qual todos os participantes utilizam vídeo.

Volátil: inconstante, mudável, pouco firme, volúvel.

Index

SÍMBOLOS
4 Ps do marketing, 189
8 Ps do marketing, 189

A
Aceleradora, 301
Acordo
 de acionistas, 121
 Societário, 162
administradores, 11
admissão, 169
Afiliados Brasil, 209
a importância do feedback, 171
Alvará de Funcionamento, 135
ambiente empreendedor no Brasil, 37
Aparato fiscal, 136
Aporte, 301
Atitude Empreendedora, 47
autoavaliação, 171
avaliação
 360º, 172
 do gestor, 172
 por competências, 172
  comportamentais, 172
  técnicas, 172

B
B2B, 301
B2C, 301
Balanced Scorecard (BSC), 301
balanço
 financeiro, 148
 patrimonial
  elementos do, 158
Bes, Fernando Trias de, 280
Big Data, 229
Blank, Steve, 278
blog, 302
 Mundo das Marcas, 186
 O Pulo do Gato, vii
Bolsa de valores, 302
Bootstrap, 112, 302
Brainstorm, 86, 302
Brand
 management, 186
Branding, 186, 187, 302
Briefing, 302
Budget, 302
Burn Rate, 302
Busca orgânica, 302
Business
 Intelligence, 302
 Model Canvas, 302
 Model Generation (BMG), 90
Business plan, 303
buyer persona, 203, 204
Buzz marketing, 303

C
Caetano, Gustavo, 230
Canvas, 90, 92, 93, 303
Capital
 de giro, 303
 de risco, 113
 privado, 113
 semente, 112
Características
 gerenciais, 65
 pessoais, 64
 técnicas, 64
CEO, 303
certificado digital, 166
Chiavenato, Idalberto, 13
Circular de Oferta de Franquia (COF), 251
Cloud computing, 303
CNAE, 138
CNPJ, 133
Collins, Jim, 281
Compliance, 160, 303
Comunicação integrada de marketing (CIM), 190
contratação, 169
Contratos, 162
  contrato social, 133, 304
Core business, 304
Correa, Cristiane, 279
Covey, Stephen R., 288
Coworking, 304
CRM (Customer Relationship Management), 195, 304
Crowdfunding, 113, 304
Crowdsourcing, 304
Cruz, Renato, 230
Cultura
 Corporativa, 216
 Empreendedora, 4
Custos, 148
 Custos Fixos, 148, 304
 Custos Variáveis, 148, 304

D
desenvolvimento de clientes, 96
Design Thinking, 305
Despesas
 Administrativas, 149
 Comerciais, 149
 Financeiras, 149
"destruição criativa", 12
Direito
 de propriedade, 305
 trabalhistas, 173
  Abusos na jornada de trabalho, 175
  Carteira de trabalho, 174
  Danos morais, 175
  Horas extras, 174
  Pagamento, 174
  PJ como CLT, 173
  Terceirizados, 175
Documentário
 Os Gigantes da Indústria, 14
Dolabela, Fernando, 13, 281
Dornelas, José Carlos, 46, 280
DRE, 157
Drucker, Peter, 12, 13
Due Diligence, 305

E
Ebitda, 305
economia
 compartilhada, 228
 criativa, 24, 305
 setores da
  Agropecuária, 104
  Capital social, 103
  Comércio, 104
  Estrutura de capitalização, 103
  Indústria, 104
  Prestação de serviços, 104

eficiência versus eficácia, 292
elevator pitch, 116, 305
E-mail marketing, 305
empreendedor, 10, 12, 14, 22, 46, 260
como a máquina propulsora, 12
definição de, 13
e empresário, diferença entre, 12
empreendedores brasileiros, 16
na Concepção Moderna, o perfil, 12
no Brasil, ambiente, 37
versus Administrador, 65
empreendedores
de sucesso, características de, 49
digitais, 200
na história brasileira
Abílio Diniz, 17
Alair Martins, 18
Aleksandar Mandic, 18
Amador Aguiar, 17
Antônio Ermírio de Moraes, 17
Attilio Francisco Xavier Fontana, 18
Carlos Wizard, 19
Flávio Augusto da Silva, 19
José Ermírio de Moraes, 17
Nizan Guanaes, 18
Olavo Setubal, 18
Ozires Silva, 18
Roberto Marinho, 18
Rolim Amaro, 18
Sebastião Camargo, 18
Silvio Santos, 18
Valentim dos Santos Diniz, 17
Wolff Klabin e Horácio Lafer, 18
na história do mundo moderno
Akio Morita, 15
Bill Gates, 15
David Ogilvy, 15
David Sarnoff, 15
Elon Musk, 16
Fred Smith, 15
Gordon Moore, 15
Jeff Bezos, 15
John Mackey, 16
Larry Page e Sergey Brin, 15
Mark Zuckerberg, 15
Muhammad Yunus, 16
Ray Kroc, 15
Sam Walton, 15
Steve Jobs, 15
Thomas Watson Jr., 15
Walt Disney, 15
empreendedorismo
definição, 12
digital, 23, 24
Era do, 21, 23, 24, 26
feminino, 33
no Brasil, 29
os primórdios, 10
por necessidade, 31
por oportunidade, 32
privado, 28
social, 26, 27, 28
empresas
aceleradoras de, 38
de sucesso no Brasil, 19
familiar, pontos positivos e negativos de, 122
incubadoras de, 38
pontocom, 24
sustentáveis, 233, 306
Endomarketing, 176, 306
benefícios para a empresa, 177
Escalabilidade, 306
estratégia, 243
de crescimento, 248
Experiência e personalização, 229
Exportação e Importação, 40

F

Facebook, 15, 121
Feedback, 306
Fidelização de Clientes, 195
Filion, Louis Jacques, 13
Filmes
A Fraude, 275
A Grande Aposta, 274
Amor Sem Escalas, 274
À Procura da Felicidade, 272
A Rede Social, 273
A Teoria de Tudo, 275
Bee Movie, 274
Burt's Buzz, 275
Chef, 274
Coco Antes de Chanel, 275
Como Enlouquecer Seu Chefe, 275
Decisões Extremas, 274
De Porta em Porta, 275
erry Maguire — A grande virada, 274
Golpe de Gênio, 275
Jobs, 273
Jogada de Gênio, 275
Joy: O Nome do Sucesso, 273
Julie & Julia, 275
Margin Call — O Dia Antes do Fim, 275
MAUÁ — O Imperador e o Rei, 16
Mister Holland — Adorável Professor, 274
O Aviador, 274
O Diabo Veste Prada, 275
O Homem que Mudou o Jogo, 272
O Jogo da Imitação, 272
O Lobo de Wall Street, 275
O Poderoso Chefão, 123
O Segredo do Meu Sucesso, 275
O Sucesso a Qualquer Preço, 193
Piratas do Vale do Silício, 274
Prenda-me Se For Capaz, 275
Quem Quer Ser um Milionário, 274
Sem Limites, 275
Senhor das Armas, 275
Startup.com, 275
Steve Jobs, 275
The Commitments - Loucos pela Fama, 275
Tucker, 275
Um Bom Ano, 275
Wall Street — Poder e Cobiça, 275
Walt Antes do Mickey, 272
Whiplash, 275

fluxo de caixa, 148
cinco elementos do, 149
Entradas de Caixa, 149
Saídas de Caixa, 149
Saldo Final de Caixa, 149
Saldo Inicial, 149
Saldo Operacional, 149
montar um, 149
Follow-up, 306
Fornecedores, 162
franquia, 249
lei da, 250
Freemium, 306
funil de vendas, 202

G
Gates, Bill, 14
GEM, 30, 36
Global Entrepreneurship Monitor, 30
Gênero, 33
Gestão, 306
Gestão de Pessoas, 167
Gestão Financeira, 148
Gestão na nuvem, 229
Gitomer, Jeffrey, 196
Globalização, 306
Governança Corporativa, 221
Growth
capital, 306
hacking, 306

H
Hackathons, 307
Hardskills, 56, 307
Headcount, 307
Headhunter, 307
Hill, Napoleon, 48
Horizontalizar, 307
Howkins, John, 24
Hsieh, Tony, 218
Hurdle rate, 307

I
ideias, i, 13, 22, 24, 78, 81
geração de, 86
propostas, avaliação das, 87
registro das, 86
Impressão 3D, 229
Inbound Marketing, 203, 206, 307
Inbound marketing versus Outbound marketing, 206
Incubadora, 307
indústria criativa no Brasil, 25
Inscrição
Estadual, 134
Municipal, 135
Inteligência
artificial, 228
de mercado, 79
internet
advento, 23
comercial, início da, 24
Internet das coisas, 228
intraempreendedor, 50, 51
Intranet, 307
Investidor-anjo, 112, 307
investidores, tipos de, 112
Capital de risco, 113
Capital privado, 113
Capital semente, 112
Crowdfunding, 113
Investidores-anjos, 112
Investimento, 307

J
Jobs, Steve, 14
Joint Venture, 308
jurídicos
aspectos, 161
tipos de regimes, 131

K
Kepler, João, 72
Kirzner, Israel, 13
Know-how, 308
KPI, 308
KPIs, 207

L
Landing Pages, 308
Lead, 203, 308
Lead Time, 308
Lean Startup, 94, 97, 308
Legislação tributária, 161
Lei da Empresa Limpa, 163
Liderança, 66
Estilo de, 66
Link building, 308
Lucratividade, 154
Lucro, 154
Lucro Líquido, 308
Lucro Operacional, 308
Lucro Presumido, 143
Lucro Real, 145

M
mapa de percepção, 184, 185
marca, 309
a importância de uma, 185
por que registrar uma, 139
principais patrimônios de uma
Autenticidade, 186
Emoção, 186
Originalidade, 186
Marcovitch, Jacques, 19
marketing
de afiliados, 209
de conteúdo, 203, 309
de vaidade, 309
digital, 200, 309
inbound, 206
multinível, 256
outbound, 206
Market Share, 309
Markup, 150
Maslow, Abraham Harold
Pirâmide de, 83
MEI, 128, 129, 136, 309
Mello, Pedro e Marina Vidigal, 19
Mentoring, 309
meta SMART, 183
métricas, 207
microfranquia, 252
Minissérie
Gigantes do Brasil, 16
Missão, Visão e Valores, 217
missão, 218
valores, 219
visão, 219
Mix de Comunicação Integrada, 191
monetização de conteúdos, 210
CPC (Custo por Clique), 210
CPF (Custo por Formulário), 211
CPM (Custo por Mil Impressões), 211
CPV (Custo por Venda), 211
PL (Custo por Lead válida), 210

Monitoramento, 309
Motivações para
Empreender, 56
MVP, 95, 309
tipos de, 95

N
Nakagawa, Marcelo, 279
Networking, 310
nicho, 55, 78, 240, 241
NIRE, 133
Nome
da Empresa, 137
Fantasia, 137

O
Objeto Social, 138
Ociosidade, 310
Omnichannel, 199, 310
Oportunidade, 85, 86, 260
O Pulo do Gato
Empreendedor, 57, 59, 286
organograma, 168
estrutura horizontal, 168
estrutura vertical, 168
Osterwalder, Alexander e
Yves Pigneur, 93
outbound marketing, 206

P
Pacheco, Regina Silvia, 12
patente, 84
Patrimônio, 310
Persistência, 49, 59
Persona, 204
Pesquisa de mercado, 182
Pinchot III, Gilfford, 51
Pink, Daniel H., 278
Pioneiro, 14
Pitch, 114, 115, 310
pivotar, 96, 97, 310
Plágio, 310
planejamento
de expansão, 246
versus Plano de
Marketing, 181
Planejando para
Internacionalizar, 255
planilhas básicas para
gestão, 156
Balanço Patrimonial, 156
Demonstração de
Resultado, 156
Fluxo de Caixa, 156
Plano, 100
de Marketing, 106
de negócios, como
elaborar um, 101
Estratégico, 241
Financeiro, 108
Operacional, 107
Posicionamento, 184
PÓS-VENDA, 195
precificação, 150
Preço, 106
versus Valor, 154
Previdência Social, 135
problemas, 41
ao se iniciar um
negócio, 41
processo de compra,
etapas, 193
Produtividade, 288
Proposta de Valor, 91, 185
prospects, 203
Protótipo, 114
publisher, 208

Q
Queda nos juros, 311
Quiosque, 311

R
reality show
O Sócio, 121
Receita, 150, 311
Rede Mulher
Empreendedora, 34
regime de tributação
Simples Nacional, 141
Remarketing, 311
Renda, 35
Rentabilidade, 154
Robótica, 229
ROI, 191, 311
Royalties, 311

S
SaaS, 311
Say, Jean Batist, 10
Schumpeter, Joseph, 13
Sebrae, 37
segmentação de
mercado, 183
tipos de, 183
Shareholder, 312
Simples Nacional, 128
Social commerce, 228
Social media, 312
sociedade, 130
empresarial, 130
simples, 130
Softskills, 56, 312
Spina, Cassio, 118
Stakeholders, 26, 312
Startup, 23, 312
Stock Out, 312
Storytelling, 187
sucessão, 122
SWOT, 239, 240
análise, 301

T
Target, 312
Terceirização, 312
Time to Market, 312
Tributação, 141
Triple Bottom Line, 312
Turnover, 313
Tzu, Sun, 243

U
User experience (UX), 313

V
Valor de mercado, 313
Vendas, 192
Venture Capital, 313
Viabilidade, 87, 313
Virada Empreendedora, vii
visionário, 64